折射集
prisma

照亮存在之遮蔽

Jean Baudrillard

La société de consommation

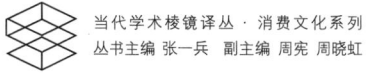
当代学术棱镜译丛·消费文化系列
丛书主编 张一兵　副主编 周宪 周晓虹

消费社会

［法］让·鲍德里亚 著　刘成富 全志钢 译

南京大学出版社

《当代学术棱镜译丛》总序

自晚清曾文正创制造局,开译介西学著作风气以来,西学翻译蔚为大观。百多年前,梁启超奋力呼吁:"国家欲自强,以多译西书为本;学子欲自立,以多读西书为功。"时至今日,此种激进吁求已不再迫切,但他所言西学著述"今之所译,直九牛之一毛耳",却仍是事实。世纪之交,面对现代化的宏业,有选择地译介国外学术著作,更是学界和出版界不可推诿的任务。基于这一认识,我们隆重推出《当代学术棱镜译丛》,在林林总总的国外学术书中遴选有价值篇什翻译出版。

王国维直言:"中西二学,盛则俱盛,衰则俱衰,风气既开,互相推助。"所言极是!今日之中国已迥异于一个世纪以前,文化间交往日趋频繁,"风气既开"无须赘言,中外学术"互相推助"更是不争的事实。当今世界,知识更新愈加迅猛,文化交往愈加深广。全球化和本土化两极互动,构成了这个时代的文化动脉。一方面,经济的全球化加速了文化上的交往互动;另一方面,文化的民族自觉日益高涨。于是,学术的本土化迫在眉睫。虽说"学问之事,本无中西"(王国维语),但"我们"与"他者"的身份及其知识政治却不容回避。但学术的本土化绝非闭关自守,不但知己,亦要知彼。这套丛书的立意正在这里。

"棱镜"本是物理学上的术语,意指复合光透过"棱镜"便分解成光谱。丛书所以取名《当代学术棱镜译丛》,意在透过所选篇什,折射出国外知识界的历史面貌和当代进展,并反映出选编者的理解和匠心,进而实现"他山之石,可以攻玉"的目标。

本丛书所选书目大抵有两个中心:其一,选目集中在国外学术界新近的发展,尽力揭橥域外学术20世纪90年代以来的最新趋向和热点问题;其二,不忘拾遗补缺,将一些重要的尚未译成中文的国外学术著述囊括其内。

众人拾柴火焰高。译介学术是一项崇高而又艰苦的事业,我们真诚地希望更多有识之士参与这项事业,使之为中国的现代化和学术本土化作出贡献。

丛书编委会
2000年秋于南京大学

目 录

1 / 代译序　消费意识形态:符码操控中的真实之死
1 / 前　言

1 / 第一章　物的形式礼拜仪式
1 / 丰盛
2 / 丰盛与全套商品
4 / 杂货店
6 / 帕尔利二号
7 / 消费的神奇地位
8 / 货船的神话
10 / 灾难的完美诱惑
13 / 增长的恶性循环
13 / 集体开支与重新分配
17 / 危害
20 / 增长的计算或国民生产总值的神话
21 / 浪费

28 / 第二章　消费理论
28 / 消费的社会逻辑
28 / 福利的平等意识
35 / 工业体系与贫困
37 / 新的分离
39 / 等级机构
40 / 拯救的一面
41 / 区分与物质增长的社会
47 / 旧石器时代或最初的丰盛社会
49 / 一种消费理论
49 / 人类经济学的解剖
57 / 物品的变化——需求的变化
60 / 对享受的否认
61 / 一种结构分析?

62 / 娱乐系统,或享受之束缚
63 / 作为新生产力象征和控制的消费
66 / 个体的符号逻辑功能
68 / 自我消费
69 / 个性化或最小的边缘差异
69 / 成为或不成为我自己
71 / 差异的工业化生产
74 / 消费变体
76 / 区别或类同?
77 / 编码和革命
78 / 结构范例
80 / 男性范例和女性范例

85 / **第三章 大众传媒、性与休闲**
85 / 大众传媒文化
85 / 新潮——或过时事物的复兴
86 / 文化再循环
89 / 转盘和计算机或最小的公共文化
93 / 最小公倍数
98 / 媚俗
100 / 摆设和游戏
104 / 流行:一种消费艺术?
112 / 信息的配置
113 / 媒介即信息
116 / 广告媒介
117 / 伪事件和新现实
118 / 超越真伪
120 / 最美的消费品:身体
121 / 您身体的秘密钥匙
124 / 功用性美丽
125 / 功用性色情
126 / 快感原则和生产力
128 / 当代身体策略
129 / 身体是女性的吗?
132 / 医疗崇拜:"状态"
134 / 苗条的牵挂:"线条"
137 / 性交换标准

140 / 广告中的象征与幻象
144 / 性玩偶
146 / 休闲的悲剧或消磨时光之不可能性
156 / 关切的神话
156 / 社会转移和母性转移
158 / 微笑之做作
160 / 游戏时间，或对服务的滑稽模仿
162 / 广告和赠品意识形态
164 / 玻璃橱窗
165 / 疗养社会
166 / 关切的暧昧和恐怖主义
168 / 社会测定的兼容性
170 / 证实与赞许
171 / 对真诚的崇拜——功用性宽容
173 / 丰盛社会中的混乱
173 / 暴力
180 / 非暴力的亚文化
182 / 疲劳

192 / **结论　论当代异化或与魔鬼协议的终结**
192 / 布拉格的大学生
196 / 先验性的终结
199 / 从鬼魂到鬼魂
199 / 消费之消费

代译序

消费意识形态:符码操控中的真实之死
——鲍德里亚的《消费社会》解读

张一兵

鲍德里亚(Jean Baudrillard 1929~2007),法国当代著名思想家。1929年7月,鲍德里亚生于法国东北部的兰斯(Reims)。那是一个边缘化地域中的平民家庭,祖父是地道的农民,父母则为普通公务人员,故而在小鲍德里亚早年的心理结构中并没有多少精英意识,从另一个角度来看,这可能也是他日后能够接受巴塔耶和莫斯的草根激愤观的深层心理内因。亨利四世中学(Lycée Henri Ⅳ)高中毕业之后,鲍德里亚在巴黎高等师范学院(École normale supérieure)的入学考试中落榜,甚至没能正常地升读大学(用鲍德里亚自己的话来说,他是在走过了一段"曲折的道路"之后才进入大学的),此后,他又在大学教师资格考试中失意。这些经历,日益加深了他内心对当代西方主流文化的积怨。到了60年代初期,鲍德里亚在索邦大学学习德文,后来凭着自己在语言方面的天赋在一个中学里教德语,但也正是在这个波澜不惊的时期,他开始受到莫斯人类学观念的影响,并初次留意到巴塔耶的哲学。1966年,鲍德里亚在高等研究应用学院(École pratique des hautes études)参加罗兰·巴特(Roland Barthes)的研讨课,同时在著名的西方马克思主义大师列斐伏尔的指导下完成了自己的社会学博士论文《社会学的三种周期》;同年,他赴巴黎第五大学担任助教,不久之后就转任教于巴黎第十大学(Université Paris X-Nanterre,又称"巴黎南泰尔大学"),教授社会学近 20 年。1986 年鲍德里亚转至多芬(Dauphine)大学(巴黎第九大学)任教,直到 1990 年自多芬大学辞职退休。鲍德里亚的第一任夫人是露西(Lucile Baudrillard),生有一儿一女,分别是吉尔(Gilles Baudrillard)和安妮(Anne Baudrillard)。1995 年,鲍德里亚第二次结婚,新人为玛琳(Marine Dupuis),是一位杂志摄影编辑。这显然与鲍德里亚后来对摄影的爱好相关。从 60 年代后期开始,他与《乌托邦》(Utopie)和《通道》(Tra-verses)这两份非正统的左翼激进刊物建立了密切的联系,发表了大量的文章。此后,他陆续出版了多部有重要学术影响的学术论著,在学术界建立起当代学术大师的地位。纵观其整个学术生涯,鲍德里亚并不属学院派,他的写作风格自由随意,其中尤以其后期对文本不重考据和不注参考文献的习惯为甚,然而这些又都无损于其思想的原创性、爆发力和超凡的深度。此外,呈现在鲍德里亚思想中的多变性和一种非线性的厚度也深深令人折服。用鲍德里亚自己的话说:"20 岁是荒诞玄学家——30 岁是情境主义者——40 岁是乌托邦主义者——50 岁横跨各界面——60 岁搞病毒和转喻。"[1]其代表性论著有:《物体系》(1968 年)、《消费社会》(1970 年)、《符号政治经济学批判》(1972 年)、《生产之镜》(1973 年)、《象征交换与死亡》(1976 年)、《论诱惑》(1979 年)、《拟真与拟像》(1981 年)、《他者自述》(1987 年)、《冷记忆》(五卷,1986~2004 年)、《终结的幻想》(1991 年)、《罪恶的透明》(1993 年)、《不可能的交换》(1999 年)等。2007 年 3 月 6 日,鲍德里亚因病去世。

在 1970 年完成的《消费社会》一书,是鲍德里亚最重要的早期论著

---

[1] [法]鲍德里亚:《冷记忆 2》,张新木等译,南京大学出版社 2009 年版,第 113 页。

之一。在这本书中,他将列斐伏尔、德波已经意识到的当今社会生活中俯拾皆是的主导性消费现象(列斐伏尔的表述是"消费被控制的官僚社会",而德波的形容则为"以景观控制为显性社会结构的消费社会")通俗而夸张地表达出来。在本文中,我们将讨论这一文本中鲍德里亚早期社会批判理论最重要的观点。

1. 消费意识形态:暗示意义链与符码控制

我发现,在《物体系》(1968年)出版两年后完成的《消费社会》一书中,鲍德里亚关于客体系统的分析开始转向直接针对流通领域中商品结构的研究,特别是现代资本主义社会的消费活动中**人的奴性处境**问题。这是一个从**物到人**的焦点转变。我注意到,也是从这部书开始,青年鲍德里亚已尝试涉足经济学领域。不过,他的镜像逻辑支撑点一开始有过一些细微的变化,他一度没有直接使用象征价值,而是将消解消费逻辑的抵抗支撑点指认为"自然生态规律",其现存的对立面是"交换价值规律"。[①] 然而,这是一个很快就消失了的理论暂驻点。根据鲍德里亚的说法,生活在今天资本主义社会中的人们,因为"受到物的包围"而越来越成为一种"官能性的人"。这显然是《物体系》一书逻辑的延续。他说:

> 我们生活在物的时代:我是说,我们根据它们的节奏和不断替代的现实而生活着。在以往的所有文明中,能够在一代一代人之后存在下来的是物,是经久不衰的工具或建筑物,而今天,看到物的产生、完善与消亡的却是我们自己。[②]

---

① [法]鲍德里亚:《消费社会》,刘成富等译,南京大学出版社 2000 年版,第 2 页。
② [法]鲍德里亚:《消费社会》,刘成富等译,南京大学出版社 2000 年版,第 2 页。

这是一个很有意思的对比。我们已经知道,鲍德里亚这里所讲的物是由人的功能性效用所塑形和编织起来的海德格尔式的上手性有序世界。作为"人类的活动的产物",这种由人自己造出来的物不仅不能为人服务,倒"反过来包围人、围困人"。这种表述,似乎与马克思、恩格斯在《德意志意识形态》中的**物役性**观点相接近。并且,此时鲍德里亚似乎仍然承认马克思的观念,因为他说,支配这种的"不是自然生态规律,而是交换价值规律"。听起来,鲍德里亚此处在讲的似乎还是《物体系》中的那个作为客体存在的塑形物,可这恐怕只是一个引子,他真正想讨论的却是一个新问题。在引述了马克思关于商品在流通过程中的物象呈现的一段论述之后,他忽然转而突出强调了商品通过光芒四射的橱窗展示对人的深层欲望的引导和支配。这也是由本雅明开始的重要的社会批判思考点,鲍德里亚的老师德波亦是由此辟出**景观**的概念。在《景观社会》一书中,德波已经提出,在今天资本主义的抽象系统中,比商品实际的使用价值更重要的是它的华丽外观和展示性景观存在。显然,在鲍德里亚这里,《物体系》中那种对基础性的功能物的世界创序的关注,已经开始转为对**消费**这一新的社会领域及其消费对象物的思考了。这是一个重要的理论转向。当然,消费关系研究中的真正主体并不是物,而是作为消费者的人。然而,这是一个在新型布尔乔亚统治和奴役下的不幸的**消费人**。显然,对消费在现今社会存在中的显赫地位的关注,也是他的两位老师列斐伏尔和德波都已经深入研究过的问题,但鲍德里亚是要从更高的形而上学层面重新思考这一点。为此,鲍德里亚甚至断言,"我们处在'消费'控制着整个生活的境地"。① 消费控制当代人的全部生活,这是鲍德里亚对消费社会最重要的初始定义。

我们能够看到,其实早在《物体系》的后半部分中,消费问题就已开始成为鲍德里亚的思考点,对被塑形的客体系统的关注转换为对**消费**

---

① [法]鲍德里亚:《消费社会》,刘成富等译,南京大学出版社 2000 年版,第 5 页。

者与物品的关系的关切。更准确地说,即人——消费主体在消费结构中被控制和盘剥的问题。如果说,《物体系》一书的重点为揭露当今世界存在的功能性有序结构,那还是一个形而上学的**本体论**命题;而《消费社会》则试图走进形而下的经济生活中发现一种新的支配和奴役关系:消费者与物的关系竟然不再是人与物品的**使用功能**之间的关系,它已经转变为人被作为"全套的物"的有序消费对象强暴的关系了。在这里我们可以看到,鲍德里亚是通过以下几个方面来说明这一观点的。

首先,现代消费控制关系中的**暗示意义链**。鲍德里亚说,今天的"消费者与物的关系因而出现了变化:他不会再从特别用途上去看这个物,而是从它的全部意义上去看全套的物"。这是什么意思呢?乍一听,这似乎特别难解。其实,鲍德里亚此时关注的不再是《物体系》中物品本体论式的功能结构了,而是对存在于消费关系中的一种新的被塑形奴役的指认。这里,鲍德里亚以当时"欧洲最大的商业中心"——帕尔利二号为例。这是一个百余家商店和娱乐场所组成的大型购物中心。在那里,人们可以买到自己平日使用的所有消费品。只是,鲍德里亚与常人的眼光不同,在所有这些消费物品作为器具的"特别用途"这种意义之外,他却看到了我们一般无视的另一层更深的意义:

> 橱窗、广告、生产的商号和商标在这里起着主要作用,并强加着一种一致的集体观念,好似一条链子、一个几乎无法分离的整体,它们不再是一串简单的商品,而是一串意义,因为它们相互暗示着更复杂的高档商品,并使消费者产生一系列更为复杂的动机。①

如果说,鲍德里亚在《物体系》中研究了物品在人的功能性效用"座架"中相互"环顾"(海德格尔语)的本体论关联的话,那么在此,表面看

---

① [法]鲍德里亚:《消费社会》,刘成富等译,南京大学出版社 2000 年版,第 3 页。

起来他是走入形而下的经济学讨论消费问题，但他却从经济关系中深刻地揭示出商品在消费结构中存在的某种看不见的**相互指涉的新的有序关联**。这其实为那个海德格尔式的上手性有序关系的更高级形式。**这是经济学背后的形而上学式的现象学批判**。鲍德里亚这里的意思是说，在今天的资本主义消费过程中，通过华丽的、令人炫目的凸状性展示，商品在高超的美学和心理学技艺的结构化广告中，在兆示着地位和成功的品牌诱惑之下，生成了德波所讲的炫耀式的景观表象对人的深层心理筑模的下意识统治和支配。不过，鲍德里亚比本雅明和德波更深刻的新发现在于，这种支配已经发展为一种商品之间的链锁意义的动机控制。当你购买一种高档商品的时候，这一商品与其他同档次的商品将会形成一个紧密的筑模性欲望诱惑链，它们是凸状性的"一串意义"，相互暗示以生成对人的欲望的控制和支配。比如，当你购买了一辆高档轿车（欲望凸状 A）时，它就会暗示性地与一幢带车库的别墅（欲望凸状 B）相关联，而一幢别墅则必然暗示性地与一整套的高档装修（欲望上凸状 C）相关联……这是一个无限的消费意义链环和强制性系列。以我的理解，这正是今天市场经济的消费结构中生成的欺骗性的伪欲望场境。消费场中，人是被一个看不见的铭记凸状锁链捆住并强迫消费的。需要指出的是，此处的强制性并不是**外在的可感**的东西，而是消费中的诱奸！因为，这种强制性的实施恰恰是通过一种被幻象引诱中的**自愿**。

　　行至此处，我们再一次看到了**系列**。这也是鲍德里亚系列概念生成的第二个阶段。只不过，这一个系列已然不再是《物体系》里那种生产中的"复制"逻辑了，它指的正是刚才我们讨论过的消费品之间强制性的关涉逻辑：系列在这里开始转喻和意味着消费者无意识地被支配性地、"**逻辑性地**从一个商品走向另一个商品"。① 你自愿地购买商品

---

① ［法］鲍德里亚：《消费社会》，刘成富等译，南京大学出版社 2000 年版，第 4 页。

A→购买商品 B→购买商品 C，这恰好是你自己实现"自我价值"和"成功人士地位"的欲望逻辑。其实，在我们的身边，今天这个实质为强迫性控制的消费逻辑正借由丰厚的节日性形象（"黄金周""长假"）和集体性的隐喻，以排山倒海之势，激发着中国老百姓（消费者）内心产生连锁性的心理反应。有趣的是，在中国今天的文化批判领域，唯独对消费"异化"的批判是整体缺席的。

其次，符码操纵和制造消费。鲍德里亚认为，当代资本主义社会消费结构中的**消费品系列**，是**一整套**消费品之间存在的必然有序性关涉，其间起根本性支配作用的东西，就是由符号话语制造出来的暗示性的结构性意义和符号价值（风格、威信、豪华和权力地位）。所以他判定，在消费关系中，消费者的需求瞄准的"不是物，而是价值。需求的满足首先具有附着这些价值的意义"。① 或者换句话说，就是在今天的消费中更吸引人的不是物品本身的功能，而是某种被制造出来的象征性符码意义。对此，波斯特说，在鲍德里亚这里，"变成消费对象的是能指本身，而非产品；消费对象因为被结构化成一种代码而获得了权力"。② 所以，今天的消费已然不是人的真实消费，而是意义系统的消费。消费主体不是个人，在现代消费中，真实的个人恰恰是被删除了的。有如拉康所说的那个被斜线划去的 $。也是在这个意义上，鲍德里亚宣称："**消费的主体，是符号的秩序**。"③准确地说，应该是消费的统治者为符码创序。我觉得，关于符号学的学术记忆，正是到了此处才成为逻辑凸状并被真正激活而融入鲍德里亚的思想构境之中的。与他的老师德波不同，消费的逻辑不再是外部景观表象的逻辑，不是简单呈现和"看"的逻辑，而是更宽泛的符码逻辑。恰好在这一点上，鲍德里亚开始生成自

---

① ［法］鲍德里亚：《消费社会》，刘成富等译，南京大学出版社 2000 年版，第 59 页。

② ［美］波斯特：《第二媒介时代》，范静哗译，南京大学出版社 2000 年版，第 144 页。

③ ［法］鲍德里亚：《消费社会》，刘成富等译，南京大学出版社 2000 年版，第 226 页。

己对整个当代资本主义的全新看法,即以**符号政治经济学**为基础的资本主义统治。对此,波斯特说鲍德里亚第一次"使符号学从属于批判理论"是有道理的。① 更准确地说,是第一次使符号学从属于**社会**批判理论,因为在拉康那里,符号已经成为主体批判逻辑。符号制造意义和象征这个事实,正是当代资本主义消费控制的秘密,"消费的逻辑被定义为符号操纵"。② 所以,"当今社会愈来愈多的根本方面属于意义逻辑范畴,属于象征规则和体系范畴"。③ 如果我们这里改写一下拉康那句"无意识是大他者的话语",那么,以无意识控制为支配机制的消费,正是资本主义象征性符码系统(大他者)的权力话语的产物。请注意,在《物体系》一书中,鲍德里亚专门讨论过传统的象征性存在向功用性物品的转化,而在关于消费结构的分析中,他又指认了从功用性物品向消费结构中意义与象征关系的转化。这是一个很有意思的变化。当然,此处的象征性是一种"坏的"象征,或者叫伪象征,是诱惑人们迷入欲望幻象的蛇。这个伪象征,后来又被重新指认为"象征交换价值"。为了避免理解上的偏差,鲍德里亚特意细心地加了一句说明,"它不会因此成为原始社会",该"原始社会"就是莫斯-巴塔耶的那个象征交换的原始部族生活。此处的"伪"象征规则是一种"被消费的意象"和一则人为制造的神话,人"在消费物的同时也消费这种神话"。④ 神话的象征结构决定社会生活的关系构境是莫斯和列维-斯特劳斯的共同观点。可鲍德里亚此处的神话,也是意识形态制造出的伪构境。

以鲍德里亚之见,这种新型的消费逻辑也正是当今的消费社会中

---

① 参见[美]凯尔纳:《鲍德里亚:批判性的读本》,陈维振等译,江苏人民出版社2005年版,第105页。
② [法]鲍德里亚:《消费社会》,刘成富等译,南京大学出版社2000年版,第120页。
③ [法]鲍德里亚:《消费社会》,刘成富等译,南京大学出版社2000年版,第11页。
④ [法]鲍德里亚:《消费社会》,刘成富等译,南京大学出版社2000年版,第65页。

最重要的意识形态,即**消费意识形态**。

> 消费是用某种编码及某种与此编码相适应的竞争性合作的、无意识的纪律来驯化他们;这不是通过取消便利,而相反是让他们进入游戏规则。这样,消费才能只身取代一切意识形态,并同时只身担负起使整个社会一体化的重任,就像原始社会的等级或宗教礼仪所做到的那样。①

以上,是鲍德里亚此书中最重要的表述之一,也是他自己自主性思想筑模中的一个重要理论制高点。像原始社会的神话和中世纪的宗教叙事一样,彼岸的神性幻象承担了筑模现世生活本身的"一体化"意识形态的整合功能,而今天的消费神话同样成为我们生活的一体化意识形态驾手。二者的区别在于,在传统神话通过物性礼仪规制生活的地方,消费逻辑则通过意象性的符码关系让人们进入一种他们欲望深处企盼的消费游戏,这种游戏通过一种"你追我赶"的竞争性购买,自发地生成了一体化的"无意识的纪律",由此,消费逻辑在阴暗处实现自己了的统治。无疑,消费意识形态已经成为今时今日统治阶级实施**非强制性同一**的最有效手段。这是极为深刻的社会批判。我经常在想,其实在《物体系》和《消费社会》两本书中,鲍德里亚的思考常常达及了现代社会批判理论的最深处。可惜,这种可贵的批判深度在他要进一步争取自己思想的独立性筑模空间时开始丧失和畸变,特别是当他成为历史唯物主义的反对者时,理论故意和逻辑做作实际上从根本上败坏了他的思想严肃性。

其三,消费区划阶层。鲍德里亚指出,"消费的一个基本机制,就是集团、阶级、种姓(及个体)的形式自主化"。② 这是一个很怪的说法。

---

① [法]鲍德里亚:《消费社会》,刘成富等译,南京大学出版社 2000 年版,第 90 页。

② [法]鲍德里亚:《消费社会》,刘成富等译,南京大学出版社 2000 年版,第 151 页。

什么叫"形式自主化"？在他看来，现今的资本主义消费中："人们从来不消费物的本身（使用价值）——人们总是把物（从广义的角度）用来当做能够突出你的符号，或让你加入视为理想的团体，或参考一个地位更高的团体来摆脱本团体。"①这是对上述那个由商品之间的相互暗示和关涉建构起来的意义链的进一步解读。购买商品现在主要不是为了真的使用，而是一种符号性的凸状炫示："我能买得起XX商品"则意味着通过这一商品品牌的凸状符号意义，让自己进入一个处于较高社会地位的团体之中。同时，对高档位商品的购买，也是使自己摆脱一种低位团体的过程。比如，一个人今天在中国购买了宝马轿车，这也就意味着他已跻身于一种所谓有钱的"成功人士"的阶层，而摆脱了沙漏型社会底层普通百姓的地位。最近刚刚在南京发生的一件有趣的事情正好可以说明鲍德里亚的这一观点。不久前，在南京附近的高速公路上，一个由南京市民驾驶的20多辆"改装过"的"马自达6"型（MAZDA6）轿车组成的"车友会"车队（团体A）路遇一辆常州牌照的美国"悍马H2"越野车（HUMMER H2 SUV，团体B），可能是因为超车让路之类的问题，多辆"马自达6"轿车竟然前后将"悍马"压住，以不到50公里每小时的速度在高速公路上将其"制服"在自己的车队之中。整个过程长达10多分钟。此事件，后来居然是"马自达6"车主自己将拍摄的DV在网上炫耀时被公众关注的。当然，绝大部分网民都是谴责"马自达6"车主们的做法的。其实，以鲍德里亚这里的解读逻辑看，可以看作两个完全不同的消费团体之间的差异性凸状表象的对抗，团体A"马自达6"（价位约在20万人民币）购买者属于一个中国中等阶层偏下的消费阶层，而团体B"悍马"越野车（价位约在120万人民币）的拥有者显然属于一个更加显赫的消费阶层，这实际上反映了两种凸状符号意义之间的心理对抗：深层欲望中的嫉妒和羡慕，以及外显的"仇富"。

---

① ［法］鲍德里亚：《消费社会》，刘成富等译，南京大学出版社2000年版，第48页。

在鲍德里亚看来,现代资本主义社会中的消费其实是一个差异性符码之间的交流体系,正是在消费中,人们获得某种特定的符号认同。你进行一种消费,也就意味着你可以"共同拥有同样的编码、分享那些使您与另外某个团体有所不同的那些同样的符号"。① 正如鲍德里亚所言,在消费中,人们必然会看到物的**消费系列**。更重要的是,

> 一旦人们进行消费,那就绝不是孤立的行动(这种"孤立"只是消费者的幻觉,而幻觉受到所有关于消费的意识形态话语的精心维护),人们就进入了一个全面的编码价值生产交换系统中。在那里,所有的消费者不自主地相互牵连。②

在今天的消费过程中,没有人处于纯粹和孤立的商品购买和使用关系中,消费即地位和身份的有序编码,这种编码同时就是**阶层区划**。对此,波斯特曾经解释道,鲍德里亚发现"在发达资本主义制度下,普通大众不仅被生存所迫的劳动之需所控制,而且还被交换符号差异的需要所控制。个体从他者的角度获得自己的身份,其首要来源并不是他们的工作类型,而是他们所展示和消费的符号和意义"。③ 今天,所有的人都在消费的有序筑模中不由自主地相互关涉,互为**反指性他者**。就像我们上述故事所提到"马自达 6"与"悍马 H2",正是在相互的他性反指关系中生成阶层区隔的。所谓的"编码价值",后来在《符号政治经济学批判》一书中被鲍德里亚重新确认为符号/价值和象征交换价值。由此,鲍德里亚认为,今天的消费领域已经成为一个"**富有结构的社会领域**",这个特定的有序结构是阶层区划;需求本身同样也被建构成"**系列等级**"。对于这一点,鲍德里亚说得非常感性,他从人们吸箭牌和万

---

① [法]鲍德里亚:《消费社会》,刘成富等译,南京大学出版社 2000 年版,第 88 页。
② [法]鲍德里亚:《消费社会》,刘成富等译,南京大学出版社 2000 年版,第 70 页。
③ [美]波斯特:《第二媒介时代》,范静晔译,南京大学出版社 2000 年版,第 145 页。

宝路香烟开始,详细地分析了隐匿在一个人内心阴暗处的无意识欲望对象:

> 您有一位出自名门的妻子和一辆阿尔法罗密欧2600斯普林特?但是假如您使用绿水牌香水的话,那就拥有了名士所必须具备的完美的三要素,您就拥有了体现后工业时代贵族气质所有的必需部分。或者还有,在您的厨房里使用弗朗索瓦兹·哈黛使用的那种马赛克,或者使用碧姬·芭铎使用的那种混合气板。或者别出心裁地使用某种烤面包器,或者还可以用普罗旺斯的草和木炭来露天烤肉。当然,这些"边缘"差异本身是服从于某种微妙的等级制度的。①

看起来,人们在消费中面对商品的"使用价值"时可能会是平等的,"但在作为符号和差异的那些深刻等级化了的物品面前没有丝毫平等可言"。差异性符号的消费就是要制造生存等级。在后来的《符号政治经济学批判》一书中,他将其指认为所谓"凡勃伦效应",即"我购买它只是因为它更贵"。在这里,"其中经济的(质性的)差异被转变为一种符号的差异"。而符号的差异即生成现实中人的存在差异。在凡勃伦那里,这种炫耀式消费是指某种脱离了直接使用目的的显示名誉和地位的消费。②

2. 广告中的他者欲望:无动机中的强制驱动

在对现代资本主义消费进行了鞭辟入里的批判性分析之后,《消费社会》一书中另一项重要的研究是对广告在消费控制中的作用进行了

---

① [法]鲍德里亚:《消费社会》,刘成富等译,南京大学出版社2000年版,第80页。
② [美]凡勃伦:《有闲阶级论》,蔡受百译,商务印书馆1964年版,第57页。

比较深入的讨论。这是他在《物体系》一书的最后已经开始的社会批判思考。鲍德里亚接着上面关于消费关系的思考逻辑说，其实，作为消费主体的人，即"消费大众是没有的，基层消费者也从不会自发地产生任何需求：只有经过'精选包装'，它才有机会出现在需求的'标准包装'之中"。① 这也就是说，看上去在自主购物的消费主体（"消费大众"）是不存在的，它是被制造出来的幻觉主体，由什么制造的呢？**广告**。

> 广告的窍门和战略性价值就在于此：通过他者激起每个人对物化社会的神话产生欲望。它从不与单个人说话，而是在区分性的关系中瞄准他，好似要捕获其"深层的"动机。它的行为方式总是富有戏剧性的，也就是说，它总是在阅读和解释的过程，在创建过程中，把亲近的人、团体及整个等级社会召唤到一起。②

我以为，鲍德里亚这里关于广告的批判性思考，应该说是自法兰克福学派的"消费异化"批判以来，我们所能看到的在现代社会批判理论中关于广告批判最深刻的观点了。先是拉康的在场，由于人总是"欲望着他者的欲望"③，所以广告的战略是在镜像他者中制造每个人对其认同的物化社会的神话情境，广告制造的镜像他者并不是对单个人言说，而恰恰是在暗示性的地位和等级区划（宝马、豪宅、青春永驻）中让所有想"成功"的人都怦然心动。其实，这里讲的正是我们身边正在发生的事情。他者的欲望是每一个人"深层动机"中的欲望，而广告的秘密则是对这种欲望的**深层情境控制**。所以，鲍德里亚是想说，人们在今天的资本主义消费中从来没有消费到物品真正的使用价值，只是消费了"一

---

① ［法］鲍德里亚：《消费社会》，刘成富等译，南京大学出版社 2000 年版，第 50 页。
② ［法］鲍德里亚：《消费社会》，刘成富等译，南京大学出版社 2000 年版，第 217 页注 27。
③ 参见拙著：《不可能的存在之真——拉康哲学映像》，商务印书馆 2007 年版，第 9 章。

种被消费的意象",那是由光怪陆离的广告所制造出来的**符号价值**的幻境。这就是**伪性构境**。显然,这也是他对前面消费关系中暗示性强制和符号控制问题的具象性诠释。

鲍德里亚认为,现代广告的本质就是"象征和幻象功能"。显然,这里的象征并不是在肯定的意义上说的,它是本真象征的一种形似的异化。在后面的《象征交换与死亡》一书中,这种对本真象征的拟现被指认为比真实更真实的**拟真**。并且,在广告中,象征性的幻象并不直接表现为凸状的显性动机,而是对人的**下意识**欲念的控制。所以,"它是产品丰富的幻影,但更是无动机潜在奇迹不断重复的保证"。这里的"幻影"(幻象)就是伪构境。为此,鲍德里亚专门在一个注释中转引了拉格诺的话:"广告,是一种不可靠的经济逻辑的糖衣,它通过成千上万种无动机的幻影来否认这种逻辑以使其得到更好的实施。"① 同时,他也提到帕卡尔的《暗中说服》和迪切特的《欲望和战略》两本书的贡献。② 在鲍德里亚看来,广告中作为"阳谋"出现的无动机是最大的驱动性,无强制是最大的强制,无压迫是最大的压迫。或者换一句话说,叫"温柔地对你进行掠夺"。③ 这正是当代布尔乔亚统治的秘密之一。

> 广告的所有把戏都朝着这个方向发展。看看不论在何处,它都显得审慎、友善、不事张扬、不含私心。一小时的广播只有一分钟闪电似的提到商标。四页广告写得如同散文诗一般,而公司的商标却羞涩地躲在其中一页的底部。④

普通人一定想不到,广告的战略目标完全不是人的自觉意识,而是

---

① [法]鲍德里亚:《消费社会》,刘成富等译,南京大学出版社2000年版,第53页。
② [法]鲍德里亚:《消费社会》,刘成富等译,南京大学出版社2000年版,第60页。
③ [法]鲍德里亚:《冷记忆2》,张新木等译,南京大学出版社2009年版,第7页。
④ [法]鲍德里亚:《消费社会》,刘成富等译,南京大学出版社2000年版,第187页。

无意识的诱劝。"广告从整体上看没有意义,它只有一些含义。"① 图尔1904年对广告的定义中,第一次使用了"诱劝"这样的字眼。② 广告的把戏是一种瞒天过海式的"阳谋",不事张扬,闪电式地提到商标,散文诗般的话语和做作的"羞涩",恰恰是广告强暴作用于阴暗位置中亚意识心理层面的法宝。鲍德里亚还发现,广告的另一种重要策略是"赠品意识形态",即通过折扣、削价、厂家提供的礼品等等,让你在关注这种免费的服务和"好处"("百分之百中奖")中,无意识地去购买你并不需要的东西。③ 其实,高级的广告就是要你在不知不觉的伪构境中被控制。"广告既不让人去理解,也不让人去学习,而是让人去希望,在此意义上,它是一种预言性话语。"克拉克曾经指出过,"广告对人们产生影响的原则是:像水滴石穿一样,在不知不觉中进行"。④ 比如我们今天能看到的轩尼诗XO广告画面中美女淡淡地回眸一笑,雷克萨斯广告景观中那个男人欲望式目光的投射,这都是一种暗示式的凹性勾引。所谓水滴石穿,就是这种暗示式的诱劝在一集电视剧的播映中出来若干次,一晚上2~3集,一部电视剧少则20~30集,多则数百集,这种诱劝式的美学图景和欲望情境,在无限的重复之中成为人们下意识心理结构中的支配性筑模力量。当你走进商店的时候,它会让你不自觉地把手伸向欲望伪境中的特定商品。广告的隐性支配作用就是如此发生的。甚至,广告制作者会研究哪种声音在广告中能最有效地穿透人的意识,比如音频信号在2千赫~6千赫之间对人的影响力最大。⑤

---

① [法]鲍德里亚:《消费社会》,刘成富等译,南京大学出版社2000年版,第82页。
② [英]克拉克:《欲望制造家——揭开世界广告制作的奥秘》,刘国明等译,河南人民出版社1991年版,第23页。
③ [法]鲍德里亚:《消费社会》,刘成富等译,南京大学出版社2000年版,第185页。
④ [英]克拉克:《欲望制造家——揭开世界广告制作的奥秘》,刘国明等译,河南人民出版社1991年版,第54页。
⑤ [英]克拉克:《欲望制造家——揭开世界广告制作的奥秘》,刘国明等译,河南人民出版社1991年版,第98页。

在广告之中,物品先被设计成为一种伪事件,然后再"通过消费者对其话语的认同而变成日常生活中的真实事件"。① 在一个**反复的**叙事模式的筑模活动之中,真伪构境之间的界线被彻底抹去——广告,好比是一通制造伪欲望的"咒语"。在《符号政治经济学批判》一书中,"重复"成了当代资产阶级意识形态的主要模式。在这种咒语般的"重复命令式"的作用之下,欲望伪境悄然却强暴式地取代真实存在。更可悲的是,即使我们意识到这一点也无法抗拒。霍克海默和阿多诺就指认,今天广告已经取得了根本性的胜利,因为"即便消费者已经看穿了它们,也不得不去购买它们所推销的产品"。② 其实,这种现象已经成为我们身边每天,甚至每时每刻都在发生的事情。我经常在课堂上说,千万不要以为在电视台每年投下上亿广告费的厂家都是笨蛋,因为所有的广告费用都会进入商品的成本,这也意味着,最后的笨蛋恰恰是在无意识支配下购买了这些商品的我们自己。再比如,广告控制会建构一种特殊的有序分类:男性的想象范例为"高要求"的英雄,而女性则是"自我取悦"的尤物;男性的选择是"角斗",而女性"只是为了更好地作为争夺对象进入男性竞争才被卷入自我满足之中的(自我取悦为的是更好地取悦男性)"。③ 在这里,鲍德里亚以今天在中国也卖得很好的法国著名时装杂志 *Elle*(中译名为《世界时装之苑》)中的一则广告性文章为例,详细说明了那些资本家雇用的欲望制造者们如何告诉女性们"你身体的秘密钥匙"。鲍德里亚的分析可以说是极为精彩的。

在鲍德里亚看来,正是今天无所不在的广告伪造了一种"**消费总体性**",

---

① [法]鲍德里亚:《消费社会》,刘成富等译,南京大学出版社 2000 年版,第 138 页。

② [德]霍克海默、阿多诺:《启蒙辩证法》,渠敬东、曹卫东译,上海人民出版社 2006 年版,第 152 页。

③ [法]鲍德里亚:《消费社会》,刘成富等译,南京大学出版社 2000 年版,第 93 页。

通过一种同谋关系、一种与信息但更主要是与媒介自身及其编码规则相适应的内在、即时的勾结关系,透过每一个消费者而瞄准了所有其他消费者,又透过所有消费者瞄准了每一个消费者。每一幅画面、每一则广告都强加给人一种一致性,即所有个体都可能被要求对它进行解码,就是说,通过对信息的解码而自动依附于某种它在其中被编码的编码规则。①

它"**让一个符号参照另一个符号、一件物品参照另一件物品、一个消费者参照另一个消费者**"。② 这个消费总体性和同一性强制正是前面鲍德里亚所断言的那个有序性消费链的进一步解读。不难认出,这是他在《物体系》中就开始的对海德格尔上手"世界观"转喻使用(即物的功能性存在的链接关系)的进一步逻辑拓展。与此同时,索绪尔那种符号际共时性关联的学术记忆也在不断凸显。

3. 消费同一性中的真实之死

鲍德里亚最后宣称,这个由广告一手制造的资本主义消费总体性,正是"伪事件、伪历史、伪文化"构成的世界,它"不是产自一种变化的、矛盾的、真实经历的事件、文化、思想,而是**产自编码规则要素及媒体技术操作的赝象**"。③ 鲍德里亚这里提出的伪事件、伪历史的赝象与本真历史的分立说,会让人想起科西克的伪具体、伪世界与本真具体总体存

---

① [法]鲍德里亚:《消费社会》,刘成富等译,南京大学出版社 2000 年版,第 134 页。
② [法]鲍德里亚:《消费社会》,刘成富等译,南京大学出版社 2000 年版,第 135 页。
③ [法]鲍德里亚:《消费社会》,刘成富等译,南京大学出版社 2000 年版,第 135 页。

在的分立说。① 故而，广告"意味着伪事件的统治"，用我的话来说，就是缔造了一种虚假的生活构境，或者叫伪欲望情境。在多年以前，霍克海默和阿多诺就说过，广告已经成了今天生命存在的"灵丹妙药"②，而鲍德里亚则要进一步说：广告是真实事件、真实历史和真实文化之死。值得注意的是，这也是鲍德里亚首次涉及真实存在被"谋杀"这一重要主题。可是粗心的鲍德里亚虽然提出了**真假二值判断**，但究竟什么是他此时随意所说的"变化的、矛盾的、真实经历的事件、文化、思想"，我们却不得而知。这个即将死亡的**真实存在**，只是后来才被他在象征交换关系中慢慢地凸显和塑形起来。在后来的《冷记忆4》中，鲍德里亚写道："由于广告对真相的不断歪曲，人们最终会否定真相本身"。③

当然，制造伪事件的罪魁祸首并非只是商品广告一家，作为广告载体的大众传播媒介也是导致真实被谋杀的同案犯。这是鲍德里亚最早开始的对大众媒介的批评，也是晚期鲍德里亚批判理论中的重要内容之一。当然，我们也不难发现，这是他的老师德波在《景观社会》中开启的批判性反思之理论回路。鲍德里亚认为，大众传播媒介假手报纸杂志、电视影像和流行媒体塑形出来的"真相"是以"**我并不在场**"为前提的，此类"实际不存在但又偏偏存在的事实"就是"幻影"。"我们从大众交流中获得的不是现实，而是对现实所产生的眩晕"。④ 所以他才会夸张地说，"电视：里面的每个画面都是无明天的逐渐昏迷"。⑤ 鲍德里亚宣称，在大众传媒之中，

---

① 参见拙著：《文本的深度耕犁——西方马克思主义哲学文本解读》，中国人民大学出版社2004年版，第4章。

② ［德］霍克海默、阿多诺：《启蒙辩证法》，渠敬东、曹卫东译，上海人民出版社2006年版，第147页。

③ ［法］鲍德里亚：《冷记忆4》，张新木等译，南京大学出版社2009年版，第26页。

④ ［法］鲍德里亚：《消费社会》，刘成富等译，南京大学出版社2000年版，第12页。

⑤ ［法］鲍德里亚：《冷记忆1》，张新木等译，南京大学出版社2009年版，第92页。

信息消费之信息,即对世界进行剪辑、戏剧化和曲解的信息以及把消息当成商品一样进行赋值的信息、对作为符号的内容进行颂扬的信息,简而言之,就是一种包装(取这一词的广告含义——在此意义上,广告是一种杰出的"大众"媒介,其模式渗入了其他一切传媒之中)和曲解的功能。①

可见,并非广告的大众传播媒介也是另一种意义上的消费,电视形象、宣传信息和意识形态符号,它们神通广大地将流血、谋杀和悲剧的真实存在装塑成一个"**什么也没有发生的地方**"。在后来的《冷记忆4》中,鲍德里亚写道:"信息并不是知识,而是让人知道,这和假装知道正好对应;宣传、意识形态,广告,这不是相信,而是让人相信,这和假装相信相对应;电视,这并不是看的东西,而是让我看的东西,这和假装看到相对应;不一而足。我们成了人为虚假的俘房:成了让人看、让人相信、让有价值、让人愿意的俘房。我们不再是我们行为和思想的直接主使。这只是一些异形运动的运载体,还因为这些运载体的关键功能已经置于自动驾驶状态,所以它们对自己本身并不关心。"②所以,拜大众传媒之赐,我们消费了一种"心中的宁静",一种意识形态构序之下的伪宁静。"它的宁静需要永久性的**消费暴力**来维系",并且,是有史以来最强大的暴力。恰因之"无目的和无对象",这种暴力无法控制,鲍德里亚指控它"令我们觉得不可名状、荒谬、像魔鬼般恶毒"。③ 事实上,这同样是一种意识形态的编码筑模。基于此,鲍德里亚下了结论:"我们这个'消费社会'的特点:在空洞地、大量地了解符号的基础上,否定真

---

① [法]鲍德里亚:《消费社会》,刘成富等译,南京大学出版社2000年版,第131页。
② [法]鲍德里亚:《冷记忆4》,张新木等译,南京大学出版社2009年版,第44页。
③ [法]鲍德里亚:《消费社会》,刘成富等译,南京大学出版社2000年版,第198页。

相"。① 可真相是什么,我们还是不知道。

在《消费社会》一书中,鲍德里亚更重要的理论断言是:生产的社会已经被消费社会取代。他认为,在当今的西方资本主义社会里,传统的"生产主人公的传奇已到处让位给消费主人公"。这个断言中其实另有弦外之音,即鲍德里亚关于当代资本主义社会的根本结构和基础已经从**生产主导**转向**消费主导**的现实判断。这是他这本书的真正立论之处。

首先,今天消费社会中物质生产塑形的质性被颠倒了:"今天,生产的东西,并不是根据其使用价值或其可能的使用时间而存在,而是恰恰相反——**根据其死亡**,因为商品死亡的"加速",必然引起商品价格上涨的加速。生产物品反倒是为了它的早日死亡!

> 人们知道生产秩序的存在,是以这种所有商品的灭绝、永久性的预有安排的"自杀"为代价的。这项活动是建立在技术"破坏"或以时尚的幌子蓄意使之的基础之上的。广告耗费巨资实现了这一奇迹。其唯一的目的不是增加而是去除商品的使用价值,去除它的时间价值,使它屈从时尚价值并加速更新。②

关于商品预先设定的走向死亡,我们在《物体系》一书的最后,已经遭遇过它的理论凸状和焦点视区了。这里鲍德里亚只是强调,生产与消费的关系正在被颠倒,生产塑形的目的不再是功能性的实用,而恰是为了商品在消费中的死亡。**时尚的逻辑**,就在于一场钉对消费对象的"指导性废弃"的游戏。③ 现在,我们自己已经不难在身边的日常生活

---

① [法]鲍德里亚:《消费社会》,刘成富等译,南京大学出版社 2000 年版,第 13 页。
② [法]鲍德里亚:《消费社会》,刘成富等译,南京大学出版社 2000 年版,第 29 页。
③ [法]鲍德里亚:《消费社会》,刘成富等译,南京大学出版社 2000 年版,第 101 页。

中直接看到时尚对人的生活的支配：遍及报摊、飞机和宾馆的时尚杂志，每天在电视上走秀的时装 T 台，文学、影视剧作品引导的明星生活，这些也是以他者的欲望逻辑强迫人们不断地购买新的同样会很快"死亡"的时尚之物。

另外，在今天的生产中，由资本家人为创序和制造出来的"技术缺陷"和故意的**技术性破坏**，是"代替生产的根本办法"。瓦内格姆说，"不成熟性是可消费物的法则"。① 今天商品中被故意设置的缺陷，并不一定真是一种质量上的问题，它们往往是在商品之间的差异性关系中被显摆出来的凸状式弱点。例如在德国奥迪 A6 汽车正式推出之前，我们可以看到在原先的奥迪 100 和 200 退出市场之前，出现过一种极为短命的排气量在 2.6 升的"伪 A6"汽车，其车型和内饰都还停留在传统奥迪 100 的过渡性改进状态，它的凸状显现只是为了兆示正式推出的 A6 系列轿车的全部优点。这种技术破坏的结果，同样是人为地让你无意识地更新时尚物品。这是多么滑稽的一出现实悲剧！这一问题，鲍德里亚在后来的《符号政治经济学批判》中有更进一步的深入讨论。也是在这个意义上，鲍德里亚认为，"消费的真相在于它并非一种享受功能，而是一种生产功能"。② 消费替代了生产，它就是生产！后来，鲍德里亚又提出过非物质商品的必死性。"艺术变得昙花一现，这倒不是为了影射生命的短暂性，而是为了适应市场的短暂性"。③

我注意到，在该书第 1 章和第 2 章的开始部分，鲍德里亚还只是简单列举了消费社会中普遍存在的种种问题，到了第 2 章第 1 节的最后，我们终于见到了另一位熟人的影子——萨林斯和他的名作《原始的丰裕社会》。这将引出一个新的逻辑创序阶段。萨林斯的主要学术观点

---

① ［法］瓦内格姆：《日常生活革命》，张新木等译，南京大学出版社 2009 年版，第 114 页。
② ［法］鲍德里亚：《消费社会》，刘成富等译，南京大学出版社 2000 年版，第 69 页。
③ ［法］鲍德里亚：《冷记忆 2》，张新木等译，南京大学出版社 2009 年版，第 69 页。

无疑也曾深受莫斯的影响。鲍德里亚充分肯定了萨林斯的观点,即在当代资本主义**生产本位主义**的工业王国中,人的需要只是"生产范畴的需求,而不是人的'需求'"。① 请注意,鲍德里亚的这个"生产本位主义"就是来自萨林斯,此处有一个重要的逻辑转折,在后来的《生产之镜》中,鲍德里亚将其激变为恶毒攻击历史唯物主义的口号。鲍德里亚认为,萨林斯笔下澳大利亚原始群落中的土著人所过的日子才是真正"丰裕"的人类生活。在那一方乐土上,人们虽不曾占有物,可亦不为物所困,土著人的脑海里完全没有今天广为人知的政治经济学效用观念,任何物皆可随时被丢弃和耗费。在接下来的讨论中,鲍德里亚还提出,原始社会中也没有今天这样的时间概念("时间就是金钱"),对他们而言,时间只是存在的节奏,是象征性的,无法被抽象和实体化。② 并且,在以这种象征关系为主导的社会存在中,"白银、黄金都如同粪土",并且是一种非塑形非功利化的"祭祀式的粪土功能"。③ 正是在此处,莫斯-巴塔耶的他性理论问题式开始成为鲍德里亚理论逻辑筑模中最重要的东西。

鲍德里亚慨叹道,这样的生活里,人们拥有的最大的财富不是功用性的塑形物,而是**一种象征性的**社会关系,与功利式的物性占有关系的混沌盲目完全不同,这种象征关系具有"透明和互补性"的美好质性。④

> 在赠予和象征性的交换经济中,少而精的财富是足以创造一种普遍丰盛的,因为它不断地从一些人的手里传到另外一些人的手里。丰盛不是建立在财富之中的,而是建立在人

---

① [法]鲍德里亚:《消费社会》,刘成富等译,南京大学出版社2000年版,第55页。
② [法]鲍德里亚:《消费社会》,刘成富等译,南京大学出版社2000年版,第170页。
③ [法]鲍德里亚:《消费社会》,刘成富等译,南京大学出版社2000年版,第173页。
④ [法]鲍德里亚:《消费社会》,刘成富等译,南京大学出版社2000年版,第56页。

与人之间的具体交流之中的。它是无限的,因为交流圈没有边际,哪怕是在有限数量的个体之中,交流圈每时每刻都增加着被交换物的价值。①

什么价值?当然是象征价值。这就进入了鲍德里亚象征概念理解的第二个阶段。此时,鲍德里亚对莫斯的象征交换概念的理解显然还不够准确。事实上,象征关系不是**价值**,象征交换和礼物赠予也都不是**经济**!所以,青年鲍德里亚思想构序中的这次学术记忆点的凸状激活显然是一种误认。若针对莫斯-巴塔耶的逻辑而言,**象征价值**本身恰好是一个逻辑悖论。后来,他自己又在《符号政治经济学批判》一书中,提出了否定意义上的象征交换价值,即"符号/价值"。不过,重要的是,此处迈出的关键性一步,是鲍德里亚对象征交换进行**统一的**理解的开始。有意思的是,他还没有将这个象征性直接与自己逻辑中那个被消费关系颠倒的本真存在关联起来。我发现,鲍德里亚正是从这个重要的参照坐标出发,展开了自己对"消费社会"的批判,显然,他依托的理论基础和逻辑回路并**不是马克思主义**。必须看到,在否定消费社会的存在合法性时,鲍德里亚也没有选择从历史唯物主义的方法入手来批判资本主义剥削体制的路径,而选择的仍然是依据莫斯-巴塔耶的草根浪漫主义搭建起来的他性理论逻辑构架。

以鲍德里亚的看法,作为一种符号操纵下的意识心理塑形,消费逻辑最根本的问题在于,

> 其中缺乏创造物的象征价值和内在的关系:它完全是外在的。物品丧失了其客观目标、其功能,变成了一个广泛得多的物品总体组合的词汇,其中它的价值在于关系。另外,它丧失了其象征意义、其几千年来的独特地位,并且逐渐耗竭而成为各种内涵的一种话语,这些内涵在一个极权文化系统中也

---

① [法]鲍德里亚:《消费社会》,刘成富等译,南京大学出版社 2000 年版,第 56 页。

是相互隶属的，就是说能够在它们的出处将一切含义一体化。①

换句话说，消费伪构境的反动性，恰恰在于它剥夺了物品和人存在的真实"象征价值"，由此，物与人才会沦落为有用的交换价值物。鲍德里亚曾经以人的性欲为例说明这一点：一旦一个人性欲的"总体功能及其象征交换"意义被摧毁，性就将堕入"使用价值/交换价值的双重模式"之中，沦为虚假色情幻境中的消费品。②请注意，这也是鲍德里亚第一次将**使用价值**置于被否定的语境之中，且此举亦为不久之后他在《符号政治经济学批判》一书中对使用价值的批判埋下了逻辑伏笔。

在该书的最后章节中，当讨论到休闲问题时，鲍德里亚还终于让巴塔耶也粉墨登场了一回。他直接提到了巴塔耶晚期写下的那本《被诅咒的部分》，指认了莫斯发现的"礼物交换"。在他看来，真正自由的时间是**意义和象征的交换**，存在的价值"就在于毁灭本身、在于牺牲之中"。③当然，此时，鲍德里亚还在寄希望于类似1968年法国"红色五月风暴"式的革命能够打破消费社会"白色的弥撒"，复归真正有意义的人类生存状态。

---

① ［法］鲍德里亚：《消费社会》，刘成富等译，南京大学出版社2000年版，第120页。

② ［法］鲍德里亚：《消费社会》，刘成富等译，南京大学出版社2000年版，第167页。

③ ［法］鲍德里亚：《消费社会》，刘成富等译，南京大学出版社2000年版，第176页。

把所有经济上的满足都给予他,让他除了睡觉、吃蛋糕和为延长世界历史而忧虑之外,无所事事;把地球上的所有财富都用来满足他,让他沐浴在幸福之中,直至头发根:这个幸福表面的小水泡会像水面上的一样破裂掉。

——陀思妥耶夫斯基《死屋手记》

前　言

让·鲍德里亚的著作《消费社会》是对当代社会学的一大贡献。在诸如涂尔干的《社会分工论》、凡勃伦的《有闲阶级论》以及 D. 里斯曼的《孤独的人群》书系中，他理所当然地取得了他应有的位置。

鲍德里亚分析了当代西方社会，包括美国社会。这种分析以他曾在《物体系》（伽利玛出版社，1968 年）中论及过的物的消费现象为中心。在那书的结论中，他已经提出了现在这部作品的计划："从一开始就必须明确指出，消费是一种积极的关系方式（不仅于物，而且于集体和世界），是一种系统的行为和总体反应的方式。我们的整个文化体系就是建立在这个基础之上的。"

他那独特的见解揭示了大型技术统治组织怎样引起无法克制的欲望，而且又怎样创建了用以取代旧的不同阶级区分的新的社会等级。

一个新的神话便这样产生了："洗衣机，"鲍德里亚写道，"被当作工具来使用并被当作舒适和优越等要素来耍弄。而后面这个领域正是消费领域。在这里，作为含义要素的洗衣机可以用任何其他物品来替代。无论是在符号逻辑里还是在象征逻辑里，物品都彻底地与某种明确的需求或功能失去了联系。确切地说这是因为它们对应的是另一种完全不同的东西——可以是社会逻辑，也可以是欲望逻辑——那些逻辑把它们当成了既无意识且变幻莫测的含义范畴。"

作为新的部落神话，消费已成为当今社会的风尚。它正在摧毁人类的基础，即自古希腊以来欧洲思想在神话之源与逻各斯世界之间所维系的平衡。鲍德里亚意识到了我们所面临的危险。让我们再一次用他的话来说吧：正如中世纪社会通过上帝和魔鬼来建立平衡一样，我们的社会是通过消费及对其揭示来建立平衡的。中世纪社会还曾经围绕着魔鬼组织了一些异端邪说和黑色戏法教派。而丰盛社会中我们自己的戏法是白色的,不可能再有异端邪说。这是一个饱和了的社会所具有的预防性的白色,这是一个没有眩晕没有历史的社会,一个除了自身之外没有其他神话的社会。

《消费社会》行文精练,年轻一代要认真研读。它的任务就在于:砸烂这个如果算不上猥亵的,但算得上物品丰盛的,并由大众传媒尤其是电视竭力支撑着的恶魔般的世界,这个时时威胁着我们每一位的世界。

J. P. 梅耶
于雷丁大学托克维尔研究中心

第一章　物的形式礼拜仪式

丰　盛

今天,在我们的周围,存在着一种由不断增长的物、服务和物质财富所构成的惊人的消费和丰盛现象。它构成了人类自然环境中的一种根本变化。恰当地说,富裕的人们不再像过去那样受到人的包围,而是受到物(OBJETS)*的包围。不断上升的统计曲线显示,从复杂的家庭组织和数十个技术奴隶,一直到"城市动产",从通讯的整个物质机器和职业活动,一直到广告中庆祝物的常见景观,从大众传媒和未成年人崇尚的隐隐约约具有强制性的小玩意中所获得的数百万个日常信息,一直到围困我们睡梦的夜物所提供的心理剧,他们的日常交易不再是同类之间的交易,而是接受、控制财富与信息。毫无疑问,"环境""氛围"的概念之所以变得如此时髦,只是因为我们在其他人周围,在他们出现的时候,在他们的谈话中,实际上生活得还不够;只是因为那些从属的、引起幻觉的物带着无声的目光老生常谈,总是向我们重复着我们自己

---

* 鲍德里亚在此书的写作中,有三种不同的文本词句建构:一是通常出现的字词斜体,在译文中我们按惯例用黑体字表示;二是鲍德里亚用字母首位大写强调一些词语;三是将一些字词字母全部大写表示特殊强调。对后两种情况,除品牌、名称外,我们一律在汉译文本中注着重号。——译者注

的惊人力量、潜在的富有和相互之间老死不相往来的状况。正如狼孩因为跟狼生活在一起而变成了狼一样,我们自己也慢慢地变成了官能性的人了。我们生活在物的时代:我是说,我们根据它们的节奏和不断替代的现实而生活着。在以往的所有文明中,能够在一代一代人之后存在下来的是物,是经久不衰的工具或建筑物,而今天,看到物的产生、完善与消亡的却是我们自己。

物既非动物也非植物,但是它给人一种大量繁衍的植物和热带丛林的感觉。现代新野人很难从中找到文明的影子。这种由人而产生的动植物,像可恶的科幻小说中的场景一样,反过来包围人、围困人。我们必须尽快如实地把所见到的和所体验到的描述出来——在奢华与丰盛之中,千万不要忘记它是**人类活动的产物**。制约它的不是自然生态规律,而是价值交换规律。

"在伦敦最繁华的街道,商店一家紧挨一家,在没有目光的玻璃眼睛背后,陈列着世界上的各种财富:印度的披肩、美国的左轮手枪、中国的瓷器、巴黎的胸衣、俄罗斯的皮衣和热带地区的香料。但是在所有这些来自众多国家的商品正面,都挂着冷冰冰的白色标签,上面刻有阿拉伯数字,数字后面是简练的字母 L,s,d(英镑、先令、便士)。这就是商品在流通过程中所表现出来的形象。"(马克思《政治经济学批判》)

丰盛与全套商品

堆积、丰盛显然是给人印象最深的描写特征。大商店里琳琅满目的罐头食品、服装、食品和烹饪材料,可视为丰盛的基本景观和几何区。在所有的街道上,堆积着商品的橱窗光芒四射(最常见的材料就是灯光,如果没有它,商店就不可能是现在这个样子)。还有肉店的货架以及举办的食品与服装的节日,无不令人垂涎欲滴。在堆积之中,还有产品总和之外的东西:显而易见的过剩,对稀有之物神奇而决定性的否定,以及科卡尼地区对奢华物质的狂妄自负。我们的市场,我们的商业动脉，我们的普里聚尼克超级商店就是这样模仿了一个被寻找回来的异常肥沃的自然：在我们的迦南谷，霓虹灯的灯光像奶和蜜一样在番茄沙司和塑料上流淌，但这又有什么关系！对于所有的人来说，不是不够而是太多的强烈愿望就在于此：看起来你带走了一堆摇摇欲坠的盒装牡蛎、肉、梨子或芦笋，其实你只是购买了其中的一小部分。你只是买走了所有中的部分罢了。这种对消费材料、对**商品**的重复借代说法，采用一个重要的集体隐喻，以及借助于其本身无节制的特点，重新恢复了**赠与**和戏剧性的、用之不竭的挥霍形象。这个形象即**节日**形象。

在丰盛的最基本的而意义最为深刻的形式——堆积之外，物**以全套或整套的形式组成**。几乎所有的服装、电器等都提供**一系列**能够相互称呼、相互对应和相互否定的不同商品。对于那些不再过多提及过剩物质，而只是提及筛选出来的、补充性的、供选择选用的以及供消费者作连锁心理反应的**某个方面**的商品的那个整体来说，古董商的橱窗就是贵族的奢侈模式。消费者浏览、清点着所有那些物品，并把它们作为整个类别来理解。今天，很少有物会在没有反映其背景的情况下**单独地**被提供出来。消费者与物的关系因而出现了变化：他不会再从特别用途上去看这个物，而是从它的全部意义上去看全套的物。洗衣机、电冰箱、洗碗机等，除了各自作为器具之外，都含有另外一层意义。橱窗、广告、生产的商号和商标在这里起着主要作用，并强加了一种一致的集体观念，好似一条链子、一个几乎无法分离的整体，它们不再是一串简单的商品，而是一串意义，因为它们相互暗示着更复杂的高档商品，并使消费者产生一系列更为复杂的动机。显然，提供给消费者的商品绝不是杂乱无章的。在某些情况下，为了更好地诱惑消费者，它们还会**模仿**杂乱。不过，它们总是要想方设法打开指示性的道路，诱发人们陷入商品网中的购物冲动，并根据自身的逻辑，进行诱导、提高，直至获取最大限度的投资，达到潜在的经济极限。服装、器械以及化妆品就是这样构成商品的**系列**，并引起消费者对惰性的制约：他**逻辑性地**从一个商品走向另一个商品。他陷入了盘算商品的境地——这与产生于购买与占据丰富商品本身的眩晕根本不是一回事。

杂 货 店

丰富与盘算的综合，就是杂货店。杂货店（或新的商业中心）实现了消费的综合活动。其中最小的活动并不是购物、玩弄物、游戏性的游荡以及兼而有之的各种可能。因此，杂货店与大商店相比，在现代消费方面更为特别。大商场里的产品大量集中，留给游戏的探索性空间较小，货架与产品的并列使得缓行更为切合实际，大商场保留着它们诞生的那个时代的东西，也就是广大百姓获得日常消费品的东西。杂货店本身具有完全不同的意义：它不把同类的商品并置在一起，而是采取符号混放，把各种资料都视为全部消费符号的部分领域。文化中心成了商业中心的组成部分。但不要以为文化被"糟蹋"，否则那就太过于简单化了。实际上，它被文化了。同时，商品（服装、杂货、餐饮等）也被文化了，因为它变成了游戏的、具有特色的物质，变成了华丽的陪衬，变成了全套消费资料中的一个成分。"一门新的生活艺术，一种新的生活方式"，广告上写道，"时髦日常性：能够在有空调的同一个地方愉快购物，能够一次性购买到食品、用于套房和乡间住宅的材料、服装、鲜花、刚问世的小说或最新问世的小玩意，与此同时，丈夫和孩子看着一部电影或就地一同用餐，等等。"咖啡馆、电影院、书店、音乐厅、妇女的小饰物、服装，还有商业中心的其他许多东西：杂货店能够以万花筒式的方式重新把一切捕获。如果说大商店展现了商品的集市场面，那么杂货店则扮演了消费的独唱会的角色。它的整个"艺术"就在于耍弄商品符号的模糊性，在于把商品的实用的地位升华为"氛围"游戏：这是普及了的新文化，在一家上等的杂货店与一个画廊之间，以及在《花花公子》与一部《古生物学论著》之间已不再存在什么差别。杂货店向现代化方向发展，一直到能够提供"灰物质"："销售东西本身并不令我们感兴趣，我们要在其中加点灰物质……四层楼，一个酒吧，一个舞池和几个销售点。

妇女小饰品、唱片、袖珍书、教科书——几乎无所不包。但目的不是讨好顾客，而是真的向他们推荐'一些东西'。一家语言实验室在三楼运作。在唱片和旧书当中，人们可以发现唤醒我们这个社会的主流的东西。严肃音乐和诠释时代的书籍。伴随着产品的就是这些'灰物质'。因此，一家风格新颖的杂货店，会带有更多一些东西，也许是一点智慧和一点热情。"

杂货店可以变成整个一座城市：如帕尔利二号。那里建有巨大的购物中心，"艺术和娱乐与日常生活混而为一"，每个住宅群从游泳池-俱乐部向四周延伸。游泳池-俱乐部成了吸引力的中心。圆形的教堂，网球场（"这是最起码的东西"），高雅的商店，图书馆。最小的冬季运动站也采用了杂货店的这种"普遍主义"的模式：所有的活动被概括、被系统地组合并集中在"氛围"的基本概念周围。因此，菲莱恩-拉-普罗迪格同时向您提供了一种整体的、多职能的组合生活："……我们的勃朗峰，我们的云杉森林——我们的奥林匹克跑道——我们的儿童'平台'——我们的那些雕琢、磨光成艺术品的建筑——我们所呼吸的新鲜空气——我们的福罗姆（Forum）购物中心高雅的气氛（取代了地中海城市……从滑雪的跑道归来之后，生活就是在这里变得愉悦的。咖啡馆、餐馆、商店、溜冰场、夜总会、电影院和文化娱乐中心一起集中在福罗姆，向你提供滑雪之外的特别丰富多彩的生活）——我们的有线电视——我们的人类未来（不久，我们将被文化部划为艺术文物）。"

我们处在"消费"控制着整个生活的境地。所有的活动都以相同的组合方式束缚，满足的脉络被提前一小时一小时地勾画了出来。"环境"是总体的，被整个装上了气温调节装置，安排有序，而且具有文化氛围。这种对生活、资料、商品、服务、行为和社会关系总体的空气调节，代表着完善的"消费"阶段。其演变是从单纯的丰盛开始，经过商品连接网，到行为与时间方面的总体影响，一直到内切于未来城市的系统气氛网。杂货店、帕尔利二号或现代机场就是这类城市。

帕尔利二号

"欧洲最大的商业中心。"

"春天商场、BHV、迪奥、普里聚尼克、浪凡、费朗克父子、埃迪尔、两家电影院、一家杂货店、一家超市、絮玛和其他一百来家商店竟聚集在同一个地点！"

对于商业选择来说，从杂货店到高档时装店，两个必要的条件是：商业活力和美学感觉。人人皆知的口头禅"难看的东西不易买"在此已经过时，可能要被"环境美是生活幸福的首要条件"所代替。

三层楼的结构……围绕中心的玛伊而建，有主轴线和两层宽阔的通道。大小商店融会在一起，现代节奏与昔日的闲逛融会在一起。

这些商店的诱惑一览无余，连一个橱窗的屏障都没有。步行闲逛其中，会产生一种从未有过的惬意感。玛伊街一面朝着和平街，另一面朝着香榭丽舍大街，装饰着喷泉、矿物树、报亭、长凳，完全摆脱了季节与反常的气候——一个隔绝于外的空气调节系统，只要有个十三公里长的空气湿度调节罩之后，永恒的春天便长驻于此。

在那里，人们不仅能买到所有东西，从一双鞋到飞机票，能看到保险公司、电影院、银行、医务所、桥牌俱乐部和艺术展览馆，而且人们不再是时间的奴隶，和其他任何街道一样，玛伊街一周七天，日夜均可前往。

理所当然，中心为那些想使用最现代付款方式的人设立了"信用卡"。它把支票、现金……甚至是难熬的月底解放出来了……从此，如要付款，你只要出示信用卡并在发票上签字便可以了。就这么简单。你每月都会收到一张账目清单，你可以一次付清或按月支付。

舒适、美丽和效率结合在一起，帕尔利人发现了其他无政府城市拒绝他们的物质幸福条件……

在这里，我们处在作为日常生活的整个组织、完全一致的消费场所。在这里，一切都容易捕获和超越。抽象的"幸福"的半透明性是由解决压力的唯一办法所确定的。扩大到商业中心和未来城市规模的杂货店，是每一个现实生活、每一个社会客观生活的**升华物**。这里废除的不仅是工作和钱，而且是季节——最终一致了的循环本身成了遥远的残迹！工作、娱乐、自然和文化，所有这些过去零零散散，在现实生活中，在古老的无政府城市里，滋生出的复杂和焦虑的东西，所有这些被分裂、相互之间无法缩减的活动——所有这一切最终被混杂、搅拌、调节并一致地展现在同一次连续的购物和消闲之中。所有这一切在时髦的两性同体的相同气氛里，最终变得无性别之分了。所有这一切最终被消化、还原为同质的粪便物（当然，确切地说，在"**现金**"消失的标志下，现实生活的**现实**粪便化以及过去一直困扰着它的社会经济矛盾的象征太明显了）——所有这一切都结束了：**被控制**、**被润滑**和**被消费**的粪便性从今以后将不分事物，不分社会关系，到处蔓延，无所不在。如同罗马的先贤祠，所有国家的神共存于一篇巨大的"文摘"，诸说混合。我们的超级购物中心（Super-Shopping Center）就是我们的先贤祠，我们的阎王殿。所有消费之神或恶魔，也就是说，所有的活动，所有的工作，所有的冲突以及所有以同样抽象方式废除了的季节都汇集于此。在如此统一了的生活内容里，在这篇无所不包的文摘里，不可能再有什么**感觉**：产生的梦幻、诗意与感觉的东西。即重大的搬迁与浓缩形式，建立在不同成分相互间有机连接基础之上的比喻和矛盾的重大意象，是不可能再存在了。相同成分的永久性替代将特立独行。不再有象征功能：在永恒的春天里，"气氛"的组合是永恒的。

消费的神奇地位

　　美拉尼西亚的土著人曾经被天上飞行的飞机搅得心醉神迷。但是，这些东西从来没有在他们那里降落过。白人每次都成功地将它们接收。因为他们在地面的某一区域布置了相似物，用以引导飞机的飞行。于是，土著人便用树枝和藤条建造了一架模拟飞机，精心划出一块夜间照亮的地面。他们耐心地等待着真飞机前来着陆。

无须把当今游荡在城市丛林里的类人猿的狩猎冠以原始状态（为什么不呢？），人们就能够在这里看出消费社会的寓言。消费中受过圣迹显示的人也布置了一套模拟物、一套具有幸福特征的标志，然后期待着（一位道德主义者很失望地说）幸福的降临。

问题不在于从中看出分析的原则。它只是关系到个人和集体的消费心态罢了。不过，人们可以在这个相当大的层面上大胆地进行这样的比较：这是一种决定消费的**神奇的思想**，是一种决定日常生活的奇迹心态，是一种原始人的心态。这种心态的意义是建立在对思想具有无比威力的信仰之上的：这里所信仰的，是标志的无比威力。富裕、"富有"其实只是幸福的**符号**的积累。物品本身所提供的满足感等同于模拟飞机，等同于美拉尼西亚人缩小了的模型，也就是反映了潜在的极大满足、十足的富裕以及最终受到圣迹显示者背后的狂喜。其强烈的期盼使得日常生活的平庸得以延续。这些最小的满足还只是一些驱魔做法，还只是一些获取、祈求完全舒适与幸福的方法。

在日常生活中，消费的益处并不是作为工作或生产过程的结合，而是作为奇迹来体验的。当然，在美拉尼西亚土著人与坐在电视机前转动开关、等待着全世界图像的观众之间，存在着一种差别：一方面，因为相同的心理布局使得土著人的神奇信仰从未被摧毁（如果不是这样，那是因为人们没有做到必须要做的东西）；另一方面，电视机的奇迹不停地作为**一个奇迹**永远得到实现，——通过技术上的恩赐，它消除了消费者意识中的社会现实原则本身，即通向形象消费的漫长社会生产过程。因此，同土著人一样，电视观众在神奇而有效的方式上把这种占为己有的手段视为**骗取**。

货船的神话

消费材料于是充当了骗术，而不是充当劳动产品。更进一步地说，丰富的资料一旦与客观定义相分离,便被视为**一种自然的恩赐**,视为天上掉下来的好处。美拉尼西亚人——还是他们——在与白人的接触过程中发挥了对救世主的崇拜,对货船的崇拜:白人生活富足,而他们一无所有,原因就在于白人知道如何骗取或侵吞退居到世界边缘的黑人祖先留给子孙们的货物。白人的骗术一旦失败,他们的先辈便带着神奇的货物返回来,他们也就再也不知道什么是需求了。

因此,"发展中的"人民把西方的"援助"视为期盼中的、理所当然的、早就属于他们的东西。如同灵丹妙药——与历史、技术、持续发展以及世界市场毫无关系。但是,只要稍微仔细地看一看,西方发达社会中奇迹般脱险的人,是否都以同样的方式在行事呢? 消费大众有没有把富裕视为一个**自然结果**呢? 他们被科加尼地区的幻影所包围,在广告性的祷文作用下,相信一切都事先给了他们,以及他们在富裕方面具有合法的、不可让与的权利。对消费的美好信仰是一个新成分;新的一代代人从此变成了继承人:他们继承的不再仅有财产,而且有**丰盛的自然权利**。因此,货船的神话在美拉尼西亚走下坡路的时候,反而在西方复活了。因为即使丰盛成了司空见惯的事,它仍旧被作为日常的奇迹来体验,因为它不是表现为生产出来的、抢夺而来的、征服而来的、经过历史的和社会的努力而得来的东西,而是表现为在有益的神话恳求下所**赠予的**东西。我们是其合法的继承人:技术、进步、发展(la Technique, le Progrès, la Croissance),等等。

但这并不是说我们的社会,客观上首先绝对是一个生产社会,一个**生产范畴**,一个政治经济战略的地点。而是说**消费范畴**混杂其中,即符号控制的范畴混杂其中。在这个层面上,一条平行线(无疑是冒险性的)可通过神奇的想法勾画出来,因为这二者都靠符号而且在符号的**遮蔽之下存在**。当今社会愈来愈多的根本方面属于意义逻辑范畴,属于象征规则和体系范畴——但它并不会因此而成为原始社会。这些意义和规则的**历史的生产问题**仍然丝毫没有解决——作为延伸理论,这种分析应根据物质和技术生产过程逐条地加以陈述。

灾难的完美诱惑

使用符号的做法总是存在着矛盾的心绪，其作用总是**牟取**。牟取这个词具有双重含义：一是先让符号（力量、现实的东西、幸福等等）出现，然后再攫取；二是先提出某事，然后再加以否定与击退。人们知道，神话的神奇思想就在于牟取变化和历史。从某种意义上来说，图片、新闻和信息的普遍消费也在于**牟取现实符号中的现实**，在于牟取变化符号中的历史，等等。

不管怎么说，我们带着距离提前或过后消费着现实。这里的距离是符号距离。譬如，当《巴黎竞赛报》表现保卫将军（Général）的密探在警察局的地下室练习开冲锋枪时，其图片并不作为"信息"来读，也就是说，要人们考虑到政治背景和实际发生的事：对于我们当中的每一个人来说，它传输着一次绝妙的暗杀企图，一个惊人的暴力时间企图；暗杀要发生，即将要发生。图片是某种先兆和事先得到的享受。所有的邪念都实现了。这里得到的与对货船里神奇的丰盛的期待，结果完全不同。货船或灾难，总是有一种完美的诱惑结果。

确实，可以说我们的幻影来到图片里自我显示，并在其中自我消费。但是与这种心理面相比较，令我们更感兴趣的是那些为了同时被消费、被后置的东西：现实世界、事件和历史。

使消费社会带上特点的，是大众交际中**社会新闻所具有的普遍性**。所有政治的、历史的和文化的信息，都是以既微不足道又无比神奇的相同形式，从不同的社会新闻中获取的。它整个地被加以现实化，也就是说，用戏剧性的方式加以戏剧化——以及整个地加以**非现实化**，通过交际的中项产生距离，而且缩减为符号。因此，不同社会新闻并不是其他范畴中的一种，而是我们神奇思想中的、神话中的主要范畴。

这种神学建立在现实性、"真相"和"客观"的更为贪婪的要求上面。写实电影、新闻报道、快讯、爆炸性照片以及证词资料等随处可见。但到处所寻求的，是"事件中心"、"争论中心"、**活生生的东西**、面对面的东西——亲临事件发生现场所产生的头晕目眩、亲身体验时所产生的剧烈寒战(Grand Frisson du Vécu)——也就是说又一次奇迹(MIRACLE),因为确切地说,所见到的、拍上电视的、录进录音带的事实真相,指**我并不在场**,却是最真实的,是具有重要意义的事实。换句话说,就是实际不存在但又偏偏存在的事实。再换句话说,就是**幻影**。

我们从大众交流中获得的不是现实,而是对**现实所产生的眩晕**。或者说,没有文字游戏,现实就产生不了眩晕,因为亚马孙平原的中心、真实的中心、激情的中心、战争的中心,这个作为大众交流的几何地点并令人头晕目眩的、令人伤感的"中心",确切地说,它们是什么**也没有发生的地方**。那是激情和事件的寓意符号。符号令人产生安全感。

因此,我们在符号的掩护下并在否定真相的情况下生活着。奇迹般的安全:当我们观看世界形象时,有谁把突然闯入的现实与不在场而产生的内心快乐加以区别呢?形象、符号、信息,我们所"消费"的这些东西,就是我们心中的宁静。与外界产生的距离则巩固了这份宁静。对真相的强烈影射并没有损害它,只是骗了它罢了。

信息的内容、符号所指的对象相当微不足道。我们并没有介入其中,大众传媒并没有让我们去参照外界,它只是把作为符号的符号让我们消费,不过它得到了真相担保的证明。这里,人们可以给**消费生产力**下个定义。消费者与现实世界、政治、历史、文化的关系并不是利益、投资、责任的关系——也非根本无所谓的关系:是好奇心的关系。根据这种简图,可以这么说,我们在此已经明确的消费尺度,不是对世界认识的尺度,也不是完全无知的尺度,而是缺乏了解(MÉCONNAISSANCE)的尺度。

好奇心与缺乏了解,指面对真相所产生的同一个整体行为,是大众交流实践普及和系统化了的行为。因此,这也是我们这个"消费社会"的特点:在空洞地、大量地了解符号的基础上,否定真相。

借此机会,我们可以给**消费地点**下个定义:它就是日常生活。后者不仅是日常行为举止的总和。平庸和重复的一面是一种**诠释体系**。日常性是整个一个生产力在超经验的、独立的、抽象的范畴(政治的、社会的、文化的)以及在"个人"的、内在的、封闭的和抽象的范畴里产生分离。工作、娱乐、家庭、关系：个体重新组织这些时，采用未展开的方式，并站在世界与历史的这一边，把严密体系的基础放在封闭的私生活、个人的形式自由、对环境占有所产生的安全感以及缺乏了解之上了。从整体的客观角度来看，日常性是可怜的、剩余的，但是在使"内用的"世界完全自治与重释而所做的努力中，它却是起决定作用的、令人安慰的。个人日常性的范围与大众交流之间深刻的有机联系就在于此。

作为封闭(Verborgenheit)的日常生活，没有世界的幻影，没有参与世界的**不在场**证明，是令人难以忍受的。它需要这种超越所产生的一些形象和符号。我们已经发现，它的宁静需要对现实与历史产生一种头晕目眩的感觉。它的宁静需要永久性地被**消费暴力**维系。这就是它自身的猥亵之处。它喜欢事件与暴力，条件是后者充当它的同室战友。夸张一点地说，就是在越南战争图像前感到轻松的电视观众。电视图像宛如一扇面向房间的反向窗口，世界残酷的外在性在这个房间里变得亲切、热烈、邪恶般的热烈。

消费在这个"感受"层面上，竟把对世界(现实的、社会的和历史的)最大范围的排斥变成了最大的安全系数。正因为压力消化得不够，它才瞄准这个幸福。但是它碰到了一个矛盾，即新的价值体系导致的被动性与社会道德标准之间的矛盾。从总体上看，社会道德仍然是意志、行为、效率以及奉献的道德。由此便产生了与新的享乐主义行为相伴随的强烈的犯罪感，以及"欲望战略家"认为不要把被动性视为犯罪的紧迫感。对于千百万安居乐业的人来说，是不应该把被动性视为犯罪的。大众传媒戏剧性的夸张(社会新闻或灾难被视为所有消息的常见类别)就在于此：要想解决清教徒的道德与享乐主义者的道德之间的矛盾，这种个人范畴的宁静必须像被**剥夺**的价值一样，经常受到灾难命运的威胁与环抱。只要有外部世界的暴力和不仁道，安全就会如此被更进一步加以认识(在享乐经济中)，就会时时刻刻觉得如此被选择是不

无道理的(在拯救的道德经济中)。命运的、激情的和命定性的符号,只有在有所防御的区域周围大量地涌现,才能使得日常性重新获得伟大与崇高,而实际上日常性恰恰是其反面。命定性就是这样处处被暗示和表示,其目的正是使平庸得到满足并得到宽恕。电波中、报刊上,以及个人之间的和全国性的讨论中,有关交通事故的异常收益证明了这一点:这是"日常命定性"中最为美好的不幸,人们之所以怀着如此的激情去挖掘,是因为它具有一种集体性的主要功能。再者,能与关于车祸死亡事件唠唠叨叨的叙述相抗衡的是天气预报:这两者是一对神话——太阳带来的困惑与有关死亡的冗长叙述是无法分开的。

因此,日常性提供了这样一种奇怪的混合情形:由舒适和被动性所证明出来的快慰,与有可能成为命运牺牲品的"犹豫的快乐"搅到了一起。这一切构成一种心理,或更恰切地说,一种特别的"感伤"。消费社会宛如被围困的、富饶而又受威胁的耶路撒冷。其意识形态就产生于此。[1]

增长的恶性循环

集体开支与重新分配

消费社会并不以个人支出的急剧增长为特征,它伴随的是第三者(尤其是行政部门)为个体利益所承担的支出增长,而且其中一部分支出还减少着资源分配不均的现象。

这部分满足个人需要的集体支出,从 1959 年占消费的 13% 上升到 1965 年的 17%。

1965 年,第三者承担的需求部分为:

——食品和服装占 1%("衣食");

——住房、交通和通讯设备网络占 13%("生活范畴");

——教育、文化、体育和健康领域占 67%（"人的保护与充分发展"）。

由此，人们发现，集体支出用于人的部分远远超过了用于受其支配的财富和物质设施的部分。同样，在所谓大力发展的领域，公共开支目前最为惊人。但正如 E. 李尔的发现一样，有趣的是：正是在这个产业里，集体承担着支出的最大一部分，而且它进展得那么快，才使得 1968 年的五月危机一下子爆发出来。

在法国，"国家社会预算"要把 20% 以上的国内生产总值（仅国民教育就消耗自然人的全部所得税）重新分配。加尔布雷思所揭示的个人消费与集体开支之间强烈的不均现象，在美国比在欧洲国家更为明显。但问题不在这里，真正的问题是要知道**这些经费是否确保社会机会的客观均等**。不过，这种"再分配"对各个阶层的社会区别所产生的影响显然不大。至于生活水平的不均，把 1950 年和 1965 年对家庭预算所做的调查结果进行比较之后，并没有反映出差别的缩小。众所周知，社会阶级在学校面前，存在着继承性的、无法缩小的不平等；其他一些微妙的机制所起的作用远远胜过经济机制，仅经济上的再分配就大大地加强了毫无生气的文化机制。年龄 17 岁的年轻人的入学率为 52%；高级干部、自由职业者和教育机构成员的孩子占 90%，而农业耕种者和工人的孩子不到 40%；第一类中的男孩进入高校的机会占 1/3 以上，而第二类的男孩的机会仅占 19%～20%。

在健康方面，再分配的影响就不太明显：在就业人口中，可能缺乏再分配，每个社会类别似乎都要竭力收回所捐赠的费用。

税制与社会保险：在这一点上，让我们参照一下 E. 李尔的论证。"不断增长的集体消费是通过税制和附加税的发挥得到赞助的：仅社会保险一项，公司的捐赠费用返还给缴纳工资税的大众在 1959 年就占到 23.9%，到 1967 年上升为 25.9%。社会保险花去企业工薪人员收入的 1/4。公司的或曰'雇主的'捐赠可以合法地视为代扣的工资，与 5% 的包税完全相同。从工资中代扣税费的人大大超过了缴纳所得税的人。

后者是累进税,而公司捐赠与定额缴纳的则是累退税,**税制和直接附加税总是累退的**。如果说直接税制,主要指增值税,是与消费成比例的话,那么可以断言,直接税和间接税以及各家所缴纳的公司捐赠,若广泛用于资助集体消费,**从总体上来说,就起不到缩小差别或再分配的作用。**"

"至于集体设施的效用,所掌握的调查报告表明,公共权力机构的意愿经常会'偏移'。当这些设施被认为最没有价值的时候,人们发现'顾客'渐渐多样化了。这种开放性导致了对穷人情感上的拒绝。其心理原因胜于经济原因。当这些设施要对所有的人开放时,对最弱小者的筛选其实从一开始就已进行。为所有的人能够利用而做出的努力,通常从一种反映社会等级的分离上表现出来。这等于说在极不平等的社会里,为确保使用上形式平等的政治行动,在大多数情况下,却加重了不平等。"(计划委员会《消费与生活方式》)

死亡面前的不平等仍然十分明显。

因此,绝对的数字再一次失去了意义,可利用资源的增长,为丰盛打开了的绿灯,必须用现实的社会逻辑来阐述它。社会再分配,尤其是政治行为的效用,应该提出来加以探讨。在"社会的"再分配不正常的情况下,在这种本应消除社会不平等而实际反而使之恢复的情况下,人们是否应该看到因社会结构缺乏活力而产生的暂时畸形现象呢?根据激进的假设,出色地保留特权的再分配机制,事实上是整个体系的组成部分或战术要素——入学制度与选举制度毫无两样。人们是否应该提出这种激进的假设呢?哀叹社会政治再一次的失败是无济于事的:恰恰相反,必须注意到,它成功地起到了它应有的**实际**作用。

对收入幅度的影响
极端类别平均收入的报告

初发收入	8.8	9.8	10.0
扣除直接税提取	8.7	10.2	10.1
加上捐赠过户	5.2	5.2	5.0
最终收入	4.9	5.0	4.6

1965年家庭消费的扩大

消费功能的类别	个人消费 法郎(百万)	功能性分配%	集体消费 法郎(百万)	功能性分配%	合计 法郎(百万)	功能性分配%
1. 基本需求食物、旅店、咖啡馆、饭店服装个人的各项护理	157 503	99.1	1 485	0.9	158 988	
2. 有关生活范畴的需求	93 753	86.7	14 392	13.3	108 145	
3. 住房支出(设施、居所)产品的保养、房租、修理、能源与杂货	50 225	89.1	6 138	10.9	56 363	
4. 其他(消遣、娱乐、个人与集体交通、通讯、各种服务、保险)	43 528	84.1	8 254	15.9	51 782	
5. 人的培养与保护需求	21 298	32.7	43 735	67.3	65 033	
6. 教育、文化	12 160	36.3	21 318		33 478	
7. 体育、健康	9 138	29.0	22 417	71.0	31 555	
8. 总的中介性消费			3 210	100.0	3 210	
合计	272 554	81.3	62 822	18.7	335 376	

资料来源:格雷多克,"个人消费与集体消费"(第一次估测尝试),1969年5月。"消费与生活方式"小组所确立的资料。

尽管得出了一定的结果,但对转移作用的评价,无论是再分配还是消费方向上都可以发现细微差别。如果说转移的总体作用能使最终收入的幅度减半,那么在相当长的时间内,这种最终收入分配相对稳定性的获得,是以大大增加再分配的总额为代价的。

职业类别死亡率[②]
1 000 名 35 岁的人当中活过 70 岁的数目

公共教育教员	732
自由职业、高级干部	719
天主教徒	692
私营部门技术员	700
公共部门一般干部	664
私营部门一般干部	661
公共部门工头和熟练工人	653
农业开发者	653
公共部门办公室职员	633
工商界老板	631
私营部门办公室职员	623
私营部门工头和熟练工人	585
公共部门专业化工人	580
私营部门专业化工人	576
农业工薪者	565
非技术工人	498
整个法国（包括调查中未覆盖的类别）	586

危　害

　　富裕的进步，也就是说对日益增加的个人与集体财产和设施的拥有，其"危害"也日益严重——一方面，它是工业发展与技术进步产生的后果；另一方面，它产生于消费结构本身。

　　经济活动带来了对集体环境的破坏：噪音、空气和水污染、风景的破坏以及新的公共设施（飞机场、高速公路等）的建造，给居民区带来了莫大的困扰。汽车拥挤的后果是引起了巨大的技术上、心理上和人力上的赤字；但这又有什么关系呢？因为内部结构所必需的设施过剩，额外的汽油开支和为事故受害者所花费的医疗费用等，所有这些仍可以作为消费来计算，也就是说，在国内生产总值和统计的名义下竟可以作为增长和财富的指数！蓬勃发展的矿泉水产业只是暂时缓解了城市的水荒，难道它真的赞同"丰盛"的添加吗？如此等等。人们不断地统计清点着所有生产与消费活动，作为清除增长体系内部危害的权宜之计。然而生产力的增长一旦超过了一定的界限，便几乎整个地被**由增长来医治增长的顺势疗法所吸收、吞噬。**

当然，在大众合理化生产中，技术和文化的作用所产生的"文化危害"是无法统计的。而且，价值的判断在此也使得共同的标准难以确定。人们不会像在曝光水污染问题上采用的做法一样，来客观地揭示一个可怕的居民点或一部最差电影的特点。如在最近两院联席会议上，只有一位行政督察员和一个"纯净空气部"，建议让民众摆脱起轰动效应的报刊影响，以及设立一种"智力危害罪"！不过，应该承认，所有这些危害都是随着丰盛节奏本身而增长的。

产品和机器老化速度的加快，对保证一定需求的旧结构的破坏，以及对生活方式无明显补益的假发明的增多，所有这些都可以纳入资产负债表之中。

也许更为严重的是，产品与设备的降级就是 E. 李尔所揭示的事实：社会财富生产过程中快速发展的代价，就是劳动力的流动，也就是职业的不稳定。人员更新与循环的结果是，社会负担变得十分沉重，尤其是会产生**不安全感**。对每个人来说，各方面（收入、声誉、文化等）的流动以及地位和竞争所产生的心理和社会压力变得更加沉重，必须有较长的时间才能自我恢复与自我循环，才能弥补多种危害——上下班的路途、人口过于集中以及不断的侵犯与刺激——所产生的心理和神经上的磨损。"总之，消费社会的主要代价，就是它所引起的普遍的不安全感……"

这就导致了体系的某种自我吸收:"在这种不可避免地引起通货膨胀压力的快速增长中……有相当一部分人无法适应节奏。他们成了'没人要的剩货'。那些仍要购物并适应所推崇的典范生活方式的人,只能付出自我减少的代价。因此,在最终确定为增长服务而进行的社会投资(教育、研究、健康)方面,在重新分配国内生产总值中日益增加的那部分时,社会被迫要减轻增长带来的社会压力。"(E. 李尔)不过,这与其说是为了增强积极的满足感,倒不如说是一种对机能不良的个人或集体的支出。这些补偿性的支出,在所有的财务制度中,都是**增加**的,**用于提高生活水平的目的**。不用说毒品、烈性酒的消费以及夸耀性或赔偿性的各种支出了,更不用说军事预算了,如此等等,所有这些,就是增长,也就是丰盛。

那些不断增长的、要求社会"负担"的类别的数目,并不是一种危害(与死亡做斗争以及死亡的推迟构成了"丰盛"的一个方面和消费的一个要求)。它愈来愈注重过程本身的保证。布尔热瓦·皮夏曾一针见血地说:"可以想象,竭力维系一个国家健康的人比实际参与生产的人还要多。"

简而言之,人们到处可以发现这一点,增长和丰盛的活力会自行循环与运转,体系在再生产过程中则愈来愈弱,会出现**一个滑动**的界限。在这个界限中,整个生产力的提高会维系着体系的生存条件。唯一的客观结果就是数字和总结的恶性增长。但就主体而言,人们会规规矩矩地回到原始阶段,回到绝对荒芜的、动物的、土著人的阶段。为了生活,人们总是竭尽全力。多马尔认为,这也是"为了能够吃到土豆,为了能够重新种土豆而种土豆者"的阶段。不过,当一种制度所付出的代价与其收益相等或大于收益时,这种制度是没有效率的。我们并不处在这一阶段。但是,通过危害以及社会和技术对这些危害的纠正,我们发现,**体系向外伸展的内部运作**的基本倾向——个人的或集体的"功能障碍性"消费比"功能性"的消费快得多,体系实际上自己干扰着自己。

增长的计算或国民生产总值的神话

我们在这里讨论的，是现代社会最不寻常的集体性欺骗，是"数字"上面的"神术般的"操作。实际上，它掩盖了一种集体迷恋的巫术。我们讨论的是荒谬的**计算的幻象**、全国财务的机械性的体操动作。根据经济的理性标准，即这个魔术的原则，除了看得见摸得着的要素外，其他什么也没有算进去。因此，妇女的家务、研究、文化统统只字未提——但有些不相干的东西却出现了，**而唯一的原因就是它们是摸得着的**。再者，这些财务有个共同点，就是认为自己不了解消极符号。它们把一切，有害的东西和积极的因素，全都加进彻底的非理性之中（一点也不天真）。

经济学家把各类产品和服务的价值都加在一起，——不分公有与私有性质。危害与对付它的权宜之计，跟客观有益的财富生产一样，都得到了表现。"酒、连环漫画、牙膏……和核火箭的生产，与学校、公路和游泳池的缺乏相提并论。"（加尔布雷思）

但损坏、废弃等不足的方面并没有得到表现……如果得到表现的话，那么所用的方法也是**积极的**！因此，上下班的交通费竟作为消费支出来入账！这就是为生产而生产的神奇目的数字化了的逻辑性结果：**任何生产出来的东西，都因存在这一事实本身而变得神圣了**。任何生产出来的东西都是**积极的**。任何摸得着的东西都是积极的。在会计们的眼中，巴黎五十年之中空气的亮度下降30%是剩余的、不存在的。如果说一笔更大的电力、灯泡、眼镜等开支由此得以产生，那么，它一下子就会作为生产的增加与社会财富而存在！对神圣的生产和增长原则任何限定性的或筛选性的伤害都会引起渎神的恐怖（"我们不会碰协和飞机的一颗螺丝钉！"）。集体的顽念被禁止入账，生产力首先具有了神话的社会功能，而且为了使这个神话生动有趣，可以采取任何办法，哪怕把在数字上与之相抵触的客观现实颠倒过来也行。

但是，在这个复杂的财会制度的神话中，也许存在着一个深层次的真相,即增长社会的政治经济制度的真相(LA Vérité)。积极的和消极的混加在一起是不合常情的。但这也许正合乎**逻辑**。因为真相也许是"消极的"财富,是对危害的弥补,是内部运作所花费的代价,是社会不良功能的自我调节费用,以及在**这个总体中起经济火车头积极作用的附属的毫无用途的挥霍浪费部门**。当然,这种潜在的体系真理被数字掩盖了,魔术般的相加使得积极面和消极面(卖烟和建造医院等)的那种令人赞叹的循环特征变得十分模糊。尽管在各个层面做了各种努力来根除这些消极面,但仍旧是心有余而力不足:体制是靠它存在的,是不可能摆脱它的。提到贫穷的时候,我们就会遇到这个问题。发展的社会把这具贫穷的"风筝"拖在后面当作配衡体,而它实际上则成了最严重的危害之一。应该承认这样的假设:所有危害都可以作为积极因素、持续发展的因素、生产和消费的再次飞跃而纳入某个方面。18世纪,曼德维尔在《蜜蜂寓言》中提出过这样一种理论(但在那个时代已被当作渎圣和放纵的了):一个社会的平衡靠的不是德而是恶,社会的和平以及人类的进步和幸福,靠的是使他们不断触犯规定的本能的不道德行为。当然,他谈的是道德,但我们可以从社会经济的意义上来理解。从理性体制的角度看,确切地说,现实体制的昌盛靠的是其掩盖着的瑕疵、平衡、危害以及罪恶。人们曾把曼德维尔说成厚颜无耻;而客观上厚颜无耻的,是社会秩序、生产秩序。③

浪 费

既然人们能够谈论"垃圾箱文明",甚至打算研究"垃圾箱社会学":"告诉我你扔的是什么,我就会告诉你你是谁"!不言而喻,富有社会的丰盛与浪费之间的联系是多么紧密啊!但是浪费与废物的统计本身并没有什么意义:它只是所提供的财产总量丰盛的多余符号而已。如果人们从只看到本来打算用于消费而没有用于消费的多余废物,那么人们就不会明白浪费也不明白其功能。这里,我们再一次对消费有了一种简单化的概念——建立在财产必然用途之上的道德概念。从不相信**这种事物内在的道德规则是使用价值和使用期限**，以及随着地位和时尚的变化而乱扔财富、更换财富的个人，一直到全国和国家范围的浪费，甚至到全球性的浪费，人类在一般经济和自然资源的开发中是做得出来的。正因为这样，所有的道德家才与资源的浪费与侵吞展开了积极的斗争。简而言之，浪费始终被视为一种疯狂、精神错乱、本能的官能障碍，因为它使得人们焚毁储备物资，并通过非理性之举殃及生存条件。

这个观点至少反映这样一个事实：我们并没有进入**实际**丰盛的纪元，现在的每个人、每个集团或每个社会，甚至是作为这种类别，都打着稀少的标志。一般来说，坚持丰盛将不可避免到来的神话的，以及哀叹与即将到来的稀少之幽灵相联系的浪费的，实际是同一种人。不管怎么说，作为性能失调的浪费这个**道德**观，需要根据能够体现其真正功能的**社会学**分析来重新论述。

所有社会都是在极为必需的范围内浪费、侵吞、花费与消费。简单之极的道理是，个人与社会一样，在浪费出现盈余或多余情况时，才会感到不仅是生存而且是生活。这种消费可以发展为"**消耗**"，是地地道道的破坏，而且具有特别的社会功能。印第安人在交换礼物的宗教节日里就是这样，巩固社会组织是通过对宝贵财富的竞相破坏来实现的。克瓦基于特尔人放弃棉被、独木舟和刻有花纹的铜器，把它们焚烧掉或扔进大海，以此来"维系他们的血液"与证明他们的价值。在任何时代，君主贵族阶级都是通过无益的浪费（wasteful expenditure）来证明他们的优越感的。源于理性主义和经济学用途的概念，要从更为广泛的社会逻辑角度来考虑。但浪费远远不是非理性的残渣。它具有积极的作用，在高级社会的功用性中代替了理性用途，甚至能作为核心功能——支出的增加，以及仪式中多余的"白花钱"竟成了表现价值、差别和意义的地方——不仅出现在个人方面，而且出现在社会方面。从这一角度，"消费"作为**消耗**的概念显示出了轮廓，也就是作为生产性的消费——与建立在需求、积累和计算基础之上的"节约"恰恰相反。这里的多余先于必需品,开销在价值上(如果过去不是)先于积累和占有。

"啊,不要讨论什么'需求'了!最穷的乞丐在最可悲的境遇中还有点余粮呢。把自然压缩成自然需求吧,人是个牲畜:他的命一钱不值。你知道我们只要再多一丁点的东西就可以存在吗?"莎士比亚在《李尔王》里说道。

换句话说,由消费产生的基本问题是:生活是否是根据其生存,或根据所赋予个人或集体的生命意义组织起来的呢? 不过,这种"存在"的价值,这种结构价值可能意味着经济价值的牺牲。但这个问题并不是形而上学的。它位于消费的中心,可以这样来加以理解:**极大丰盛是否在浪费中才有实际意义呢?**

人们是否应该像瓦莱里那样,用预想和预备之物的符号来确定极大丰盛的意义呢?"看着一堆堆经久耐用的食物,难道没有看到一点剩余下来的时间与不用做的事情吗? 一箱饼干,就是整个一个月的懒散与生活;一罐罐腌肉以及一筐筐谷粒和核桃就是一笔让人得以安宁的财宝,一个平静的冬天可能会沐浴在芬芳温馨之中……鲁滨孙在储藏进箱子和盒子的食物的味道中品味到了未来的出现。他的财宝为消闲扫清了障碍。正如某些金属散发出一种绝对的热度一样。它来源于时间。人类只是在那堆经久耐用的东西上才慢慢成长起来的。预见和预备,使我们逐渐摆脱动物必需品的严酷现实和我们那**赤裸裸**的需求……大自然令人想起这样一个事实:它使我们身上具有一点对抗事态变化的东西;四肢上的脂肪,灵魂深处时时待命的记忆力,这都是我们的工业所模仿的资源贮备的模式。"

这就是活着的人肯定要"费力"的**经济**原则,尼采(以及巴塔耶)的观点与之相对立:"生理学家应该在提出自我保护本能是任何有机生命主要本能的时候进行深入思考。活着的人无论如何要花费精力:'自我保护'只是其中的后果之一。当心多余的目的论原则!'自我保护本能'的整个概念就是其中的一个概念……'为生存而斗争'——这个口号指一堆例外情形,确切地说,规则就是为力量、为拥有'多余''更好'

'更快''更经常'的野心所进行的斗争。"(尼采《权力意志》)

这"多一点的东西"可以成为"本身的东西"。价值就是通过它得到证实的。这种想象的价值规律使得主要的东西始终在必需的东西那边,在消费和失去过程中最能体现出来,而且它能在自我占有中进行自我检查,只要后者具备增添的、"多一点的东西"的差别功能。以苏联的例子为证:工人、干部、工程师和党员都有一套不属于他们的房子,房屋出租或作为终身年金。其功能与劳动者、城市就业公民的社会地位有关,而不是与私人身份相联系。这些财富是一项社会服务,而非一笔遗产,更不是一笔"消费财富"。相反,第二住宅,俄罗斯乡下的花园住宅倒属于他们,这笔财富不是终身年金也不可以撤销,可以在他们死后代代相传。因而"个人主义的"迷恋就依附于此:所有的努力都是为了获得这座乡下住宅(由于缺乏在西方几乎与"第二住宅"起着相同作用的汽车)。这座乡下住宅的声望价值与象征价值实际就是那"多一点的东西"。

从一定程度上讲,极大丰盛也如此:要使它成为**一种价值**,所拥有的东西不应是不充分,而应是太多——必需和多余之间具有重要意义的差别应得到维系和表现,这就是各个层次的浪费所起的作用。也就是说,要消灭它,那是妄想。因为从某种程度上讲,是它确定了整个体系的方向。而且跟其他小玩意一样(有用的从哪里开始?无用的又从哪里开始?),人们无法确定也无法限定。在起码的生存之外,任何生产与消费都可以被冠以浪费(不仅指时装和食品"垃圾箱",而且指军事的超级小玩意"炸弹",指某些美国农民过多的农业设备,以及每隔两年就更新全套机器而不分期付款的企业家:不仅指消费,而且指服从夸耀过程的生产——更不用说政策了)。有回报的投资和奢侈的投资无处不错综复杂地纠缠在一起。有个在广告上投资一千美元的企业家宣称:"我知道有一半丢掉了,但我不知道是哪一半。"在复杂的经济中,情况总是这样:人们不能够把有用的分离出来,把多余的去除掉。而且,"失去"的一半(从经济角度)在某消耗中可能并不是长期的或十分微妙的具有最小价值的那一半。

因此，必须清楚地认识到我们这个极大丰盛的社会里的巨大浪费，是它向稀有发起了挑战，并矛盾地表示着极大丰盛，原则上，极大丰盛的心理以及社会和经济的主导形式是它，而不是有用性。

"就算玻璃包装能扔，是否就已经到了**黄金时代**（L'AGE D'OR）呢？"

里斯曼和莫林所分析的大众文化的一个重要主题，就是通过史诗方式，即**消费主人公**方式，揭示了它。至少在西方，生产主人公的传奇现在已到处让位于消费主人公。"自我奋斗者"、创始人、先驱者、探险家和垦荒者伟大的典范一生，继圣人和历史人物之后，竟演变成了电影、体育和游戏明星、浪荡王子或外国封建主的生活，简言之，成了**大浪费者**的生活（即使是强制命令反过来常要求表现他们"简单的"日常生活、买东西等等）。所有这些伟大的恐龙类人之所以成为杂志和电视专栏的中心人物，是因为他们身上值得夸耀的总是花天酒地、纸醉金迷的生活。他们的超人价值就在于印第安人交换礼物的宗教节日。他们就是这样履行着一个极为确切的社会功能：奢侈的、无益的、无度的消费功能。他们像国王、英雄、神甫或过去声名显赫的贵族，对整个社会起着这种代理功能。除了詹姆斯·迪安，他们从来不像后者一样伟大，为自己的生活尊严付出代价。

主要区别就在于，在我们目前的体制中，这种戏剧性的浪费，不再具备它在原始节日与交换礼物的宗教节日里所具备的集体的、象征性的而且起决定作用的意义。这种不可思议的消耗也具有"个性"，并由大众传媒来传播。它的功能就在于通过大众消费振兴经济。与之相比，它可以确定为艰涩的次文化。电影明星仅穿了一个晚上的奢华连衣裙的漫画，是条"朝生暮死的三角裤"：80％的粘纤，20％的非纺织腈纶，早上穿晚上扔，洗都不用洗。特别是这种豪华的浪费、这种高尚的浪费被大众传媒推到前台，从文化上只是进一步地促进了一种直接纳入经济过程的更为根本、更为系统的浪费，一种与物质财富同时生产出来,也纳入其中的、必须作为消费品的质量之一的**功能**的、官僚主义的**浪费而消费掉**:易碎、陈旧、时间的确定、昙花一现的命运。今天,生产的东西,并不是根据其使用价值或其可能的使用时间而存在,而是恰恰相反——**根据其死亡**而存在,死亡的加速势必引起价格上涨速度的加快。仅仅这一点就足以对有关用途、需求等的整个经济学"理性的"公诉产生怀疑。不过,人们知道生产秩序的存在,是以这种所有商品的灭绝、永久性的预先安排的"自杀"为代价的。这项活动是建立在技术"破坏"或以时尚的幌子蓄意使之陈旧的基础之上的。广告耗费巨资实现了这一奇迹。其唯一的目的不是增加而是去除商品的使用**价值**,去除它的时间价值,使它屈从于时尚价值并加速更新。不必谈用于军事预算和其他具有诱惑力的国家官僚开支中的巨额的社会财富:这种浪费与施舍性的宗教节日里的象征性的香水毫不搭界,它是一种堕落的政治经济体制中绝望的、生死攸关的解决办法。这种最高层次的"消费"与个人对商品如饥似渴的渴望一样属于消费社会的一部分。两者共同保证了生产范畴的再生产。我们应该把作为花费象征行为、节日仪式和受到歌颂的社会化形式的个体或集体浪费,与在我们这个社会中的阴暗丑恶的官僚表现区分开来,因为在这个社会中,浪费式消费已变成一种日常义务,一种类似于间接赋税的、通常无意识的强制性的指令,一种对经济秩序束缚的不自觉的参与。

"砸碎你的汽车,保险公司会负责善后处理!"毋庸置疑,汽车成了日常性与长期性、个人与集体浪费中具有特殊地位的焦点之一。不仅是由于它的使用价值系统地缩小了,它的声望和时尚系数系统地得到加强,以及投资在上面的钱数特大,而且更不值得怀疑的是,由于集体因车祸在钢板、机械以及**人命方面**所遭受到的戏剧性损失——消费社会在这场最为壮美的机遇剧中,通过对物与生命如仪式般规定的破坏,为自己提供了物质过于丰盛的证明。

消费社会需要商品存在,但更确切地说,需要**摧毁**它们。商品的"用途"只会导致其**慢性堕落**。在**慢性堕落**中所创造的价值要强烈得多。因此，破坏仍然是唯一代替生产的根本办法；消费只是两者的中间阶段。消费中有个较大的倾向，就是在破坏中超越、变化。它的意义就在于此。在大多数情况下，在今天的日常生活中，它作为统治作用的消费的特性仍然从属于生产秩序。所以，商品通常显得不足。但它们的丰富本身也矛盾地意味着匮乏。库存是缺乏的多余，也是焦虑的标志。商品只有在破坏中才显得过多，而且在消失中才证明财富。不言而喻，无论是以强烈的象征形式（机遇剧、赠送礼物的宗教节日、个人或集体的外在破坏行为），还是以系统的、惯例的破坏形式，破坏都注定要成为后工业社会决定性的功能之一。

注释

① 在柏林这样的城市里，这种情形几乎十分理想地得到了实现。此外，几乎在所有的科幻小说中，都把这种情形从类别上归为一座理性的、"富有的"、受到国内外某较大敌对势力摧毁**威胁**的大城市（Grande Cité）。
② 《形势与研究》，1965 年 11 月。
③ 从这种意义上来说，当今丰盛社会的浪费与所有被称作"匮乏"的社会所进行的破坏性的挥霍之间，存在着一种绝对的差别。前者是一种**纳入经济体系的危害**，是一种集体价值功能性的而非生产性的浪费；而后者则是一种"过分的"浪费，对财产的破坏是集体象征性价值的源泉。把过时的汽车当废铁处理，在机车里焚烧咖啡根本算不上什么节日：这实际是一种系统的、蓄意的、带有战略目的的毁坏。军备开支就是如此（可能只有广告……）。经济体制只有考虑到所谓"理性"的时候，才会在节日般的浪费过程中超越自己的原有水平。从某种意义上来说，它带着愧意只吞噬掉了财富的增添部分。它只是对生产力的计算进行了补充性的、小心翼翼的破坏。

第二章　消费理论

消费的社会逻辑

福利的平等意识

有关需求的整个演说建基于一种天真的人类学：幸福的自然倾向之人类学。在为加勒里或浴场海盐所做的最小的广告后面，用火辣的语言所形容的幸福，就是消费社会的绝对参考：它完全成了**拯救**的代名词。但是，用这样一种意识力量来纠缠现代文明的幸福，究竟是什么呢？

因此，这里有必要回顾以下各种出于本能的看法。幸福概念的意识力量，并不是来自每个个体为实现本人幸福的一种自然倾向。从社会历史观来看，这是由于幸福的**神话将平等神话**收藏并转化到现代社会之中了。自工业革命和19世纪革命以来，所有政治的和社会的毒性转移到了幸福上。幸福(le Bonheur)首先有了这种意识意义和意识功能，于是在内容上引起了严重后果：幸福要成为**平等**的神话媒介，那它就得是**可测之物**，必须是物、符号、"舒适"能够测得出来的福利。正如托克维尔所说，他已经注意到，民主社会的趋势是总想得到更多的福利，以此来作为社会命定性的消除和所有命运的平等。这种独立于众人眼里表现它的符号之外的幸福,这种不需要证据的幸福,作为完全的或内心享受的幸福,一下子被排除到了消费的理想之外。幸福首先是平等(或区分)的要求。从这一点上看,根据**可视**的标准,它应始终具有意义。但在这个意义上,幸福与集体节日或狂欢之间的距离就更远了。因为它虽由平等要求所维系,但是它是建立在个人主义的原则基础之上的。而这个原则过去曾得到向每个人(每个个体)明确许诺幸福(Bonheur)权的《人权宣言》的巩固。

"福利革命"是资产阶级革命(Révolution Bourgeoise),或简单地说,是任何一场原则上主张人人平等但未能(或未愿意)**从根本上**加以实现的革命的遗嘱继承者或执行者。因此,民主原则便由真实的平等如能力、责任、社会机遇、幸福(该术语的全部意义)的平等转变成了在物(l'Objet)以及社会成就和幸福的其他明显标志面前的平等。这就是**地位**民主,电视、汽车和音响民主,表面上具体而实际上又十分形式的民主。在社会矛盾和不平等方面,它又符合宪法中的形式民主。两者互为借口,共同形成了一种总体民主意识,而将民主的**缺席**以及平等的不可求的真相掩藏了起来。

"需求"的概念,在平等的神秘主义当中,是与福利紧密地联系在一起的。需求反映了一个令人心安理得的目的世界。这种自然主义的人类学,为普遍的平等奠定了希望的基础。其明晰有力的论证是:在需求和满足原则面前人人平等,在物与财富的**使用价值**面前人人平等(但在**交换价值**面前并不是人人平等,而且被分化)。需求是从使用价值来考虑的,人们已建立起一种客观效用性或自然目的性的关系。而在这种关系面前,并不存在社会的或历史的不平等。就牛排而言(使用价值),既没有无产者也没有享有特权的人。

福利与需求的互补神话,对不平等客观的、社会的和历史的决定性,具有一种强有力的吸收与消除意识的功能。福利国家(Welfare State)和消费社会里的所有政治游戏,就在于通过增加财富的总量,从量上达到自动平等和最终**平衡**的水平,即所有人的福利的一般水平,以此来消除人们之间的矛盾。共产主义社会本身,也是用平衡的术语来论及个人或社会的"自然的"、"和谐的"、摆脱任何社会差别或阶级概念的需求的——这里它同样偏离了政治的解决办法,即通过财富的极大丰盛的办法,向着最终的解决办法过渡——财富的形式平等替代了交换社会的透明度。因此,在社会主义国家中,人们也能看到"福利革命"替代社会政治革命。

如果说有关福利意识的观点是正确的话(即在财富和符号中表达了"世俗化的"形式平等的神话),那么显而易见,永恒的问题便成了一个**假问题**:消费社会是平等的还是不平等的呢?民主有没有实现呢?还是正在实现呢?或者恰恰相反,是否只是恢复了以往社会的结构和不平衡呢?不管人们是否能够证明消费的潜在性会不会实现自我平衡(消除收入、社会再分配、人人崇尚同一时装、在电视上观看同一个节目、大家一起去地中海俱乐部),那都丝毫不能说明什么问题,因为用消费平均化的术语来提出问题,其本身就已经意味着通过对商品与符号(替代层面的追寻),来替代真正的问题,以及要对其进行逻辑的和社会学的分析。简言之,分析"丰盛",并不是从数字上去验证它,数字只能是跟神话一样的神话。计划必须从根本上加以改变,要用另一种不同于它的逻辑去把握**丰盛**的神话。

当然,分析要求我们要从数字上、从福利的总结上去观照丰盛。但数字本身并没有多少意义,也从来不会自相矛盾。唯有解释才有意义。有时与数字相符,有时与其恰恰相反。我们应该把发言权留给它才是。

理想主义的观点是最根深蒂固、最顽固的:

——增长,即丰盛;

——丰盛,即民主。

由于无法断言这种全面幸福(甚至是在数字层面上)即将来临,神话变得更加"现实主义"。那是不断变化的理想的改良主义:由于物质增长初级阶段里巨大的不平等现象的减少,再加上"铁的工资规律",收入会变得和谐。当然,那种对持续有序愈来愈向平等方向发展的假设已被一些事实所推翻(《另一个美国》：20％的"穷人"等)。这些事实反映了暂时性的失调和幼儿期的病症。增长在意味着一些不平等后果的同时,也意味着长期而全面的民主化进程。因此,根据加尔布雷思的观点,平等与不平等的问题不应该再被放到议事日程上。它与富裕和贫穷的问题是联系在一起的,或者说,尽管有种不平等的再分配,但"丰盛"社会的新结构使这一问题得到了重新解决。剩下的人由于这种或那种原因,被排斥在工业体系之外,排斥在增长之外,成了"穷人"(20％)。而物质增长原则本身未受损害;它是均质的,而且具有使整个社会群体均质的倾向。

从这个层次上提出的基本问题,是关于"贫穷"的问题。对于物质丰盛的理想主义者来说,这个问题是"残留的",是会被增长的增加所吸收的。但是,它似乎在后工业革命时期仍在代代相传。所有为消除它的努力(尤其是美国的"大社会"),似乎在每个演变阶段,都受到了功能性的、使增长重新出现的、某种体系机制的碰撞,好像一个增长惯性的弹簧。加尔布雷思把这种无法解释的贫穷,归咎于体系的失调(无用的军费开支优先权,集体服务跟不上个人消费,等等)。或者说,是否能把**推理颠倒一下,认为增长在其本身的运动过程中,就是建立在这种不平衡基础之上的呢?** 在这一点上,他所有的分析其实就是揭示**"缺陷"在增长体系中的功能性含义**。然而,当他要对体系本身产生的质疑下逻辑性的结论时,却退却了,而用了一种宽容的观点重新调整了一切。

理想主义者一般坚持这种悖论的发现：尽管这一切,而且其目的(众所周知,它只能是**有益的**)被恶魔般地予以颠倒了,但增长还是出现了,还是再次地出现了,而且恢复了社会的不平等、特权和不平衡,等等。正如加尔布雷思在《丰裕社会》里所说,人们会认识到,替代再分配的实际上是生产的增长("越多……最终人人都会有足够的物质")。但是,这些酷似流体物理的原理,在社会关系中根本就不是这么回事。确切地说,正好与之相反——我们稍后就会看出这一点。另外,人们从中还得出一个适用于"次特权者"的论点："哪怕是生活在社会底层的人，从生产的加速增长中所获得的益处，也远远胜于任何一种形式的再分配。"不过，所有这一切是似是而非的：因为如果说增长使得每个人开始在绝对意义上获得一笔巨额收入或一大笔财富，那么具有社会学特点的，就是建立于增长中心本身的**失调过程**，就是巧妙地使增长具有一定的结构并赋予其真正意义的**失调率**。相较起来，坚持某种极度匮乏或某些**次要的**不平等现象戏剧性消失的观点，以及从数字与总量上、从**绝对**增长与国民生产总值上去判断物质的丰盛，要比用结构的术语去分析简单得多！就结构而言，富有意义的是失调率。在国际上，它表示着发达国家与发展中国家之间的增长差距，但也表示着在发展中国家的内部，低工资与高收入之间"调整速度的失控"，高科技凌驾于其他部门，以及农村屈从于城市工业世界，等等。长期的通货膨胀能够掩饰这种相对的贫困化，将所有名义价值拔高，而对功能和相对平均数的计算，则使得表格的下方出现的数据只是部分下降。但不管怎么说，整幅表格上出现了一种结构性的失调。当人们看到体系以其自身的逻辑维持原状并确保其目的性时，援引这种失调的暂时性的或行情性的特点是不起任何作用的。人们至多同意，它会在一定的失调率高度上稳住，也就是说，**无论财富的绝对量多少**，都含有**一种系统的**不平等。

其实，要走出理想主义者对功能失调这种灰暗色彩的发现之死胡同的唯一办法，就是承认这里采用的是一种**系统的**逻辑。这也是超越有关丰盛与贫乏的那种错误的或然判断的唯一方法。就像议会中的信任问题一样，它具有令所有问题窒息的功能。

实际上，"物质丰盛的社会"与"物质匮乏的社会"并不存在，也从来没有出现过。**因为不管是哪种社会，不管它生产的财富与可支配的财富量是多少，都既确立在结构性过剩的基础之上，也确立在结构性匮乏的基础之上。**过剩可能是上帝的那一份、献祭的一份，是奢侈的开支、剩余的价值、经济利润或享有盛誉的预算。但无论如何，正是这种奢侈的提取，在确立一个社会财富的同时，也确定了其社会结构。因为它总是少数特权派的特有财产，其功能确切地说是重新产生等级或阶级特权。从社会学角度来看,平衡是不存在的。平衡是经济学家理想的神话。如果社会状况的逻辑本身并不与之相抵触,那么至少处处可见的社会组织就可以被定位。任何社会都产生差别,产生社会歧视。这种结构组织是建立在(特别是)财富的使用与分配基础之上的。一个社会进入增长阶段,譬如我们的工业社会,不会在这个过程中有什么改变。相反,从某种意义上来说,资本主义制度(一般是生产本位主义)使这种功能的"高低不平",这种登峰造极的不平衡,在各个层次上趋于合理并予以普及。从人们不再把国民生产总值当作物质丰盛的标准时起,**就应当看到增长既没有使我们远离丰盛,也没有使我们接近它**。从逻辑概念上来说,增长和丰盛被整个社会结构所分离。整个社会结构在这里起到了决定性作用。某种社会关系和社会矛盾,某种过去一直是一成不变的"不平等",今天在增长过程中通过增长又重新出现了。①

这就要求有另一种增长观。我们不会跟欣慰主义者一道说什么"增长带来丰盛,也就是带来平等"。但我们也不赞同相反的观点:"增长是不平等的制造者"。假如要推翻这样一个假问题:增长是平等的还是不平等的呢?我们会说不平等的功能就是增长的本身(LA CROISSANCE ELLE-MÊME QUI EST FONCTION DE L'INÉGALITÉ)。对于"不平等的"社会秩序来说,对于特权的社会结构来说,这是自我维系的必要条件。它像战略要素一样会带来或重新带来增长。或者换句话说,增长(技术的、经济的)的内部自治相对于这种社会结构的决定性,是软弱的,而且是次要的。

总的说来,增长的社会来源于能够相互维系物质丰盛(Abondance)和福利(Bien-Être)神话的平等民主原则与维系特权和统治秩序的根本必要性之间的一种妥协。奠定其基础的不是技术的进步:这种机械主义的观点,就是赞同天真地相信未来物质丰富的观点之观点。其实,奠定技术进步可能性的,恰恰是这种双重矛盾的决定论。在当代社会里,推动一定的平等、民主与"进步"进程的,同样也是它。但必须清楚地看到,它们**以顺势疗法的剂量**出现,并根据其生存能力由体系精练净化。在这种系统中，平等本身就是不平等的一个功能（次要的、衍生的），与增长完全是一码事。例如，收入倾向平等化（因为平等神话主要是在这个层面上起作用）对于增长过程的心理化来说是必要的。我们发现心理化是社会秩序的重新引导者，而社会秩序是一种阶级特权和权力的结构。所有这一切与体系维系下去所必需的**不在场**的证明一样，反映了民主化的几个征象。

而且，这几个征象本身具有表面性，是值得怀疑的。加尔布雷思对作为经济的（因而社会的）问题的不平等程度的减弱感到十分欣慰——他说，它没有消失，而是因为财富不再为它带来曾经蕴含的根本优势（权力、享乐、声誉、显赫）。业主和股东的权力结束了，取而代之的是有组织的专家和技术员，甚至是知识分子和学者！大资本家和其他西铁城加纳的炫耀式消费结束了，大财富结束了：富人为自己制定了一条可以称作次消费（ender-consumption）的法律。简言之，加尔布雷思无意中恰恰深刻揭示了，如果说存在平等的话（如果说贫穷和富有不再是问题的话），那是因为它确实不再具有实际的重要性。事情发生的地点不在这里，价值的标准则存在于其他地方。社会歧视和权力等仍旧占主体，而且渗透到了纯收入或财富以外的其他方面。在这种情况下，所有的收入至少相同并不重要，体系本身能够花重金往这个方向迈出一大步，**因为这里不再有"不平等"的根本规定性**。知识、文化、责任和决心的结构、权力：虽然到处都会出现财富和收入水平的帮凶，但所有这些标准都已经把地位的外在符号以及财富和收入水平的帮凶，无情地打入价值的社会决定性范畴，归进"强有力的"标准等级里。譬如，加尔布雷思把富人的"次消费"与建立在金钱基础之上的声誉标准混为一谈。当然，驾驶两马力车子的富人不再令人赞叹，但更加令人难以捉摸了：通过消费的**方式**，通过风格，他与众不同，独树一帜。从炫耀到审慎（过分炫耀），从量的炫耀到高雅出众，从金钱到文化，他绝对地维系着特权。

事实上，这种论点是站不住脚的。人们可以把它称为"经济特权率下降倾向"的论点。因为金钱总是转化为等级特权、权力和文化特权。但人们应当承认它不再起决定性的作用（它过去起过决定性的作用吗？）。加尔布雷思和其他一些人没有看到的东西是，不平等（经济的）不再是问题，这本身却构成了一个问题。他们把经济领域中"铁的工资规律"的减缓速度看得太快了，而且看到的只是这一方面。他们根本不想对这种"铁的工资规律"谈点深广的理论，也不想看到它如何从被"丰盛"（Abondance）所祝福的收入和消费领域，向范围更广的社会领域过渡。实际上，在社会领域中，它变得更加难以捉摸了，而且更加无法逆转。

工业体系与贫困

在增长与丰盛的礼拜仪式之外，当人们如此客观地重新论及整个工业体系的问题时，就可以看到两种有选择性地概括了各种可能性的根本立场：

1. 加尔布雷思（和其他若干人）的观点：神奇的理想主义。这个观点就在于在体系的外围，谋求所有可悲可叹的，但是偶然的、残余的，而且是纠正有望的消极现象：功能失调、危害、贫困；就在于维系中了魔法的增长轨道。

2. 认为体系靠不平衡和结构匮乏而存在，其逻辑完全是有情绪矛盾的，不是在行情方面，而是在结构方面：体系存在的时候，既产生财富也（ET）产生贫困；既产生令人满意的东西，也产生令人不满意的东西；既造成损害也产生"进步"。它唯一的逻辑就是存在。在这个意义上，它的战略就是维系无理的、永远赤字的人类社会。众所周知，体系为了生存与复活在传统习惯上是靠战争的有力帮助的。今天，战争的机制与功能业已纳入经济体系和日常生活的机制当中。

如果人们承认，增长的结构性矛盾会造成丰盛中的矛盾和悖反现象，那么，把社会不发达的逻辑过程与穷人、20％的"次特权者"和"剩下没人要的人"混为一谈，就太天真、太具欺骗性了。这种逻辑过程不能定位于真实的人、真实的地点和真实的群体。因此，用数十亿美元来贿赂低层阶级，用大量的再分配来"驱逐贫困"以及使机会均等（如组织令大众流泪的社会理想"新国界"②）等，都不是驱魔的办法。但有时候，必须承认"伟大的社会主义者们"相信它。他们在做出了"巨大而慷慨的"努力而惨遭失败的时候，所表现出的惶恐不安太滑稽可笑了。

如果说贫困和害处是无法克服的，那是因为在贫困小区之外，它们无处不在，不是在贫民窟或茅屋区，而是在社会经济结构中。这正是应该掩饰的，但又不能言明：要掩饰，数十亿美元并不多（巨额的医疗和药物开支可能是很有必要的，目的是说明不只是其他地方才有痛苦，譬如精神范畴——其过程无人知晓）。一个社会如同一个个体，要逃避分析，就可以这样来自毁。确实，这里的分析对于体系本身来说是致命的。如果说由此甚至可以拯救增长的神话，那倒不是钱花得太多，而是在对付贫困这一可视幽灵的斗争中白白地献出了数十亿。但必须进一步地加以思考，承认**这实际的贫困是个神话**——增长的神话因此而激活，佯装竭力对付它，但在其隐秘的目的性的指使下，却又不由自主地使之复活了。

话虽这么说，但不应认为由于工业或资本主义体系**毫不含糊**的残暴丑恶，才连续不断地使贫困复活，或进入军备竞赛的氛围。含有教育意义的分析（自由主义者和马克思主义者都未能逃避）始终是一种失败。如果体系能够平衡或在失业、不发达与军备开支等基础之上继续存在，那么它便可以这么继续做下去。其时机是：当它通过有益的社会影响和"丰盛"能够开始形成其威力的时候，它一定会这么做。它不是**先天性地**反对进步社会的"拱底石"。它把公民的福利和原子核的力量同时不加区别地作为它的目标：因为两者对于它来说，在内容上实际是平等的。而它的目的性却不在于此。

简单地说，在战略上，它觉得军备开支（譬如）比教育更可靠、更可控制，对于体现生存和整个目的性更为有效——汽车胜于医院，彩电胜于游乐场等。但这种消极的区分不会用来原封不动地针对集体部门——更为严重的是:**体系只了解生存条件,并不了解集体与个人的内容**。这就有可能使我们对一些神话(尤其是社会改良主义的)——想通过改变内容来改变体制的神话(把军备开支的预算转入教育等)——产生反感。但反常的现象是,所有这些社会要求都被体制本身慢慢地而且稳妥地予以承受和实现了,逃脱了将之变成政治平台的人的魔掌。消费、信息、通讯、文化和丰盛,所有这一切今天都由体制本身安排、发现并组织成**新的生产力**,以达成最大的荣耀。不过,它也从一种暴力结构向另一种非暴力结构转化(相对而言):它以丰盛和消费替代剥削和战争。但没有人感激它,因为它没有因此而改变,而且在这方面只是服从其自身的规律罢了。

新的分离

不仅是丰盛,而且是危害本身被社会逻辑捕获了。城市工业界的影响使得新的稀有之物出现:空间和时间、纯净空气、绿色、水、宁静……在生产资料和服务大量提供的时候,一些过去无需花钱便唾手可得的财富却变成了唯有特权者才能享用的奢侈品。

伴随着价值的"滑动"和新的用途等级的出现,日常必需品变得相对一致。失调和不平等并没有减缓,而是被移位了。日常消费品的社会地位愈来愈低。收入本身因巨大差异的不断缩小,已失去作为明显标准的价值。(局限于支出、购买和拥有有形物的)消费甚至有可能会逐渐失去它目前在身份地位变化中所起的巨大作用,而被其他行为标准和范畴取代。**如果它不再具有什么意义,它至少会成为每个人的特有财产。**

至此,我们看到社会等级来自更为微妙的社会标准:工种和责任类别、教育和文化水准(日常消费品的方式可能是一种"稀有财富"),以及参与决策程序。知识和能力是或即将是我们这个丰盛社会的两个重要的财富。

但是这些抽象的标准,今天并不妨碍我们看出其他具体标准中不断增长的差别。居住形式的分离不是件新鲜事,但它越来越与知识和长期的思辨联系在一起。由于地理区域的分离(市中心和市郊,住宅区、豪华棚屋和郊区宿舍等)、可居住空间(住房内外)以及第二住宅的划分等,它似乎变得越来越无法抗拒。与空间以及空间的社会符号相比,今天,物的重要性很小。因而居住形式能构成与其他消费品功能相反的功能。在空间与地点的关系上,能构成一种一部分人趋于一致而另一部分人被歧视的功能。

自然、空间、新鲜空气和宁静:这就是我们在两个社会极端等级的支出差别指数中所发现的、所寻求到的稀有财富和昂贵价值的结果。工人与高级干部在日常必需品上的差别为 100∶135,居住设施上的差别为 100∶245,交通工具上的差别为 100∶305,而娱乐上的差别竟达到 100∶390。这里,我们不应仅看到在同质居住空间上量的递增,而应透过这些数据,看到与所寻求的财富的质相联系的**社会差别**。

人们大谈特谈健康权、空间权、健美权、假期权、知识权和文化权。随着这些新的权利的出现,为什么就不会同时出现健康、娱乐、健美与新鲜空气的部长们呢?所有这些似乎反映了机构权试图要压制个人和集体的总体进步。**它的概念很模糊,人们可以在某种程度上看到其反面。空间权出现的条件是:只有当并非每个人都拥有空间的时候**,而且只有当空间和宁静是一些人在损害他人利益基础上获得的特权的时候。同样,只有当并非人人都拥有土地的时候,才会出现"地产权";只有当工作在分工的范畴里不再是可交换的商品,也就是本质上不再属于个人的时候,才会出现工作权。那么,人们会问:"娱乐权"是否同样意味着娱乐像过去的劳动一样正在向社会技术分工阶段过渡,意味着娱乐的结束呢?

这些,作为口号和民主符号的新的社会权利的出现,是富有象征意义的。因为它从有关成分向着区别性的符号和阶级(等级)特权过渡。"新鲜空气权"意味着作为自然财富的新鲜空气的损失,意味着其向商品地位的过渡,意味着不平等的社会再分配。资本主义制度中进步的东西不应视为客观的社会进步——因为这把所有具体的自然价值逐渐转变为生产形式，即转变为两种源泉：

1. 经济利益；
2. 社会特权。

等级机构

消费并没有使整个社会更加趋于一致，就像学校并没有使大家获得一致的教育机会一样，它甚至加剧了其分化。人们试图把消费、把不断享用相同的物质（？）和精神财富以及相同的产品（？），作为缓和不断加大的社会不平等、等级以及权利和责任的差异东西。事实上，消费的意识与学校意识一样，都很好地起到了这个作用（即人们在电动剃须刀和汽车面前完全平等——就像人们在看书写字面前完全平等一样）。当然，今天每个人都看书写字。每个人都拥有（或将拥有）同样的洗衣机，买同样的袖珍书。但这种平等完全是形式上的：看起来最具体，而事实上却很抽象。正是在这种**抽象的、同质基础之上，在这种拼写的或电视机里宣扬的抽象民主基础之上的反方向上**，真正的分辨体系才能更好地加以实施。

实际上，作为这种社会机构的符号，消费产品创建了这种初级的民主平台，对此人们甚至并不相信。因为从消费产品本身或单个（汽车、剃须刀）看并没有什么意义：唯一有意义的是当它们汇聚在一起的时候的形状，与这些物的关系以及它们的整个社会"前景"。那里总有一个区分性的意义。它们自己把这种决定性的结构转嫁到符号的（细微的差别）的物质性上——**而且人们不知道它们是通过什么奇迹摆脱的**。跟学校一样，它们服从于其他机构所给予的相同的社会逻辑，直至给出相反的意象。

消费是一个与学校一样的等级机构：在物的经济方面不仅存在不平等（购买、选择和使用被购买力、受教育水准以及家庭出生所决定）——简言之，正如不是人人都有相同的读书机会一样，并不是人人都拥有相同的物——而且更深入一步地说，有个根本的差别存在着：一部分人能够获得环境要素（职能用途、美学组织、文化活动）理性的、独立的必然结果：他们与物毫不相干，从本意上讲他们不"消费"；而其他人则注定要献给一种神奇的经济和原封不动的物，以及作为物的其他所有东西（观点、娱乐、知识、文化）：**这种盲目拜物的逻辑就是消费的意识形态。**

同样，知识和文化对于那些没有抓住要害，也就是说，没有掌握合法的、合理的和有效的使用窍门的人来说，只是意味着更为尖刻、更为微妙的文化分离。因为知识和文化在他们的眼里，以及在他们的运用过程中，只是充当着一种额外的**超自然力量**，一种神奇力量的储备，而不是其反面：一种学习和一种客观的培养。③

拯救的一面

物以其数目、丰富、多余、形式的浪费、时尚游戏以及所有那些超越其纯功能的一切，只是**模仿了社会本质**——地位（STATUT）——这种命定的恩赐只有某些出身好的人才能获得，而大部分人由于其目的地相反，是根本不可能获得的。这种遗传的合法性（无论是血液的还是文化的）本质上属于地位概念。它决定着整个社会动机的活力。在每个人内心向往的深处，都有一种出生地位，一种恩赐和完美地位的思想目的。同样，它也困扰着物的环境。它引起一种狂热，一种小摆设、小用具和吉祥物的狂暴世界。这些小玩意个个都想表示一种价值的永恒，都想在**无法通过恩赐拯救的情况下通过自身的努力来拯救。**

古董的特别声誉就源于这里。它是继承、天赋价值和不可逆转的恩赐符号。

这是一种要求通过物而拯救的等级逻辑，是一种**要通过自身努力来实现的拯救方法**：与通过恩赐和选举获得的拯救相对立的"民主"原则，君主专制的原则。不过，人们普遍认为，通过恩赐而获得的拯救，在价值上总是胜于通过努力获得的拯救。这几乎就是人们在中低层阶级中所看到的东西。这里"通过物的证明",通过消费获得的拯救,在其没有反映思想的目的性过程中,上气不接下气地、毫无希望地想获得一种人赐的、天赋的和宿命的地位。但不管怎样,这种地位仍旧是属于上层阶级的。后者在其他地方通过文化和权利的行使展现着其美好的一面。

区分与物质增长的社会

所有使我们去研究关于需求与丰盛的形而上学的(Métaphysique des Besoins et de l'Abondance)那一切,都是对**消费的社会逻辑**的真正分析。这种逻辑根本不是那种把财富和服务的使用价值占为己有的逻辑——不平等的丰盛逻辑,一些人拥有奇迹权,而另一部分人仅有奇迹的碎片——这不是令人满意的逻辑,这是生产与驾驭社会符号的逻辑。从这个角度上看,消费过程可以从以下两个基本方面来分析:

1. 作为建立在一个密码基础之上的**明确意义和交流过程**,实际消费行为能够在其中得以实现并具有应有的意义。在这里,消费是一种交流体系,而且是一种语言的同等物。能够从这个层次上论及它,靠的就是结构分析。稍后,我们将再回到这一点上来。

2. 作为**社会分类和区分过程**,物和符号在这里不仅作为对不同意义的区分,按顺序排列于密码之中,而且作为法定的价值排列于社会等级之上。这里,消费可能是战略分析的对象,在法定的价值(涉及其他社会含义:知识、权力、文化等)分配中,决定着其特殊的分量。

分析的原则仍然是这样:人们从来不消费物的本身(使用价值)——人们总是把物(从广义的角度)当作能够突出你的符号,或用来让你加入视为理想的团体,或作为一个地位更高的团体的参照来摆脱本团体。

但是,这种法定的区分过程是一种基本的社会过程,每个人都是通过它注册于社会的。它既有经验的一面也有结构的一面;一个是有意识的,另一个是无意识的;一个是伦理的(名誉地位、合法竞争和声望等级方面的道德），另一个是机构的：它是密码中的永恒性的说明文字，其中意义的规范和制约——如语言的规则和制约一样——的主体却被个体遗忘了。

消费者把不同寻常的行为当作自由、理想和选择来体验，根本不把它视为有碍分化和对规章的服从。区分总是要同时建立起整个差别次序。这样，它一下子便成为整个社会的行为，而且不可避免地超越个体。每个个体在差别次序中都各自标明一定的点，并通过这些点的本身来构成差别次序。因此，它注定了自己只是相对地被记录在里面。每个个体都把具有差别的社会利益当作绝对的利益来体验，根本体验不到结构的限制。结构的限制会使立场变化，但差别的次序仍然存在。

但是，起决定作用的正是这种**相对性的制约**。因为参照它，差别的**记录就永远不会终结**。而且唯有它才能阐明消费的基本特点，即它的**无限**(ILLIMITÉ)特点——用某种需求和满足理论无法解释的那一面。因为用热能平衡或使用价值来计算，饱和的界限肯定马上会达到。但是我们所见的显然是恰恰相反的东西：消费节奏的加速，需求的连续进攻，使得巨大的生产力和更为狂热的消费性（丰盛可以理解为匀称方程无限的减少）之间的差距拉大。这一点只有当人们彻底放弃个人满足的逻辑，并注重社会区分逻辑时才能够弄清楚。从简单的有意识的决定性中区分这种差异逻辑是必要的。因为有意识的决定仍然是**满意**，是**积极的**差异消费，而明显的符号总是既积极又消极——这使得它始终要参照其他符号，使得消费者始终不满意。①

当消费体系显然不可能自我平衡的时候，当它向前急速发展或竭力逃避现实的时候，经济学家和其他一些理想主义的思想家，对福利所表现出的惊慌是耐人寻味的。其特点是，他们的观点总是用财富和收入的增长术语来表达，从来不用关系和符号区分的术语来表达。因而热尔瓦齐说："由于收入的提高扩大了消费的可能性，增长便伴随着新产品的持续出现而出现了"；"收入上涨的趋势不仅会带来新的财富趋势，而且会带来同一种财富质的极大提高"（为什么呢？是什么逻辑关系?);"收入的增加会引起质量的逐步提高"。这同一种论点总是暗含着:"钱挣得越多越想要,而且是要更好的。"——这话无论形容个人还是形容所有的人都是合适的。每个人都希冀获得最为合理的享受。

从广义上讲,消费领域对于他们来说是个清一色的领域(至多有少许的收入和"文化上的"差异)。在统计学上,它分布在一般的人——"消费者"的周围。这是由代表广大普通群众的美国社会所引发的观点。欧洲的社会学总体上也是立足于此。然而恰恰相反的是,消费领域是一个**富有结构的社会领域**。随着其他社会类别相对"攀升",不仅是财富而且是需求本身,作为文化的不同特征,也都从一个模范团体、从一个起主导地位的优秀分子向其他社会类别过渡。"消费大众"是没有的,基层消费者也从不会自发地产生任何需求:只有经过"精选包装",它才有机会出现在需求的"标准包装"之中。**需求的一系列等级**,与物和财富的等级一样,根据一种绝对的原则,一种保持距离和符号区分的社会等级的必要性,在社会上首先是有选择性的:需求和满足会向下渗透。这一规律,作为区别性的社会材料,决定着整个物的革新。贯穿整个消费天地的,是这种"自上而下"的具有区别性材料的更新规律,而不是反方向的(由下而上,走向完全的一致)收入的提高。

没有一个产品能够有幸被系列化,没有一个需求能得到广泛的满足,除非它不再属于高级模式,而且已被其他某个特殊的财富或需求所替代——就像早已留好距离一样。泄漏现象只是在高层的选择性革新中才产生的。当然,后者是根据增长社会中的物和财富的"区别性效益的下降率"而出现的。这里还要观照一下一些先天的概念:泄漏现象有其自身的机制(大众传媒等),但是,内容上并无自身逻辑。为恢复社会距离而进行的革新是在高层,是为了应付以前特殊符号的弱化。中低产阶级的需求与物一样,总是滞后于高等阶级,形成时间上的差距和文化上的差距。但它并不是"民主"社会中最小的**隔离**形式之一。

增长的矛盾之一是,它创造财富的同时也激发了需求。不过,两者形成的节奏并不一致——创造财富的节奏与工业经济的生产力有关,而激发需求的节奏则随社会区分逻辑的变化而变化。但是,由增长所"解放"出来的需求(即由工业体系依据自身受限制的内在逻辑**所产生的**)⑤的自下而上的、不可逆转的机动性,具有其自身的活力。它与所谓为满足它的物质与文化财富而产生的活力不尽相同。城市社会化、合法的竞争和心理上的"飞跃"到了一定的限度后,人的向往就会无法逆转,而且会没有限制,并随着加速了的社会分化、普遍的关联性节奏而增强。与消费的这种"具有差异性的"活力相联系的特殊问题,正是产生于此。倘若人的向往仅仅与从属于它的生产力相竞争,那就不会存在什么问题了。事实上,它通过自身的逻辑,一种区分的逻辑,构成一种无法控制的变量——不是经济计算中外加的一个变量、一个有关情景或背景的社会文化变量,而是一种起决定作用的结构变量,它决定着其他所有的变量。

当然,必须承认(依据这方面所做的调查,尤其是文化需求)需求具有一定的**社会惰性**,也就是说,从所获得的社会地位来按指数计算需求和向往(与那些理论家依据所提供财富的包装条件来想象根本不是一回事)。从这个层面上,人们再次发现相同的过程,也就是社会的机动过程。某种"现实主义"使得处于某种社会地位的人从来不奢求他们力所能及范围之外的东西。要是所向往的稍微超出客观的运气,他们便把物质增长社会的正式标准加以心理化。要是向往的太少,他们便把这个社会发展的现实标准加以心理化(马尔萨斯式的)。他们的能力总是绰绰有余的。人们拥有的东西愈少愈向往(至少要到一定界限,彻底的非现实主义才会对贫乏予以回报)。因此,**激发向往的过程本身是不平等的**,因为向低等级屈就和对高等级自由的向往,会使满足的可能性大大增强。但是,这里还必须全面地把握这样一个问题:对纯消费的向往(物质的和文化的)的弹性要比对职业的或文化的向往大得多。很有可能在社会机动性方面,它实际会补偿某些严重衰弱的阶级。强制性的消费会补偿纵向社会等级中的未执行行为。而"超消费的"向往(尤其是低等阶级)在体现合乎规定要求的同时,则体现了这种要求所遭受的失败。

剩下来的是,由社会区分和地位要求所激活的需求和向往,在物质增长的社会里,上升的速度总是比可使用的财富和客观机会快一些。而且,工业体系本身既想到了需求的增长,也想到了需求与提供的财富相比较时所带有的**永恒的过量**特征(例如它把希望寄托在失业上,从劳动力中牟取最大利润;这里,人们重新发现需求和劳动力之间具有深层的相似性)。[6]要是不把希望寄托在财富与需求的扭曲关系上,那么这种体系遇到的一个矛盾就是:物质的增长不仅意味着需求增长,以及财富与需求之间的某种不平衡,而且还意味着在需求增长与生产力增长之间**这种不平衡本身的增长**。"心理的贫困化"就产生于此。潜在的、慢性的危机状态本身,在功能上与物质增长是联系在一起的。但物质增长会走向中断的界限,导致爆炸性的矛盾。

把需求的增长与生产的增长进行比较,就等于要弄清起决定作用的"中介"变量,即区分。因此要把这种关系建立在产品不断增长的差别和具有神话的社会需求不断增大的差别之间。[7]不过前者是有限的,而后者则不是。作为社会存在(也就是说,能产生**感觉**,在**价值**上相对于其他人),人的"需求"是无限制的。人对食物的吸收量是有限的,人的消化功能是有限的,但食物的文化系统则是不确定的。相对说来,它还是个无关紧要的系统。广告的窍门和战略性价值就在于此:**通过他人来激起每个人对物化社会的神话产生欲望**。它从不与单个人说话,而是在区分性的关系中瞄准他,好似要捕获其"深层的"动机。它的行为方式总是**富有戏剧性的,**也就是说,它总是在阅读和解释过程中,在创建过程中,把亲近的人、团体以及整个等级社会召唤到一起。

在一个规模有限的团体中,需求与竞争一样,毫无疑问能够得到稳定。地位和分化用品的能指符号的攀升强度较小。人们可以从传统社会或微团体中看出这一点。在一个如同我们这样的工业和城市集中、密度和拥挤程度很大的社会里,区分所要求的增长速度大于物质生产。当整个社会都已城市化,当通讯无处不在时,需求将根据一条垂直的渐近线而增长——它并不是出于**喜好**,而是出于**竞争**。

由于这种升级,由于这种专断的时尚所认可的区分性"连锁反应",城市成了几何之地。(但是,这种过程通过乡村和边缘地区快速的文化适应,反过来增强了集中性的形成。因此,它是无法逆转的。任何对其加以阻止的愿望都是天真幼稚的。)人口密度本身就十分令人着迷,尤其有关**城市的演说**简直就是竞争本身。机动、欲望、奇遇、刺激、别人的不断判断、不断发展的色情化、信息以及广告的煽动:所有这些在普遍竞争的现实背景中,构成了一种抽象的集体参与的命运。

与工业集中总是带来财富增长的情况一样,城市的集中也带来了需求的无限攀升。但是,如果说这两种集中都具有现代性,那么,我们却发现它们具有各自的活力,在效果上并没有叠合。城市集中(区分)的速度比生产更快。城市的异化基础正是在这里。一种神经官能症的平衡最终会稳定下来,对生产趋于更加一致的秩序十分有益——需求的增加反过来会逆产品次序而倒流,而且会想方设法安插在其中。

所有这一切把**物质增长的社会**,当作了物质丰盛社会的对立面。由于这种竞争性的需求和生产之间存在着持续不断的压力,由于这种**匮乏的**压力,由于这种"心理贫困化",生产秩序安排的目的,只是让适应它的需求产生并得到"满足"罢了。在物质增长的范畴里,依据这种逻辑,没有也不可能有独立的需求,**只有增长的需求**。在体系的内部,隔绝的目的是没有位置的,只有体系的目的才有位置。加尔布雷思、贝尔特朗·德·朱纳韦尔等所指出的各种功能失调是**合乎逻辑的**。机车和高速公路是体系的一种需求,这一点几乎是毫无疑问的,大学的"民主化"与汽车生产实际是一回事。⑧因为体系只为自己的需求而生产,所以,它就更系统地以个人需求作为挡箭牌。慷集体之慨的个人消费的巨大赘疣,就是产生于此(加尔布雷思)。但这并不令人感到意外。对个体的自发性和需求本质的崇拜,充满了生产本位主义的选择成分。甚至是最"理性的"、最脱离现实的集体意义的需求(教育、文化、健康、交通、娱乐),在有关这种增长系统的社会展望学当中,也会跟增长派生出的需求一样被收回。

此外，增长的社会是物质丰富社会的对立面，还取决于一个更为深刻的道理。因为在变为生产财富的社会之前，社会是一个生产特权的社会。而且，就社会学的角度而言，在**特权与匮乏**之间存在着一种必然的可限定关系，不可能（不管在什么社会）存在**没有匮乏**的特权。两者在结构上是互为联系的。因此，根据**社会的**逻辑，增长被再次出现的结构性匮乏不合常情地限定了。这种匮乏与初级匮乏（财富稀少）不再是一回事：后者可视为暂时性的，而替代它的结构性匮乏却是决定性的。因为在增长范畴的逻辑本身当中，它作为重新推动功能和**权力战略，被系统化**了。

一句话，我们可以说，在对物质增长的社会意识形态的假设（即最高层社会的一致性）与建立在结构区分基础之上的具体的社会逻辑之间，无论怎样，都存在着逻辑性的矛盾——而这个逻辑上互为矛盾的整体，是建立在一个总的战略基础之上的。

最后，我们还要再一次强调一下主要神话，强调这个假丰盛社会的主体神话：根据理想主义的"连通器"式的蓝图而分配的神话。财富和产品的大量出现是不会取得海平面一样的平衡的。社会惰性与自然惰性恰恰相反，并不会导致失调、不相称和特权状态。增长不是民主。丰盛与歧视有关，它怎么会起到纠正它的作用呢？

旧石器时代或最初的丰盛社会

必须抛弃那种认为在我们的社会里所有物质的（以及文化的）需求都会很容易得到满足的想法，因为这种想法没有考虑任何社会逻辑。马歇尔·萨林斯在他的那篇《初级的丰盛社会》文章中重新提到的想法是值得采纳的。他认为：被**不足所控制的**、被市场经济特有的不足所控制的，是与某些原始社会截然相反的、我们这个生产本位主义的工业社会。生产得越多，人们就越在大量生产的过程中强调必要性，因而我们就无可救药地离平衡人类生产和人类目的性的丰盛这个最终期限越远。因为在物质增长的社会里得到满足的东西,以及随着生产力的提高愈来愈得到满足的东西,是生产范畴的需求本身,而不是人的"需求"。而整个体制恰恰就是建立在这个对需求不甚了解的基础之上的。显而易见,物质丰盛的时代无限期地往后退缩:这反而更好——为了不足(结构匮乏)有组织地进行统治,它被彻底地否定了。

萨林斯认为,尽管渔猎者们(澳大利亚、卡拉阿里的原始游牧部落)过着一种绝对的"贫困"的生活,但真正知道丰盛的仍旧是他们。原始社会的人没有私有财产,也不为物所困。为了能更好地迁移,他们将物丢弃。没有生产器械也没有"工作":可以说,他们"凭兴趣"狩猎与采集,并分享一切。他们的浪费是完全彻底的:他们会一下子把所有东西都消费掉,既没有经济上的考虑,也没有库存。渔猎者们压根儿也不了解资产阶级杜撰的人类经济学。他们连政治经济学的基础都不懂。他们甚至总是处在人的精力、自然资源和实际经济的可能性之外。他们睡得多。他们相信——表现其经济体系的正是这一点——自然资源的丰富;而我们的体制特征是(而且随着技术的日益完善越是如此):人们面对人类手段的不足产生了失望,以及对源于市场经济和普遍竞争的深层后果产生了激烈的、灾难性的焦虑。原始社会特有的**集体性的**"缺乏远见"和"浪费"是实际的丰盛象征。而我们唯有丰盛的象征。在一台巨大的生产机器下,我们捕获着贫困与不足的符号。但萨林斯说,贫困不在于财富的量少,也不在于简单地理解为目的与手段之间的关系:归根结底,它是**一种人与人之间的**关系。确立原始社会的人的信心的,以及促使他们在饥饿之中体验丰盛的,最终是社会关系的透明度和互补性。因为,任何垄断都不会阻碍交流以及构成不足。无论是对实物、土地、工具的垄断,还是对"劳动"产品的垄断。不应该有积累,因为积累一向是权力之源。在赠与和象征性的交流经济中,少而精的财富,是足以创造一种普遍丰盛的,因为它不断地从一些人手里传到另一些人的手里。丰盛不是建立在财富之中的,而是建立在人与人之间的具体交流之中的。它是无限的,因为交流圈没有边际,哪怕是在有限数量的个体之中，交流圈每时每刻都增加着被交换物的价值。在这个工业文明社会特殊的竞争与区分当中，我们发现，这种富有具体关系的辩证法像有关无限的需求与**匮乏的辩证法**一样被颠倒了。在原始交流中，每个关系都使得社会更加富有；而在我们这个"区分性的社会"中，每个社会关系都增添着个体的不足，因为任何拥有的东西都在与他人比较的时候被相对化了（在原始交流中，它是通过与他人建立的关系本身才获得价值的）。

因此，认为在我们这个"富裕"社会里，丰盛已**不存在**，而且不会被生产力的无限提高和新的生产力的解放所替代，是一点也不自相矛盾的。因为丰盛和丰富的结构定义存在于社会组织中。唯有社会组织和社会关系的革命才能创造它。我们有一天会回到市场经济那边去吗？回到浪费吗？我们拥有的不是浪费而是"消费"，是永远的被迫消费。它是不足的孪生姐妹。让原始人经历第一个（而且是唯一一个）丰盛社会的是社会逻辑，让我们遭受奢侈的、戏剧性的匮乏则是我们自己的社会逻辑。

一种消费理论

人类经济学的解剖

有一则故事："从前，有个人生活在什么都缺的条件下。在经历若干冒险和一次漫长的'经济学'行旅之后，他碰到了物质丰盛的社会。他们结合在一起，许多需求因而产生了。"A. N. 怀特海说，"人类经济学的魅力，就在于我们对它研究的东西了如指掌"。这个在黄金时代由人的本质（Nature Humaine）与人权（Droits de l'Homme）幸福结合所形成的化石，是颇具形式理性原则的。这个原则就在于：

1. 毫不犹豫地寻求自身幸福；

2. 偏爱那些最使他感到满足的物。

有关消费的整个演说，无论是外行的还是智慧的，都是确立于这一片段，也就是一则故事的神话片段：一个人（Homme）"具有"需求，需求"促使"他走向"给予"他满足的物。由于人毕竟永远无法得到满足（而且人在这一点上常常受到指责），因此，同样的故事便能够无限制地重新出现，当然同时也伴随着旧寓言的消亡。

有些人会感到困惑："需求是经济学领域所有未知数中较令人费解的，相当顽固不化的未知数。"（克纳伊特）然而，这样的怀疑并没有妨碍所有人类学的拥护者，从马克思到加尔布雷思，从鲁滨逊·克鲁索埃到雄尔巴·德·诺夫，对需求喋喋不休地描述。对于经济学家来说，这关系到"效用性"：为了满足消费的目的，对特殊财富产生了欲望，也就是说，要摧毁其效用性。因此，需求被可支配的财富目的化了，偏爱被市场上的产品等级所限定：实际上，这是**一种有偿付能力的需求**。而对于心理学家来说，这就是"动因"，"本能诱导"胜于"客体诱导"。这是一种未能明确界定的需求先存性的理论。这个理论理解起来相当复杂。对于那些最后才介入到这个圈子的社会学家和心理社会学家来说，它带有"社会文化的"内容。人们并不怀疑人类学的假设，认为一个具有需求的"个体"会本能地去满足需求，以及消费者是一个自由的、有意识的、被看作知道其所作所为的人（社会学家不相信"深层动因"）。但是，在这种理想主义的假设基础之上，人们承认有一种需求的"社会活力"存在着，并且采用了源于集团背景的顺从和竞争的模式（《不要落在琼斯家的后面》），或者说与整个社会或历史相关的伟大的"文化模式"。

大体上有下列三种立场：

马歇尔认为，需求是相互依附的，而且是理性的；

加尔布雷思认为（稍后再探讨），选择是坚信的结果；

热尔瓦齐（以及其他人）认为，需求是相互依附的，它从学习（再加上理性的考虑）中产生。

热尔瓦齐说："选择不是偶然的行为，从社会角度看，是受控制的，而且反映了它所处的文化模式。不是什么财富都要生产与消费的：它必须在价值体系里具有某种意义。"这与用整体化术语所表达的消费观是一脉相承的："经济的目的并不是为了**个体**而最大限度地生产，最大限度地生产是与社会化的价值体系联系在一起的。"(帕尔松)后来，达埃森贝利发表了同一种观点："唯一的选择，实际上，是根据他在等级中所处的地位使财富多样化罢了"。总而言之，也就是说，从一个社会到另一个社会的不同选择，以及它们在同一个社会内部的相似性，迫使我们把消费者的行为视为一种社会现象。这与经济学家的观点迥然不同：后者"理性的"选择成了一致的选择，一致性的选择。需求瞄准的不是物，而是价值。需求的满足首先具有附着**这些价值**的意义。消费者基本的、无意识的、自动的选择就是接受了一个特殊社会的生活风尚（因此，这不再是一种选择！——而且消费者自由与主权的理论甚至由此可以被推翻掉）。

这种社会学在概念上登峰造极，被里埃斯曼确定为是构成普通美国人基本遗产的、财产和服务的"标准组合"。有规律地添加，根据全国生活水准来计算，这就是统计学类别中的最低理想，是普通阶级的一致模式。一部分人已超越，另一部分人仍在梦想。这就是一种用以概括美国生活方式的观点⑨。"标准组件"在这里指的是财富的物质性（电视机、洗澡间、汽车等），但更重要的是指**一致性的理想。**

但整个这种社会学其实并未超越我们多少。除了一致性的概念一向只是掩盖了一种无限定的重言方式罢了（这里，普通的美国人由"标准组件"限定，标准组件由被消费财富统计的平均数所限定——或按社会学的方式：某个体属于某团体，因为他消费某财富；他消费某财富，因为他属于某团体）——在个体与物的关系中，我们发现经济学家所采用的形式理性的公设，在此被简单地转移到了个体与团体的关系上。一致性与满足是联系在一起的：根据同等物的逻辑原则，从一个主体到一些客体，或从一个主体到一个**似乎分散而置的团体**，它们的一致性是相同的。"需求"和"标准"的概念，分别表现了这种神奇的一致性。

这种在经济学家的"功效性"和社会学家的一致性之间存在的差别，与加尔布雷思在利润行为，即资本主义传统体系中特殊的金钱动因，与组织和技术结构时代的特殊的同化和适应行为之间，所确立的差别是相同的。跟加尔布雷思一样，在心理社会学家那里也出现了有关一致性的基本问题，但这在经济学家那里并没有出现（原因不必说了）。在经济学家眼里，消费者在最终的理性思考中仍旧是理想的自由个体。这个基本问题就是对需求的适应。

自帕卡尔的《暗中说服》和迪切特的《欲望的战略》（以及其他一些作品）发表以来，这种适应需求的主题（尤其通过广告）便成了有关消费社会演说的偏爱主题。对丰富的颂扬和对"人为的"需求或"异化的"需求的竭力哀叹，使得共同的大众文化，甚至是有关这方面的智慧意识才得以继续下去。一般来讲，它扎根于人道主义传统的古老社会道德哲学之中。加尔布雷思认为，它建立在更为深刻的政治经济思考之上，从他的两部作品《丰裕社会》和《新工业国》发表起，我们便与加尔布雷斯难解难分了。

简而言之，当代资本主义的基本问题不再是"获得最大的利润"与"生产的理性化"之间的矛盾（在企业的主层次上），而是在潜在的无限生产力（在技术结构的层次上）与销售产品的必要性之间的矛盾。在这一阶段，体制必须不仅控制生产机器而且控制消费需求；不仅控制价格而且控制这一价值所要求的东西。这一点至关重要。总的结果是，要么通过先于生产行为本身的手段（民意测验、市场研究），要么通过后续手段（广告、市场营销、包装），"从购物者（在此能逃避任何控制）那里剥夺决定权并将它转让给企业。它可以在企业那里得到控制"。广而言之，个体对市场行为的适应以及总的社会态度，对生产者的需求和对技术结构目标的适应，就是体制的自然特征（最好说**逻辑**特征）。其重要性会随着工业体系的发展而增加。这就是与"传统序列"相对立的、加尔布雷思所称的"**颠倒了的序列**"。以往，主动权被认为是掌握在消费者手里，而且通过市场反映到生产企业那里。这里恰恰相反，生产企业控制着市场行为,引导并培育着社会态度和需求。这就是生产秩序专断的一面,至少是有这种倾向。

这种"颠倒了的序列"摧毁了——起码有这种批评价值——传统序列的根本神话。后者认为在经济体系中,行使这种权利的是个体。这种对个体权利的强调,大大地有利于对组织的惩治:生产范围的各种失调、危害和固有矛盾得到了具体说明。因为它扩大了消费者行使主权的范围。显然,恰恰相反的是,对市场和动因等进行研究的经济与心理社会学机构存在的目的,其实就是为这种需求找到出路而已。但采用的相反程序却继续掩盖了这一程序。人们想让消费者的实际需要和深层需求主宰市场。"人成为人的研究对象,只是在汽车的销售难于生产之后。"

因此,加尔布雷思到处揭示在帝国主义的扩张过程中,技术结构所采用的"人工加速器"使得需求过压,而且使得任何需求的稳定都变得不可能[⑪],收入、购买奢侈品和超工作量形成了疯狂的恶性循环。消费恶性循环,是建立在对所谓"心理"需求的颂扬基础之上的。显而易见,心理需求与"生理"需求不同,它是建立在"有决定自由的收入"和选择自由基础之上的,因而能够被无情地加以控制。很明显,广告在此起着一个主导作用(其他观点是司空见惯的)。它似乎是被配给了个体的需求和财富。而事实上,加尔布雷思说,它被配给了工业体系:"它只是为了赋予体系重要性才将如此的重要性赋予给财富的。从社会角度来看,它也赞同技术结构的重要性以及声望"。但体系是透过它,为了自己的利益才去捕获社会目标的,而且把自己的目标硬说为社会目标的:"这对总发动机有好处……"

人们只能再一次同意加尔布雷思的观点,承认消费者的自由和主权只是个骗局。这种把个体满足和选择维护得严严实实的神秘主义,就是工业体系的意识本身。整个一个"自由"的文明在这里登峰造极。专横以及所有集体的危害:渣滓、污染、田地荒芜都得到了说明——因为消费者在这个丑陋的丛林里成了支配者。他被强加了选择的自由。

因而颠倒的序列（即消费体系）从意识形态上补充并替代了选举体系。作为个人自由坐标的杂货店和选举人秘密写票室，也就成了该体系中的两个新生儿。

我们对这种需求和消费的技术结构适应进行了较多分析，因为今天它仍旧是万能的东西，因为它完全成了有关异化的伪哲学主题，构成了一个名副其实的集体代表，而且它自己也是消费的一部分。但它可以接受根本的反对意见，后者参照的都是理想主义的人类学假设。加尔布雷思认为，个人需求是可以稳定的。在人的**本性**中存在着一种酷似**经济原则**的东西，迫使他在限制努力的同时，也限制自己的目标和需求。这并不是"人造加速器"的结果。简言之，就个人而言，这不再是一种最大的，而是一种和谐平衡的满足倾向。它并没有进入上文所描述的超速满足的恶性循环。它应与一个也很和谐的、集体需求的社会组织联系在一起。

1. 在"**真正的**"与"**人为的**"满足原则上，加尔布雷思反对经济学家们**似是而非**的推理："没有什么能够证明，一个爱花钱的妇女，能够从一件新连衣裙那里获得与一位饥饿的工人从汉堡包那里所获得的相同的满足——但也没有什么可以进行反证。所以她的欲望与饥饿者的欲望是放在同一个尺度上的"。"太荒谬了"，加尔布雷思说。不过，一点也不荒谬（过去的经济学家反对他并不错——他们站在这种立场，只是为了勾画出能够得到满足的需求层面上的对等物：他们就是这样来规定所有问题的）。就消费者满足本身来看，仍然没有什么能够勾画出"代用品"的界限。电视或第二住宅的享受可以作为"真的"自由来体验。没有人将之视为一种异化，除了知识分子从说教的理想主义深处才会这么说，但这充其量只能说明他是个被异化的道德家。

2. 在"经济原则"上，加尔布雷思说："所谓的经济发展多半在于，要想象出一种能够战胜那种限制收入和努力工作倾向的战略。"他列举了生活在加利福尼亚的菲律宾工人的例子："债务的压力和衣着上的竞争，很快使得这个快乐懒散的种族变成了现代的劳动力。"同样，在所有发展中国家,西方式解决方法的出现一直是刺激经济的王牌。这种理论可称作是一种与增长的连续进攻相联系的、以消费"激活"或振兴经济的理论,十分迷人。它把被迫适应消费过程,工人被迫适应工业生产程序,工作时间和动作的提高,视为自19世纪以来工业体系演变过程的**逻辑性**后果,并加以揭示[1]。这就意味着有必要对消费者为什么上圈套,为什么经受不住这种战略的原因解释清楚。将所谓"快乐懒散"的本性以及把一种机械性的责任归咎于体系本身未免太轻率了。懒散的"自然"倾向并不胜于连续作战。加尔布雷思未曾看到的东西——而且迫使他把个体表现为体系中纯被动的牺牲品的东西——是整个社会的区分逻辑,是社会结构中根本的阶级或等级的分化过程。这个过程在"民主的"社会里仍然起作用。总之,这里所缺少的是有关整个差别、地位等的社会学。按照这种社会学的观点,所谓的需求可以根据一种关于符号和差别的社会**客观**要求来进行重新组织。它不再把消费说成是一种"和谐的"个人满足的功能(按照理想的"本质"标准,它是可以限定的),而是称作一种无限的社会活动。稍后,我们再回到这一点上来。

3. 加尔布雷思说:"需求实际上是生产的结果。"但他并不认为他说得多么好。因为透过破除了的神秘性和清晰无比的外表,这一论点从他所理解的意义上去看,只是对某些需求本来的"真实性"和被"虚假东西"所迷惑的一种更为巧妙的说法。加尔布雷思要说的是,如果没有生产本位主义的体系,许多需求就会不存在。他认为,企业在生产某种财富或服务的同时,也发明了使人接受它的各种方法,因而实际上也就"生产"了与之相对应的需求。但这里存在着一种严重的心理缺陷。与**成品**相比较而言,需求已被事先做了规定。只有**某某物**的需求,而消费者的心理实际上只是一个橱窗或一个目录。同样,按照这种有关人的过于简单的观点,人们也只能坚持这种心理上的超越:经验论的需求反映了无科学根据的东西。不过,在这个层面上,调节的论点是错误的。人们知道消费者如何抵制某种确切的命令,如何捉摸有关物的范围和需求;广告的力量不是那么大,而且有时还会引起截然相反的反应;以及根据同样的"需求",用一物替代另一物是多么司空见惯,等等。简言之,就经验层面来看,一整套心理的和社会的复杂战略贯穿于生产战略的始终。

实际上,"需求是生产的结果"是不对的,需求体系是生产体系的产物(LE SYSTÈME DES BESOINS est LE PRODUIT DU SYSTÈME DE PRODUCTION)才是正确的。两者的意义有很大的区别。根据需求体系,我们知道需求并不与相关的物有关,不是一个一个地产生的,而是作为消费力量、作为更大的生产力范围里总体的支配性而出现的。从这个意义上来说,技术结构的支配范围就扩大了。生产范围并不为自己的利益而"获取"享乐范围(严格讲,这是没有意义的)。它否认享乐范围,通过把一切重新组成为一种生产力的体系来取代它。根据工业体系的历史线索,我们可以看出这种**消费的脉络**。

1. 生产秩序/生产机器/生产力这种与传统工具截然不同的技术体系。

2. 它生产资本/理性化的生产力、与以往的交换"财富"的方式截然不同的投资以及流通的合理体系。

3. 它生产领薪金的劳动力、与传统"劳作"截然不同的抽象而系统化的劳动力和具体劳动。

4. 因此,它生产需求、需求体系、需要。在对生产力和生产过程全面控制的过程中,生产力作为一个理性的、完整的、受控制的、与另三点互补的整体。作为体系,需求与享受和满足也截然不同。它是作为**体系的成分**,而不是作为**一个个体与一个物之间的关系**而出现的(同样,劳动力不再与之相关,甚至否认工人与劳动产品的关系——交换价值也同样与具体的人的交换没有关系,形式/商品与实际财产也不相关,等等)。

加尔布雷思没有看到的正是这些。所有消费的"异化主义者"与他一道坚持要揭示**人与物的关系**。人与他自己的关系被弄虚、弄神秘、弄得好操作——在消费物的同时也消费这种神话——因为对一个自由的、有意识的主体提出这种永恒性的假设（为了能够使它在故事的最后作为幸福的大团圆出现），他们只能把他们所揭示的各种"功能失调"情形归咎于一种魔力——这里技术结构得到了广告、公共关系和动因研究的武装。可以说这是一个神奇无比的想法。他们没有看到，单个的需求并不存在，存在的唯有一种消费体系。或确切地说，需求不是其他什么，而是**在个人层面上生产力合理体系的先进形式**。"消费"在这里对生产进行了必要的逻辑性替代。

对于我们虔诚的"异化主义者"来说，它可以揭示一定量的无法解释的秘密。例如，他们对清教徒似的伦理在"物质丰盛的年代"没有被抛弃，以及对现代享乐思想没有取代理性的、自抑的马尔萨斯主义而感到极为悲痛。迪切特的整个《欲望的战略》就在于"偷偷地"推翻和破坏这些古老的思想结构。确实，风俗的革命没有发生，清教徒似的意识总是一直流行。但从娱乐的分析，我们看到它显然浸透着各种享乐主义的做法。可以肯定，清教徒似的伦理，加上它所涵盖的升华、超越、压抑的（简言之，精神上的）内容**困扰着**消费和需求。这种伦理从内部推动着消费，并赋予后者以强制性和无限性。清教徒似的意识本身在消费过程的作用下变得很活跃：众所周知，使后者变成重要的社会控制和归并要素的正是它。不过，在消费—享乐的一面，所有这些仍旧是矛盾的、无法解释的。相反，如果人们同意需求和消费实际上是**生产力的一种有组织**的延伸，那么，一切都可以得到解释：它们与作为工业年代主要道德的生产本位主义和酷似清教徒的伦理有关。但这并不令人感到意外。个体"私人"层面上的普遍的依存关系（"需求"、感情、向往、冲动）作为生产力，只能就此伴随着压抑、升华、集中、系统化和理性化（当然也有异化！）普遍延伸的模式。这些模式在若干个世纪里，尤其是自 19 世纪以来，一直决定着工业体系的建设。

物品的变化——需求的变化

直到如今，对消费的一切分析都是建立在相似经济学或相似经济心理学的那种幼稚的人类学基础上的。在传统政治经济学的意识形态发展中,这是一种关于需求、(最广泛意义上的)物品及满足的理论。实际上这不是一种理论,而是一种惊人的反复叙事:"我买它是因为我需要它",这和依靠自身燃素而燃烧的火焰是等值的。我们已经在其他地方[12]揭示了,整个这种经验论/目的论思想(个体被当作目的,而其有意识的表现被看作事件的逻辑)与那些以超自然力概念为中心的原始人(及人种学家们)的魔幻思辨,其实是同属一个类型的。在这一层面上任何消费理论都是不可能的:自发的表象同表达为需求话语的分析性思考一样,提供给我们的从来都只是消费的一种被消费了的意象。

用这种理性神话来解释需求和满足,就像用传统医学来诊治歇斯底里或身心的颠倒症状一样,都是天真无助的。让我们这样来解释:物品在其客观功能领域以及其外延领域之中是占有不可替代地位的,然而在内涵领域里,它便只有符号价值,就变成可以多多少少被随心所欲地替换的了。因此洗衣机就被当作工具来使用并被当作舒适和优越等要素来耍弄。而后面这个领域正是消费领域。在这里,作为含义要素的洗衣机可以用任何其他物品来替代。无论是在符号逻辑里还是在象征逻辑里,物品都彻底地与某种明确的需求或功能失去了联系。确切地说这是因为它们对应的是另一种完全不同的东西——可以是社会逻辑,也可以是欲望逻辑——那些逻辑把它们当成了既无意识又变幻莫测的含义范畴。

相比之下,这里的物品和需求都可以被替换成歇斯底里或身心的颠倒症状。它们遵循的是同一种转变、转移的逻辑,同一种看起来可任意无限调换的逻辑。如果病痛是**器质性的**,那么症状和器官之间会有必然的联系(正如在物品的工具品质中,物品与其功能有着必然联系)。在歇斯底里或身心的颠倒中,症状和符号一样是(相对)任意的。偏头痛、结肠炎、腰痛、咽喉炎、全面的疲劳:这里存在着一条由身体能指构成的链条,那些症状沿着它"溜达"——同样也存在着物品/符号或物品/象征的链接,但是沿着这条链子溜达的再也不是(总是与物品的合理目的性联系在一起的)需求,而是欲望以及无意识社会逻辑的其他某种规定性。

如果人们在某处捕捉到了需求,也就是说如果人们按照它的字面意思,把它当作它所表现出的对**某一**物品的需求来使它得到**满足**,那么人们就犯了这样一个错误,即对患有以上症状的器官实施一种传统治疗。这样做的结果是,一旦这种症状在一个器官上消失,又立即在另一个器官上发作。

因此物品和需求的世界可能是某种**全面歇斯底里**的世界。在颠倒中身体的所有器官和一切功能都朝着这种症状所描绘的某种巨大范例发生变化,同样,在消费中物品朝着某种广泛的范例进行变化,其中有另外某种语言在进行表达,有另外某种东西在发言。就像我们不可能在歇斯底里中确定病痛的客观特点一样,想对需求的客观特点进行确定也变得越来越不可能,原因就是所谓的客观特点并不存在——于是我们可以说某一能指对另一能指的这种渐趋消失、这种持续流动、这种逃逸只是某种欲望的表象——这种欲望是贪得无厌的,因为它建立在贫乏的基础上——在物品和持续需求中进行局部自我指向的正是这种永远无法满足的欲望。

从社会学的角度(但如果将两者结合起来陈述将会是非常有趣和必要的),我们可以进一步假设——需求的无限更新就是前文所说的逃逸面前永恒幼稚的混乱,事实上它排斥那种认为被满足的需求能创造一种可以缓解紧张的平衡状态的理性主义理论——假如相反我们承认需求从来都不是对某一物品的需求而是对差异的"需求"(对社会**意义的欲望**),那么我们就会理解永远都不会有**圆满的满足**,因而也不会有需求的**确定性**。

因此在欲望的变化之外还有区别含义的变化。(但是两者之间是否有隐喻关系?)介于两者之间,单独的、完成了的需求的意义仅仅在于它们是持续对流的辐射源——它们正是在替代中指向含义的真实范围(贫乏的范围和区别的范围)——同时它们又将这些范围遮掩起来,然而后者又在各个方面漫溢出来。

对享受的否认

对物品的独占是**无目的**的(用里斯曼的话说就是"无目的的渴望")。表面上以物品和享受为轴心和导向的消费行为,实际上指向的是其他完全不同的目标:对欲望进行曲折隐喻式表达的目标、通过区别符号来生产价值社会编码的目标。因此具有决定意义的,并不是通过物品法则起作用的利益等个体功能,而是这种通过符号法则起作用的交换、沟通、价值分配等即时社会性功能。

消费的真相在于它并非一种享受功能,而是一种**生产功能**——并且因此,它和物质生产一样并非一种个体功能,而是**即时且全面的集体功能**。如果不推翻那些传统认识,就不可能进行理论分析:否则无论我们怎么做,都会重新陷入对享受的现象学分析之中。

消费是一个系统,它维护着符号秩序和组织完整:因此它既是一种道德(一种理想价值体系),也是一种沟通体系、一种交换结构。只有看到这一社会功能和这一结构组织远远地超越了个体,并根据一种无意识的社会制约凌驾于个体之上,只有以这一事实为基础,才能提出一种既非数字铺陈亦非空洞论述的假设。

根据这一假设,尽管这多少显得有些矛盾,消费被规定为**排斥享受的**。作为社会逻辑,消费建立在否认享受的基础上。这时享受也不再是其合目的性、理性目标,而是某一进程中的个体合理化步骤,而这一进程的目的是指向他处的。享受会把消费规定为**自为的**、自土的和终极性的。然而,消费从来都不是如此。人们可以自娱自乐,但是一旦人们进行消费,那就绝不是孤立的行为了(这种"孤立"只是消费者的幻觉,而这一幻觉受到所有关于消费的意识形态话语的精心维护),人们就进入了一个全面的编码价值生产交换系统中,在那里,所有的消费者都不由自主地互相牵连。

在此意义上,消费**和语言一样**,或和原始社会的亲缘体系一样,是一种含义秩序。

一种结构分析？

让我们在此重提列维-斯特劳斯原则,即赋予消费以社会事件特性的,并非它表面所具有的那些天性(如满足、享受),而是它赖以摆脱那些天性的基本步骤(这一步骤将它规定为编码、制度、组织系统)。就像亲缘系统并非建立在对血缘和血统关系、对某种天然条件的迫切要求之上,而是建立在某种任意的分类命令之上一样——消费系统并非建立在对需求和享受的迫切要求之上,而是建立在某种符号(物品/符号)和区分的编码之上。

婚俗规矩提供了多种用以保障女性在社会集团内部流通的方式,也就是用某种联姻的社会学系统取代源自生理的血缘关系系统。这样一来,婚俗规矩和亲缘系统就可以被看作一种语言,也就是用以保障个体与集团之间某种特定沟通的那些活动的一种集合。消费亦是如此:财富和产品的生理功能和生理经济系统(这是需求和生存的生理层次)被符号社会学系统(消费的本来层次)取代。而物品和财富这种有调节流通的基本功能和女性或话语流通的基本功能是一样的:保障某种特定的沟通。

下文我们还会回到这几种不同"语言"类型之间的差异:这些差异主要在于交换价值的生产方式以及与此相联系的劳动分工。财富显然是被生产出来的,女性则不是,而话语是以另一种方式被生产的。另外在分配层面上,财富及物品同话语及以前的女性一样,构成了一个全面、任意、缜密的符号系统,一个**文化**系统,它用需求及享受取代了偶然世界,用一种分类及价值的社会秩序取代了自然生理秩序。

这并不是说需求、自然用途等都不存在——这只是要人们看到作为当代社会一个特有概念的消费并不取决于这些。因为这些在任何社会中都是存在的。对我们来说具有社会学意义并为我们时代贴上消费符号标签的,恰恰是这种原始层面被普遍重组为一种符号系统,而看起来这一系统是我们时代的一个特有模式,也许就是从自然天性过渡到我们时代文化的**那种**特有模式。

流通、购买、销售、对做了区分的财富及物品/符号的占有,这些构成了我们今天的语言、我们的编码,整个社会都依靠它来**沟通**交谈。这便是消费的结构,个体的需求及享受与其**语言**比较起来只能算是**言语效果**。

娱乐系统,或享受之束缚

可以证实消费的原则和合目的性并不取决于享受的明证之一便是,今天享受不再是权利或乐趣的约束机制,而是公民**义务**约束机制。

清教徒把自己、把自己整个人看作一种为了上帝最伟大的光荣而奋斗的事业。他把整个人生都用于生产自己的"个人"品质、"品格",这些对他而言是需要进行及时投资经营并不得用于投机或浪费的一种资本。反之,以同样的方式,消费者把自己看作**处于娱乐之前的**人,看作**一种享受和满足的事业**。他认为自己处于幸福、爱情、赞颂/被赞颂、诱惑/被诱惑、参与、欣快及活力之前。其原则便是通过联络、关系的增加,通过对符号、物品的着重使用,通过对一切潜在的享受进行系统开发来实现存在之最大化。

消费者、当代公民没有必要去摆脱这种幸福和享受的约束,在新伦理中它与生产劳动的传统约束是等价的。当代人越来越少地将自己的生命用于劳动中的生产,而是越来越多地用于对自身需求及福利进行生产和持续的革新。他应该细心地不断调动自己的一切潜能、一切消费能力。假如他忘了这样做,就立即会有人好心地提醒他没有权利不幸福。所以不能说他是被动的:这是一种他所表现的、他所应该表现的持续主动性。否则,他就有陷入安于现状并与社会不相适应的危险。

某种对烹饪、文化、科学、宗教、性欲等的**普遍好奇**(这一概念我们将在后文探讨)由此苏醒。"TRY JESUS!"一句美国口号如此说道。"尝试一下耶稣!"一切都要尝试一下:因为消费者总是怕"错过"什么,怕"错过"任何一种享受。我们永远都不知道这种或那种接触、这种或那种经历[加那利群岛的圣诞节、威士忌酒烹鳗鱼、普拉铎（le Prado：西班牙国家绘画雕刻博物馆。——译者注）]、麦角酸二乙基酰醯胺（L. S. D.：一种迷幻剂烈性麻醉药。——译者注）、日本式爱情会不会在您身上造成某种"共鸣"。这里起作用的不再是欲望，甚至也不是"品味"或特殊爱好，而是被一种扩散了的牵挂挑动起来的普遍好奇——这便是**"娱乐道德"**，其中充满了自娱的绝对命令，即深入开发能使自我兴奋、享受、满意的一切可能性。

作为新生产力象征和控制的消费

消费只是一个**表面上**混乱的领域，因为根据涂尔干的定义，它不受形式规定的支配，而且似乎陷于需求的失度和个体偶然性之中。它根本不像人们通常想象的那样（这便是为什么经济"科学"讨厌谈到这一点）是一个不定性的边缘领域，在其他任何地方都受到社会规矩约束的个体终于能够在那个属于自己的"私人"范围内享有一点点的自由和个人自主。它是一种主动的集体行为，是一种约束、一种道德、一种制度。它完全是一种价值体系，具备这个概念所必需的集团一体化及社会控制功能。

消费社会也是进行消费培训、进行面向消费的社会驯化的社会——也就是与新型生产力的出现以及一种生产力高度发达的经济体系的垄断性调整相适应的一种新的特定社会化模式。

在这里信用扮演着决定性角色，尽管它对开支预算的作用只是部分的。这一概念具有典型意义，因为信用表面上是一种额外奖励，是通向丰盛的捷径，具有"摆脱了储蓄等老旧桎梏"的享乐主义品性，但实际上信用是对几代消费者进行的面向强制储蓄和经济计算的社会经济系统驯化，否则他们在生存中就可能避开需求的规划而成为无法开发的消费力。信用是榨取储蓄并调节需求的一种训练程式——正如有偿劳动是榨取劳动力并增加生产力的一种理性程式一样。加尔布雷思曾援引过一个关于波多黎各人的例子,人们通过把他们发动起来进行消费,使他们从原本那种被动懒散的状态变成了一种当代劳动力,这便是那种受到调节、强制、制度化和鼓励的消费在当今社会经济秩序中战术价值的杰出证明。而这一点,正如马克·亚历山大在《殿堂》(《消费社会》)中所指出的那样,是由对大众进行的**精神**驯化来实现的,通过信用来驯化(它所强加的纪律和预算约束)预算、投资和资本家的通常行为。韦伯认为,作为资本主义生产本位主义源头的这种理性的训练伦理以这种方式对那些至今仍游离于其控制之外的领域形成了包围。

我们不清楚,目前,这种有组织的、系统性的消费驯化,在多大程度上是**整个 19 世纪对农业人口进行的面向工业劳动的大驯化在 20 世纪的对等和延伸**。19 世纪发生在**生产**领域中的那个生产力合理化进程在 20 世纪的**消费**领域中得到完成。工业体系已经对大众进行了社会化并使他们成为生产力,这一体系可能还会走得更远,直到实现自我完善,并对大众进行社会化(也就是说控制),使他们成为消费力。在这一体系中再也没有了战前那些可以自由决定进行消费与否的小储户或无序消费者的位置。

关于消费的一切意识形态都想让我们相信:我们已经进入了一个新纪元,一场决定性的人文"革命"把痛苦而英雄的生产年代与舒适的消费年代划分开来了,这个年代终于能够正视人及其欲望。事实根本不是这样。生产和消费——它们是出自**同样一个对生产力进行扩大再生产并对其进行控制的巨大逻辑程式的**。该体系的这一命令以其**颠倒的形式**——这正是其极端诡谲之处——渗入了人们的思想,进入了伦理和日常意识形态之中;这种形式表现为对需求、个体、享乐、丰盛等进行解放。这些关于开支、享乐、非计算("请现在购买,以后再付款")的主题取代了那些关于储蓄、劳动、遗产的"清教式"主题。但这只是一场表面上的人文革命:实际上,这种内部替换只是在一种普遍进程以及一种换汤不换药的系统范围内,用一种价值体系来取代另一种(相对)变得无效了的价值体系而已。那种可能成为新目的的东西被抽空了真实的内容,而变成了系统再生产的强制性媒介。

消费者的需求和满足都是生产力,如今它们和其他(比如劳动力等)一样受到约束并被合理化。从我们阐述过(或将要阐述)的各个方面看来,消费都表现为对我们所经验过的意识形态的颠倒,表现为一种约束范畴:

1. 在结构分析层面上,它受到含义约束的支配;
2. 在(社会经济政治)战略分析中,它受到**生产约束**和生产周期约束的支配。

因而丰盛和消费并不是已经得到实现的乌托邦。它们是一种新的客观形势,这一形势受到同样的基础程式的支配,却是由一种新道德复因决定的——这一切都对应着在同一扩大了的系统中进行着有控制的重新整合的一个**新**的生产力领域。在这个意义上,不存在客观的"进步"(更不必说"革命"了):这仅仅是同一种东西和另外某种东西。事实的后果,而且人们从丰盛和消费的日常性及其全面暧昧的层面中可以感受到的后果,就是:它们总是同时被当作**神话**(超越历史和道德的幸福假定)来体验,又被当作对某种新型集体行为方式进行**适应的一种客观程式来**忍受。

关于作为公民约束的消费——艾森豪威尔在 1958 年说过:"在自由社会中,政府最大程度地鼓励经济增长,同时鼓励个人和私人团体的能力。国家花钱永远不会像摆脱了税赋负担的纳税人花钱那么有用。"这就好像是说,消费尽管不是一种直接的课税,也能够有效地继承税赋作为社会贡赋的作用。"用减税省下的 90 亿美元,"《时代》周刊补充道,"消费者进行了 200 万起具体商业活动而再造了繁荣……他们理解了他们有能力通过把自己的电风扇换成空调来使经济获得增长。他们购买了 500 万台小电视机、150 万台电动切肉机等,他们保证了 1954 年经济的快速增长。"简而言之,他们尽到了公民义务。"Thrift is un-american."怀特说:"节约就是反美。"

关于作为生产力的需求，它相当于英雄时代的"劳动力宝藏"——我们来看一则为电影广告做的广告："电影以其巨大的屏幕使您可以详尽地介绍您的产品：色彩、形状、包装。在办理广告业务的 2 500 座电影厅里，每周有 3 500 000 位观众光顾。他们中的 67% 在 15 岁到 35 岁之间。这都是**需求旺盛的消费者**，他们愿意而且有能力购买……"所言极是：他们都是精力（劳动力）旺盛的人。

个体的符号逻辑功能

"个体为工业系统服务的方式不是给它带来自己的积蓄也不是向它提供投资，而是消费它的产品。此外，没有任何一种宗教、政治或道德活动需要人们用如此完备、如此智慧且如此昂贵的方式为其做准备。"（加尔布雷思）

这个系统需要有人作为劳动者（有偿劳动）、作为储蓄者（赋税、借贷等），但越来越需要有人**作为消费者**。劳动生产率越来越取决于技术和管理，投资越来越取决于企业自身（保罗·法布拉："大企业的超利润与储蓄垄断"，《世界报》，1969 年 6 月 26 日）——**今天把个体当作不可替代的需要的领域，就是个体作为消费者的领域**。因此我们可以预见到个人主义价值体系将会有一部美好的未来史诗——这一价值体系的重心从个体企业主及个体储蓄者这些竞争资本主义的先驱转向了个体消费者，并且同时像技术官僚结构的扩张那样，拓展为个体的总和。

在竞争阶段，资本主义无论如何都要依靠某种被折中为利他主义的个人主义价值体系的支撑。某种（承自整个传统精神性的）利他主义社会道德的假想曾"揩去"了社会关系的对立。这种"道德规律"是个体对立的结果，正如"市场规律"是竞争程式的结果一样：它维护着某种关于平衡的假想。个体在一切基督信徒社团中得到救赎，个体的权利受到他人权利的限制——长久以来人们对这些笃信不疑。如今这是不可能了：就像在垄断的、国家的及官僚的控制下"自由市场"悄悄地消失了一样，利他主义再也不足以重建即使是最小的社会团结。并没有任何其他集体意识形态来接替那些价值，只是国家的集体约束制约了个人主义的加剧。"消费社会"状态下的政治和市民社会的深刻矛盾就在此处：该系统被迫越来越多地生产出消费者的个人主义，以至于它自己同时受到束缚、变得越来越难以控制。这个矛盾只有通过利他主义意识形态（它本身也官僚化了：通过关切、再分配、赠予、无动机等所有关于人际关系的慈善宣传来进行"社会润滑"[13]）的某种附加才能得以解决。由于它本身也归属于消费系统，所以它只能对后者进行平衡。

因而消费是（通过对消费个体进行分化作用）实现社会控制的一种有利因素，但这就要求必须要有一种对消费程式越来越强的**官僚约束**——结果是这种约束越来越被当作**自由的统治**而受到大力颂扬。人们无法摆脱它。

汽车与交通就是所有这些矛盾的一个典型范例：个体消费无限的提升，对集体责任感和社会道德绝望的呼唤，越来越沉重的束缚。悖论在于此处：人们只能向个体重申"消费水平正代表了社会优越度"并向他要求另一种类型的社会责任感，因为他在其个体消费努力中已经完全承担了这种社会责任。消费再一次地成了社会劳动。在这一层次消费者也被要求并被动员成为**劳动者**（也许就像今天在"生产"层次上那样）。尽管如此，还是不应该要求"消费劳动者"为了集体利益牺牲自己的薪水（他的个体满足）。在他们社会潜意识的某处，亿万消费者们对这一异化劳动者的新身份有一种实践中的直觉，因此他们自发地把对公共团结的呼唤解释为骗局，而他们对这一计划的顽固抵抗只是一种**政治**防守的反映。消费者虽然享受着当今时代的种种丰盛和舒适，但在潜意识中却隐约发觉自己成了新的被剥削者，因此他们便表现出一种"疯狂的自私自利"。不管这种抵抗和这种"自私自利"给这一系统带来了多少不可调和的矛盾，以至于这一系统只能报之以更加强化了的约束，但是它只是证实了消费是一个巨大的政治领域，而对它的分析是后于或同时于对生产的分析，尚有待进行。

所有关于消费的话语都想把消费者塑造成普遍的人（Homme

Universel），塑造成人类物种（Espèce Humaine）全面、理想而确定的化身，把消费描绘成一场"人文解放运动"的前奏：尽管社会政治解放遭遇了失败，而它却必将完成。但消费者绝不是一个普遍性的人：它自身是一个社会政治的人，是一种生产力——并且与此相适应地，它提出了一些基本的历史问题：消费手段（而不再是生产手段）繁荣的问题、经济责任感（面对生产内容的责任感）的问题，等等。在这里蕴含着深刻的危机和新型的矛盾。

自我消费

直到如今，除却几次美国家庭主妇的罢工和对消费财富零星的毁坏（1968年5月——**拒绝胸罩的日子**，在那一天一些美国妇女公开焚烧她们的胸罩），这些矛盾几乎没有自觉地表现过。而且应该说，一切都在背道而驰。"消费者在现代社会中代表着什么？什么都不代表。他能成为什么？一切，或者几乎是一切。因为他孤独地处在上百万孤独者身边，他受到一切利益的摆布。"（《合作者日报》，1965年）还应该说在这里个人主义意识形态发挥着重要作用（即使我们已经看到其中潜伏着一些矛盾）。由（对劳动力的）**剥夺**进行的剥削，由于其触及的是一个集体领域即社会劳动领域，所以它（从特定起点出发）显得具有团体性。它带来了一种（相对的）阶级意识。受到指导的、对消费财富和物品的拥有则表现为个人性、非团体性、非历史性。通过劳动分工这一事实本身，作为生产者的劳动者必须以其他人为前提：剥削是对所有人的剥削。作为消费者的人重归孤独或隔离，至多也只是**聚生**的（如一起看电视的家庭成员、体育场或电影院中的观众，等等）。消费结构既是流动的又是封闭的。我们能想象驾车族因为反对汽车纳税而结成同盟吗？或集体表达对电视的不满？可能亿万电视观众中的每个人都反对电视广告，但它依然存在。这是因为消费被编排成一种自我指向的话语，并在这种最小化的交换中带着满足和失望趋向枯竭。消费物品是孤立的。私人领域是没有具体否定性的，因为它自我封闭在其物品圈中，而后者是没有具体否定性的，个人领域的结构是从外部由生产系统构建的（在这一层面上也不再是意识形态的，而是政治的），其欲望策略这次将其单调及其消遣赋予了我们存在的物质性。或者像我们看到的那样，消费物品区别划分了身份地位的层理：假如它不孤立，它就进行区分鉴别，它将消费者们**集体地指派**给一种编码，而且并不会因此而引起**集体的团结**（而是相反）。

总的来说，消费者就是这样无意识且无组织，就像 19 世纪初的工人那样。正是在这个意义上，他们到处都被正人君子们当作"公众观点"、天命的"至高无上"的神秘现实来称赞、奉承、歌颂。和民主制度歌颂人民是为了让它待在原地（就是说让它不要参与社会政治舞台）一样，人们承认消费者的至高无上（考托纳《强大的消费者》），是为了叫他们不要这样在社会舞台上进行表演。人民，就这样受到了诅咒，成为无组织的劳动者。公众和公众观点，就这样受到了诅咒，成为仅仅满足于消费的消费者。

个性化或最小的边缘差异（P. P. D. M.）

成为或不成为我自己

"没有一位女人，不管她如何挑剔，在得到一辆梅塞德兹-奔驰的时候仍然感到不能满足**自己个性的欲望**和品味！从皮革的颜色、装饰及车身颜色直到轮罩，梅塞德兹的**标准款式或可选款式**向人们提供了一千零一种便利。至于男人，尽管他考虑的主要是汽车完美的技术性能，他也会心甘情愿地去满足他妻子的欲望，因为他会为听到妻子称赞他的好品味而感到自豪。根据您的欲望，梅塞德兹-奔驰提供了 76 种不同的喷漆和 697 种内部装饰款式供您挑选……"

"找到自己的个性并肯定它，这便发现了**真正成为自己**的乐趣。通常这并**不费力**。我曾长久地寻找,后来我发现将一小撮头发染成明亮色调就足以和我的额头及眼睛一起创造一种完美的和谐。这种金黄色,我在丽丝达牌系列染发剂中找到了它……用了这种**如此自然的**丽丝达金黄色,我并没有改变:我**比任何时候**都更像我自己了。"

这两篇文本(同类的文本还有很多),前者引自《世界报》,后者摘自一份女性杂志。所宣传的物品各自的知名度及地位不可相提并论:一个是豪华奢侈的梅塞德兹 300SL,另一个是"一小束明亮色调"的丽丝达染发剂,两者的社会等级几乎有着天渊之别,而且两篇文本针对的女性对象恐怕永远都不会相遇(或许会在地中海俱乐部相遇,谁知道呢?)。整个社会将它们分开了,但是同一种区别的约束、个性化的约束将它们联系在了一起。它们一个是"A",另一个是"非 A",但是两者的"个人"价值模式是一样的,而且对所有正在"可选"商品的"个性化"丛林中披荆斩棘、正在绝望地找寻可以展现自己额头自然性的染色背景、正在找寻能够反映自身深刻特异性并使自己成为自己的那种差异的那些人来说,这种价值模式都是一样的。

这一消费基本主题的所有矛盾都明显地反映在用来表达它的辞藻技巧中,表现在那神奇的、不可能的综合法所进行的永恒尝试之中。假如我**是**某人,我能否"找到"他的个性?而既然这种个性萦绕着您,那么您在哪里呢?假如我是我自己,我还要"真正地"成为我吗——或者说,假如我的身上还附着了一个假的"我自己",那么"一小束明亮色调"就足以恢复生命之神奇的一致性吗?这种"如此"自然的金黄色意味着什么?它是否那么自然?而如果我是我自己,那么我怎么能"比以往"更像我自己:难道昨天的我不完全是我自己吗?我可以把我培养成我的二次方吗,我可以申明我像企业活动中某种增值一样是我自己的附加价值吗?我们可以找到成千上万个这种缺乏逻辑性的例子,正在侵蚀着如今一切具有个性特征的东西的这种内在矛盾的例子。然而,里斯曼说:"今天最需求的,既不是机器,也不是财富,更不是作品:而是一种个性。"下面这句话可谓达到了这种个性化神奇祷文的极致:

请您自己对您的居室进行个性化！

这一"过分自我指向"的格式（自己对自己进行个性化……亲自等等！）透露了此事的底细。这在不可言说中挣扎着的整个修辞想要说的，正是没有任何人：这种具有坚实特征和特殊重量的绝对价值的"人"，这种被整个西方传统锻造成主体组织神话的，具有其热情、愿望、性格……或平庸的"人"，这个人在我们这个功用宇宙中缺席了，死亡了，被删除了。而要进行"个性化"的正是这个缺席的人，这种迷失了方向的强烈要求。正是这种丧失了的存在要通过符号的力量**抽象地**重构；它要在被差异减速了的风扇中、在梅塞德兹中、在那"一小束明亮色调"中、在其他上千种被聚集堆积在一起的符号中进行重构以便重新创造出一种**综合的个体性**，实际上就是要在最具总体性的匿名之中闪耀光芒，因为差异是由那些无名之物限定的。

差异的工业化生产

广告从整体上看没有意义，它只有一些含义。它的含义（及它们唤起的行为方式）从来都不是个性的，而是区别的、边缘的且组合的。也就是说，它们从属于**差异的工业化生产**——我认为，正是通过这种生产，**消费系统**被最有力地明确了定义。

人们身上真实的差别使他们成为**矛盾的**存在。而"个性化着的"差异再也不会把个体相互对立起来，它们都根据某种不确定的等级进行等级划分并向某些范例会聚，它们正是以那些范例为出发点被生产和再生产的。无论怎么进行自我区分，实际上都是向某种范例趋同，都是通过对某种抽象范例、某种时尚组合形象的参照来确认自己的身份，并因而放弃了那只会偶尔出现在与他人及世界的具体对立关系中的一切真实的差别和**独特性**。区分鉴别的奇迹和悲剧就在于此。于是整个消费进程都受到人为分离出来的范例（比如洗涤剂的商标）的生产所支配，在这种生产中存在着与其他生产领域中相同的垄断性趋势。存在着**差异生产的垄断性集中化**。

抽象地说来：垄断和差异在逻辑上是无法兼容的。它们之所以可以共存，恰恰是因为差异并不是真正的差异，它们并没有给一个人贴上独特的标签，相反它们只是标明了他对某种编码的服从、他对某种变幻的价值等级的归并。

在这种"个性化"中有一种类似于"自然化"的效果。我们到处都可以看到人们对环境所进行的这种"自然化"，就是在现实中把自然扼杀后再把它当作符号来重建。例如人们伐倒了整片森林，为的是在那里建造一片名为"绿色之城"的建筑群，在那里人们会种上几棵树以"制造"自然。那纠缠着整个广告的"天然"也同样是一种"弥补"效应："超级美宝保证向您提供一种光滑、和谐、持久的化妆，它会让您的额头焕发出您梦寐以求的**天然光彩**！""显然，我的妻子从不化妆！""这种化妆品的呵护是看不见而确实存在的。"同样，物品的"功用化"也是一种凌驾并随处取代了客观功能的周密抽象（"功用性"并非使用价值，而是价值/符号）。

个性化逻辑也是如此：它与自然化、功用化、文化化等是同时代的。这一普遍程式可以历史性地定义为：这是**取消**了人们之间的**真实差别**、**使人们及产品都同质化**，并**同时开启了分化时代**的一种集中垄断性工业。这有些类似于宗教或社会运动：它们是在自身的原始冲动**消退**之后才建立起了教堂或制度。在这里也是如此，**对差异的崇拜正是建立在差别丧失之基础上的**[⑭]。

因此当代垄断性生产绝不仅是物质财富的生产，而一直也是关系和差异的（垄断性）生产。因而某种深刻的逻辑共谋把庞大的托拉斯和渺小的消费者联系了起来，把生产的垄断性结构和消费的"个性化"结构联系了起来，因为个体所追求的"被消费了的"差异也是普遍化生产的一个重要领域。同时，今天在垄断符号下，某种非常巨大的同质把生产/消费的不同内容如财富、产品、服务、关系、差异等联系了起来。这一切从前都是有区别的，而如今都是依照同样的模式被生产出来的，因而同样都被付诸消费。

在组合个性中也有我们前文所提到过的组合文化的某种反映。组合文化意味着通过大众传媒对 P. P. C. C.（最小的公共文化）进行集体再循环，同样个性化意味着对 P. P. D. M.（最小的边缘差异）进行的日常再循环：对那些显著划分了不同风格和地位的细微质量差异进行研究。因而，吸箭牌香烟具有如下意义："喜剧演员在走上舞台前吸，拉力赛手在戴上头盔前吸，画家在画布上签名前吸，年轻的老板在向其主要股东说不前吸（！）……当它在烟灰缸里熄灭之时，真正的行动就启动了、明确了、决定了、变得不可逆转。"或者像这位"有200万读者期待着其文章的"记者那样吸一支万宝路。您有一位出自名门的妻子和一辆阿尔法-罗密欧2 600斯普林特车？但是假如您使用绿水牌香水的话，那就拥有了成为名士所必需的完美的三要素，您就拥有了体现后工业时代贵族气质所有的必需部分。或者还有，在您的厨房里使用弗朗索瓦兹·哈黛使用的那种马赛克，或者使用碧姬·芭铎使用的那种混合气板。或者别出心裁地使用某种烤面包器，或者还可以用普罗旺斯的草和木炭来露天烤肉。当然，这些"边缘"差异本身是服从于某种微妙的等级制度的。从高级银行为800位特选顾客（保证流动账户上至少有25 000美元的美国人）提供的路易十六式保险箱直到总经理的古典式或第一帝国式办公桌，它们的豪华功能对企业高层干部来说已经足够了；从暴发户别墅的傲慢气派一直到高级服装的随意，所有这些边缘差异都根据某种鉴别物资分配的普遍规律（这一规律甚至比刑法还不容忽视）强化了那种最严峻的社会歧视。人们并不是什么都可以做，而对这一差异编码（这一编码像礼仪一般变幻不定）的侵犯都会遭到压制。有一则趣事可以为证：一位商务代表买了和老板的车同一型号的一辆梅塞德兹，于是立刻被后者解雇。他向劳资调解委员会提起申诉而获得了赔偿，但仍不能重新获得他原来的工作。在作为使用价值的物品面前人人平等，但在作为符号和差异的那些深刻等级化了的物品面前没有丝毫平等可言。

消费变体

知道这一点非常重要，即这种个性化，这种对地位和名望的追求是建立在符号基础上的，也就是说，它不是建立在物品或财富本身之基础上而是建立在差异之基础上。只有这样才能解释"潜消费"或"隐性消费"的悖论，即名声过度分化的悖论，这种过度分化不再通过**张扬的方式**（即维布伦所说的"惹人注目的方式"）来自我夸耀，而是通过审慎、分析和删选的方式，这种过度分化从来只是一种富余的奢侈，一种走到了张扬反面的张扬的赘生物，因而只是一种**更加微妙的差异**。这时分化可能会以对物品的排拒、对"消费"的排拒等形式出现，而实际上这还是消费的终极目的所在。

"如果您是位大资产者，那您就不要去四季家具店……把四季留给那些没有钱而为钱发狂的年轻情侣，留给大学生、秘书、女售货员，留给入不敷出的工人们……留给所有那些厌倦了丑陋家具而想要一些漂亮家具然而又因为反感奢华居室而想要一些简单家具的人们。"谁会管理这一违反常情的邀请？也许是一些大资产者，也许还有一些急切地想要摆脱自己阶级地位的知识分子。在符号层面上，没有绝对的富裕或贫困，也不存在富裕**符号**和贫困**符号**之间的对立：这只是区分鉴别键盘上的一些升降调而已。"女士们，X 记发屋将为您做出世界上最蓬乱的发型！""这条裙子抹去了高级服装的痕迹。"

还有一种非常"现代"的反消费症候，实际上是一种**消费变体**，而且它发挥着阶级文化陈情者的作用。中产阶级作为 19 世纪和 20 世纪初大资产阶级大亨风范的继承人，尤其具有张扬地消费的倾向。正因为如此，中产阶级在文化上是**幼稚**的。没有必要说整个阶级战略都藏在那后面："流动个体的消费要承受的限制之一，"里斯曼说，"就是高层阶级通过一种张扬的亚消费战略来对抗'新来乍到者'：于是那些已经达到目标的人便有一种倾向，即将自身的限制强加给那些与他们平起平坐的人。"这种现象，其表现形式多种多样，对诠释我们的社会非常重要。因为我们有可能被这一符号形式上的颠倒所蒙蔽,而把那阶级差距的某种变体当作民主化效应。那种丧失了的简单是在奢侈基础上被消费的,而这种效果在各个层次上都可以见到:知识分子这种"悲惨主义"和"无产主义"是在资产阶级条件的基础上被消费的;这就好像在另一个层面上,当代美国人大批地跑到西部河流区域去进行快乐的集体淘金之旅,这是建立在那个丧失了的英雄主义过去的基础之上的——随处可见的这种颠倒效果、丧失了的真实和矛盾项的"驱魔法"突现了消费和过度消费的一种效应,它无论在何处都是与差别逻辑结合在一起的。

必须要理解这种区分鉴别的社会逻辑是分析的基础,而且正是在对物品使用价值(及与之相联的某些"需求")进行贬低的基础上,才能把物品当作区分素、当作符号来开发——而符号是对消费做了特别规定的唯一层次。"有关消费的偏爱,"里斯曼承认,"并不是对在个体和某种文化物品之间建立了有意识联系的这种人类范畴的完善。它们代表了一种优先与其他进行接触的方式。总体上,文化物品丧失了一切人类含义:它们的所有者以某种方式把它们变成了护身符,使他可以坚持某种态度。"曾有一个关于魁北克森林小城的例子可以说从实践中反映了里斯曼在谈论"文化"物品(但是从这个角度看来"文化物品"和"物质物品"之间并没有区别)时所说的这种(区分价值优先):记者告诉我们,在那里,尽管由于临近森林因而汽车几乎毫无用途,但是每个家庭门前还是停着自己的车——这辆车得到精心的维护和清洁,人们偶尔开着它在小城环形路(并没有其他路)上跑上几公里,但它却是一种美国生活方式的象征,是人们归属于机械文明的标志(而作者是骑着在丛林中一位卸甲归乡的黑人士官家找到的一辆几乎报废的自行车来到这些奢侈的农民家中的)。还有更绝的:同样的一种炫耀和张扬的心理反应促使那些富裕的官员们自费在距镇子 10 英里远的地方建了一圈别墅。在这个宽广空旷、气候宜人、满目自然的居民区,没有什么比乡间别墅更没有用的了!因此我们看到在这里发挥作用的,是那种纯粹的名望区分——而无论何种要拥有汽车或乡间别墅的"客观"原因,事实上都只是在掩饰一种更为基础的决定性而已。

区别或类同?

传统社会学通常不把区分逻辑当作一种分析原则。它发现了"个体进行自我区分的一种需求",即个体索引中一个多余的需求,而且它使这一需求与那个相反的进行类同的需求相互交替。这两者适于进行心理社会学层面上的描述,但是缺乏理论基础并且完全不合逻辑,以至于人们将其称为"平等与区分的辩证法"或"类同性与独特性的辩证法"等。人们把一切都混淆了。应该看到消费并不是围绕着某个个体组织起来的,因为根据名望或类同的要求,个体的个人需求是以集体语境为索引的。其中**首先**有一种区分的结构逻辑,它将个体生产为"**个性化的**",也就是生产为相互区别的,但是根据某些普遍范例及它们的编码,它们就在寻找自我独特性的行为本身中**相互类同**了。被置于个体符号之下的独特性/类同性模式并非主要的:这只是真实体验的层次。基础的逻辑是**置于编码符号之下的区分/个性化逻辑**。

换言之,类同并不在于地位的平等化、集体**有意识**的同质化(每个个体都向他人看齐),而在于以下这一事实,即共同拥有同样的编码,分享那些使您与另外某个团体有所不同的那些同样的符号。正是与另一个团体的差异造成了团体成员们之间(有别于类同)的**相同**。一致是通过差别建立的,而类同的效应只是其结果。这是至关重要的,因为这要求把一切(尤其是关于消费的)社会学分析从对名望、对"模拟"的现象学研究,从有意识的社会活力的表面领域,转移到对编码、对结构关系、对符号及区分物资系统的分析上来,转移到某种关于社会逻辑的**无意识领域**的理论上来。

因而这一区分系统的功能远远超越了对名望需求的满足。如果我们接受前文所提到的假设,就会发现这一系统从来不依靠人们之间的(独特的、不可逆转的)**真实**差别。使之成为系统的,恰恰是它取消了

(**必然不同的**)每个人本来的内容、本来的存在,取而代之以可作为区分符号进行工业化和商业化的**差异**形式。它取消了一切原始品质,只将区分模式及其系统生产保留了下来。在这一层面上,差异不再是排他性的:它们不仅在模式组合中合乎逻辑地互为诉求(就像不同的颜色互相"作用"一样),而且在社会学意义上也是如此——这便是**锻造了团体整合的差异交换**。于是像这样编了码的差异,远远没有将个体区分开来,而是相反变成了交换材料。这是一个基本点,通过它,消费被规定为:

1. 不再是对物品功能的使用、拥有等;
2. 不再是个体或团体名望声誉的简单功能;
3. 而是沟通和交换的系统,是被持续发送、接收并重新创造的符号编码,是一种**语言**。

从前,出生、血缘、宗教的差异是不进行交换的:它们不是模式的差异并且触及本质。它们没有"被消费"。如今的(服装、意识形态甚至性别的)差异在一个广阔的消费团体内部互相交换着。这是符号的一种社会化交换。并且一切之所以能够这样以符号的形式相互交换,并非归功于某种道德"解放",而是因为差异是依照将它们全部整合成为相互承认的符号的那种命令被系统地生产出来的,而由于这些差异是可以互相取代的,因而它们之间并没有比高和低、左和右之间更多的紧张或矛盾。

因而人们在里斯曼那里看到了同身份团体(具有同样身份地位的人组成的团体)的成员们使自己的爱好社团化、互相交换意见,并且通过持续竞赛来保证团体的内部相对性和自恋式团结。他们通过"竞争"——一种不再像市场竞争或斗争那般开放而激烈的竞争,而是被模式编码过滤了的竞争,一种**竞争的游戏式抽象**——来"促进"团体。

编码和革命

这样我们便能更好地领会当代社会政治中消费系统重要的意识形态功能。这种意识形态功能是从消费作为区分价值的普遍编码机制的规定性及我们刚刚确定的交换和沟通的系统功能演绎得来的。

当代(资本主义的、生产本位主义的、"后工业的")社会系统并未把它们的社会控制、为它们"工作"的政治经济矛盾进行的意识形态调节,建立在那些伟大的平等原则或民主原则之上,它们并非建立在这被到处传扬并在到处发挥作用的一整套文化及意识形态价值体系之上。即便这些原则通过学校和社会培训的教育已经深入人心,但是这些关于权利、正义等的有意识的平等原则仍然相对脆弱,且永远不足以实现社会一体化,因为它们太明显地与这个社会的客观现实不符。我们说,在这种意识形态层面上,矛盾总是会重新爆发出来。然而该系统更有效地依靠的,是一种**无意识的**一体化调节机制。而这与**平等**相反,明确地把个体包括到差异的体系中去、包括到**符号编码**中去。文化如此、语言如此,最深刻意义上的"消费"也如此。政治功效并不在于让原本充满矛盾的地方变得充满平等和平衡,而是让原本有矛盾的地方变得充满差异(DE LA DIFFÉRENCE)。社会矛盾的解药,不是平等化,而是区别分化。在编码层次上是不可能有革命的——或者说,革命每天都在发生,那就是"模式的革命",它们是非暴力的而且不影响其他。

在这里,传统分析的支持者们又一次错误地诠释了消费的意识形态作用。消费并不是通过把个体们团结到舒适、满足和地位这些核心的周围来抑制社会毒性(这种观点是与需求的幼稚理论相联系的,并且只能回到一种抽象的希望上去,即让人们重归极端贫困状态以迫使他们进行反抗),恰恰相反,消费是用某种编码及某种与此编码相适应的竞争性合作的**无意识纪律来驯化**人们;这不是通过取消便利,而是相反让人们进入游戏规则。这样消费才能只身替代一切意识形态,并同时只身担负起整个社会的一体化,就像原始社会的等级或宗教礼仪所做到的那样。

结构范例

"有哪位家庭主妇不曾梦想过专门为自己设计的洗衣机?"一则广

告问道。确实,有哪位家庭主妇不曾梦想过它?因此有上百万个她们曾经梦想过专门为她们中的每一位设计的同样的洗衣机。

"您所梦想的身体,就是您自己的。"这种令人钦佩的反复叙事,其出处显然是这样或那样一种胸罩,它集中了"个性化"自恋的一切悖论。正是在您接近您的理想**参照**之时,在您"真正成为您自己"时,您最服从集体命令,也最与这样或那样一种"强加"的范例相吻合。这是大众文化的魔鬼诡计还是其辩证诀窍?

我们会看到消费社会是如何把自己想象成这样并在其幻象中进行自恋式思考的。这一程式扩散到了每个个体的层次,同时依然还是一种集体功能,这便解释了它为什么与某种类同主义毫不抵触,而是像以上两个例子所表明的那样恰恰相反。消费社会中个体的自恋并**不是对独特性的享受,而是集体特征的折射**。然而,它总是显得好像是"自己"通过 P. P. D. M.(最小的边缘差异)进行的自恋式投入。

无论在何处,个体首先被邀请进行自我(SE)取悦、讨好自己。很自然,人们正是在讨好自己的同时才获得了讨好别人的机会。在此基础上,也许自我满足和自我诱惑本身就能完全取代客观诱惑的合目的性。诱惑的事业在某种完美的"消费"中转向了自身,但是它所指向的仍是对他人的恳请。很简单,讨好变成这样一种事业,在其中对所要讨好的人的考虑只是次要的。比如广告中商标的重复出现。

这种自我满足的邀请尤其是针对女人的。但这种压力是通过**女性**神话来对**女人们**实施的。女性在这里变成了自我满足的集体文化范例。艾弗琳·苏勒罗说得好:"人们向女人出售女性的东西……女人自以为是在进行自我护理、喷香水、着装,一句话即自我'创造',其实这个时候她在自我消费。"而这是符合系统逻辑的:不仅与他人的关系,而且与自己的关系都变成了一种**被消费**的关系。在这里也不能把它与以对美、魅力、品位等真实品质的自信为基础的那种自我娱乐的事实混淆起来。这与那毫无关系;那种情况中不存在消费,存在的是自然自发的关系。消费总是通过某种被符号系统传媒化了的关系对这种自发关系的取代来规定的。在这种情况下,女人之所以进行**自我**消费是因为她与自己的关系是由符号表达和维持的,那些符号构成了女性范例,而这一女性范例构成了真正的消费物品。女人在进行"个性化"时消费的就是它。在这个范围中,女人"对自己的眼光、对自己的皮肤都没有自信:属于她自己的东西丝毫不能给她带来自信"(伯林《殿堂》)。通过自然品质**发挥价值**与通过对某种范例进行模拟,并根据某种创建了的编码来进行**自我赋值**是完全不同的。这牵涉到一种**功用性女性化**,其中一切自然价值比如美、魅力、感性都随着那些**指数**价值如(虚假做作的)自然化、色情、"线条"、表现度的出现而消失了。

和暴力⑮一样,诱惑和自恋已经预先被某些范例替代了,这些范例是由大众传媒工业化生产出来并由**可定向**符号组成的(所有的女孩之所以都能自以为是碧姬·芭铎,那肯定是因为她的发型、嘴型,或某种与众不同的着装特征,也就是说必然有对大家来说都同样的东西)。每个人都可以在这些范例的实现中找到自己的个性。

男性范例和女性范例

功用性女性化对应着功用性男性化或雄性化。很自然,范例也是从这两方面组织的。它们并非自然两性**差别**的结果,而是系统区分逻辑的结果。男性及女性与**真实的**男人及女人的关系是相对任意的。今天,男人和女人越来越无动于衷地用两种音调进行自我表达,但是符号对立中的两大项则相反,只能通过它们的区别才有价值。这两种范例不是描述性的:它们**支配**着消费。

男性范例是一种**高要求的**、选择的范例。一切男性广告都以一套极其细致严格的措辞来坚持一种关于选择的"医学伦理学的"规则。当代的优秀男人是**高要求的**。他不允许自己有半点欠缺。他不会忽略丝毫细节。他之所以成为"选择"并不是出于被动,也不是由于自然的恩赐,而是出于某种选择性的实践。(如果这种选择性还被配以其他背景,那便是另外一回事了。)这里的问题并不在于放任自流或是自我取悦，而在于自我区别。懂得选择及防止失败在这里等价于军人及清教徒的品德：不妥协、果断、高尚（"雄性"）。这些都是那身着罗摩利或卡丹时装的最不起眼的时髦青年的品德。竞争性和选择性的品德：这便是男性范例的实质所在。更深刻地说来，作为选拔符号的选择（做选择的人、懂得选择的人被其他人选择、选拔）在我们社会中就是和原始社会中的挑战及竞赛同质的一种仪式：它对人们进行区别分类。

女性范例更多地催促女人进行自我取悦。这不再是选择性、高要求，而是严格的讨好及自恋式关切。说到底，人们仍然要求男人们扮演士兵的角色，而让女人们与自己的玩具戏耍。

即使在当代广告层面，也一直存在着男女两种范例的分离，以及男性优越性的等级残余（就是在此处，在范例层次，表现出了价值**系统的不变性**："真实"行为的混杂并不重要，因为深层的精神是由范例雕琢的——而男性/女性的对立和体力劳动/脑力劳动的对立一样，并没有发生改变）。

因此用社会霸权的话语来重新诠释这种结构对立。

1. 男性的选择是"角斗"：与挑战类比，这尤其是一种"高贵"的行为。这里牵涉到的是荣誉，或者是"Bewährung"（证明自己），这是一种高贵的苦行式道德。

2. 相反，永恒存在于女性范例中的，是一种派生的价值，**间接的**价值（即维布伦所说的"代入感身份""代入感消费"）。女性只是为了更好地作为争夺对象进入男性竞争才被卷入自我满足之中的（自我取悦为的是更好地取悦男性）。她从来不参与直接的竞争（除非是与其他女人争夺男人）。假如她漂亮，也就是假如这个女人有女人味，她将会被选择。假如男人是真的男人，他就会像选择其他物品/符号（他的[SA]车、他的[SA]女人、他的[SON]香水）一样选择他的女人。在自我满足的旗号下，女性（女性范例）在一套完善的"服务"中被间接地贬低。她的决定并不是自主的。

这种身份，广告反映了其自恋层面，它在生产活动层面还有着其他同样真实的面貌。委身于食品（家用物品）的女性，实现的不仅仅是某种经济功能，而且还有由女人们那种贵族式或资产阶级式游手好闲派生出来的名望功能，她们通过它体现了她们丈夫的名望：家庭妇女不从事生产，她在国民计算中没有影响，她并没有被视作生产力——这是因为她的正式无用性、她的"受人供养"的隶属地位使她委身于**名望力**这样的价值。她在支配着家庭物品等二级标志的同时，自己依然是一种标志。

或者，中产阶级及高等阶级的女性还会投身于某些"文化"活动，而这些活动同样也是无动机的、不计算在内的、无责任的，也就是说没有职责的。她"消费"着文化，她甚至不知道这种文化的本名：装饰性文化。这种打着种种民主借口的**文化提升**对应的同样还是一种文化约束。事实上，文化在这里是"美"的一种附加的奢侈效应——文化和美已经丧失了自我实现的本来价值，而变成了多余的事实，成了"被异化了"的（间接实现的）社会功能。

再次重申这里所谈的是区别范例，不应该将它们与真实的性别或社会范畴混淆起来。随处都存在着扩散和混淆的现象。当代男性也被邀请进行自我讨好（这在广告中满目皆是）。当代女性也被邀请进行选择和竞争，对自己"高要求"。这一切都反映了各自的社会功能、经济功能及性别功能**相对**混同了的一种社会面貌。尽管如此，男性范例和女性范例的区别依然是全面的（另外，社会及职业任务角色的混同说到底也只是脆弱的、边缘性的），可能在某些方面男性和女性之间的结构性等级对立甚至还得到了强化。因此普利希裸体俊男广告（赛利线圈的广告）的出现标志着这种混淆的极端。但是它并没有令那些区分对立的范例发生丝毫的改变。它主要还是凸现了某种"第三类"性倒错范例的产生，无论在何处这都与那些自恋且性别模糊化的青少年的异军突起紧密相连，而且这一范例在高要求的男性范例与自我讨好的女性范例之间更接近后者。

另外，这也是我们今天非常普遍的一个情况，即**女性范例在整个消**

费领域中的扩张。我们在谈到女性与其身价之间的联系以及"代理"地位时所说过的一切,潜在地且绝对地具有总体的"同性化消费者"的意义——男人和女人没有了区别。这对或多或少(根据政治战略,是越来越多地)投身于"食品"、家庭财产及"间接"乐趣的一切范畴,都有意义。一些阶级就这样全体投身于女性(她作为女性-物品依然是消费的象征)形象,**发挥着**消费者的**功能**。因此他们被提升为消费者也就意味着他们彻底从属于自己的奴隶命运。然而与家庭妇女不同的是,他们被异化了的活动远远没有被遗忘,而且撑起了今天国民计算的美丽天空。

注释

① "不平等"术语并不确切。平等与不平等的对立在意识形态上与现代民主价值体系联系在一起,完全涵盖的只是经济上的不相称,对于结构分析不起作用。
② 或最近引进法国的"大社会"。
③ 就这一观点,参见下文《最小的公共文化》与《最小公倍数》。
④ 消费的无限一面当然在第二层面(社会区分系统)。在第一层面(消费与交换系统),人们可以将之同化为语言、财富和服务的"**成品**"材料(跟语言符号的成品材料一样),能够使人像在原始社会里那样得到满足。语言不增生,因为在这方面不存在符号的**两重性**。它是建立在社会等级与双重的、同时的决定性之间的。相反,一定层次的口语和文笔又变成明显增生的地方。
⑤ 就这一观点,稍后请参见《作为新生产力象征和控制的消费》。
⑥ 这是需求的"后备军"。
⑦ 这种不断增长的区别并不一定意味着**一种自上而下的不断拉大的**等级距离、一种整个"幅度的失调",而是对**一种不断增长的歧视,**一种区分性的符号在少到极限的等级**内部本身的**加速比。一种一致化,一种相对的民主化总是伴随着更为激烈的合法竞争。
⑧ 从这个意义上讲,"实际需求"与"人为的需求"之间的距离是一个假问题。当然,"人为的需求"掩盖了"核心"需求(电视取代了教育)的不满足。不过,与普遍物质增长的决定性(资本扩大再生产)相比,这是次要的。根据这种决定性,它既不是"自然的"也不是"人为的"。甚至这种包含人的目的性的,"自然的"

与"人为的"之间的对立本身,就意味着**物质增长意识的产生**。前者由后者再产生,在功能上与后者互为联系。

⑨ 在《读者文摘精华》所进行的调查(A. 皮阿蒂埃《欧洲消费的结构与前景》)中,显示的图表并非美国广大中产阶级的图表,而是少数消费杰出分子("大亨们")的图表,它为那些还没有拥有奢华的全副武装(赛车、音响、第二住宅)的多数派充当了模式,因为没有这些,就不是名副其实的欧洲人。

⑩ 这是广告的"抗凝血"作用(埃尔戈齐)。

⑪ 请参见上文《作为新生产力象征和控制的消费》。

⑫《需求的意识形态源起》,载《社会学国际手册》1969年,第47期。

⑬ 关于这一点,请参照后文《关切之谜》。

⑭ 对关系而言也是如此:这一系统是建立在对人际联系及具体的社会关系进行了全面清洗之基础上的。正是在此前提下它必然**系统化地**成为(公共、人际等)关系生产者。关系生产变成了生产的一个主要支系。而由于这些关系不具任何自发性而是**被生产**出来的,它们必然和所有被生产出来的东西一样被投入消费(这与那些由社会劳动无意识生产出来的**社会关系**是不一样的,它们不是出自某种有意识且受到控制的工业生产;这些关系并没有被"消费",相反地,是社会**矛盾**之所在)。

关于社会人际关系的生产和消费,请参照后文《关切的神话》。

⑮ 参见后文《暴力》。

第三章　大众传媒、性与休闲

大众传媒文化

新潮——或过时事物的复兴

正如马克思在谈到拿破仑三世时所说:有时,同样的事在历史中会发生两次:第一次,它们具有真实的历史意义;第二次,它们的意义则只在于一种夸张可笑的追忆、滑稽怪诞的变形——依赖某种**传说性参照**而存在。因而文化消费可以被定义为那种夸张可笑的复兴、那种对已经不复存在之事物——对已被"消费"(取这个词的本义:完成和结束)的事物进行滑稽追忆的时间和场所。那些纷纷乘汽车涌向北极地带的游客们令人回忆起了淘金热潮的景象,为了体现出当地特色,人们租给他们杵头和爱斯基摩紧身衣,他们消费着:他们在仪式般形式下消费着曾经是历史事实而又被牵强附会为传说的事物。历史上,这种过程被称作复辟;这是一种否认历史和对先前范例进行物种不变论复兴的过程。这种消费,其本身,也完全浸泡在这种过时物质之中:在冬季旅游点,埃索(ESSO)向您提供柴火和全套露天烤肉架:这是个典型范例——他们是汽油的主人、柴火及其整个有象征价值的"历史清算员",

他们把它当作埃索的新潮柴火而再次供应给您。这里所消费的,是对汽车以及由于汽车的出现而被宣告死亡的一切事物的已消逝幻景——以及由汽车所唤起的那些幻景的即时、混合、共同的享受!从中我们不应只简单地看到对过去的怀念:透过这一"生活化"层面的,是对消费的历史性和结构性定义,即**在否认事物和现实的基础上对符号进行颂扬**。

透过大众传播我们已经看到,各类新闻中的伪善煽情都用种种灾难符号(死亡、凶杀、强暴、革命)作为反衬来颂扬日常生活的宁静。而符号的这种冗长煽情随处可见:对青春和耄耋的称颂、为贵族婚礼而激动不已的头版头条、对身体和性进行歌颂的大众传媒——无论何处,人们都参与了对某些结构的历史性分解活动,即在消费符号下以某种方式同时庆祝着真实自我之消失和漫画般自我之复活。家庭在解体吗?那么人们便歌颂家庭。孩子们再也不是孩子了?那么人们便将童年神圣化。老人们很孤独、被离弃?人们就一致对老年人表示同情。还有更为明显的是:身体功能越是衰退,越是受到城市、职业、官僚等控制和束缚系统的围困,人们就越是对身体进行赞美。

文化再循环

在我们社会中,有一个关系到职业经验、社会资格、个体发展的特有方面,那便是**再循环**(法语中,"再循环"recyclage 一词还有"进修"的意思。——译者注)。它为每个不想被淘汰、被疏远、被取消资格的人,提供了使他的知识、学识,总之使他在就业市场上"可利用的材料""重见天日"的必要条件。这一概念如今尤其是针对企业技术骨干的,而最近以来还包括了教师。它自以为是科学的,是建立在所有个体为了"跟上时代步伐"而一般都能适应的知识(有关精确的科学、销售技巧、教学法等方面)持续进步之基础上的。事实上,"再循环"一词便能发人思索:它不禁令人想到了时尚的"循环"——这种情况下,每个人同样都应该做到"跟上潮流",并且每年、每月、每个季度对自己的服装、物品、汽车等进行再循环。假如不这么做,就不是消费社会真正的成员。然而,很显然这种情况并不意味着持续的进步：时尚是任意的、变幻的、循环的而且对个体内在品质毫无裨益。尽管如此，它仍具有某种深刻约束的特性，而其必然的后果便是个体在社会上获得成功或遭到淘汰。人们会想到，科学掩饰下的"知识再循环"，或许暗含了和时尚一样高速、强制而任意的转型过程，或许会像生产及时尚循环强加给物质对象的那样，对经验和人们玩起同样的"指导性废弃"游戏。果真如此的话，我们所要接触的就不是一个科学积累的理性过程，而是一个非理性且孤立于其他一切过程的消费的社会过程。

医学再循环："体格检查"。身体的、肌肉的、生理的再循环：对男人们意味着"董事长"（法国一种男士保健品品牌。——译者注）；对女人们意味着注意饮食和美容；对大家意味着度假。但是我们可以（而且应该）把这一概念扩展到一些广泛得多的现象上去：对身体本身的"重新发现"就是一种身体的再循环；对被用作"寝室"的乡村所代表的大自然的"重新发现"——这种"自然"由于受到巨大城市区域的包围分割而仅存一些绿地、自然保护区或乡村别墅等样品似的点缀形式——这种重新发现实际上是一种大自然的再循环。这就是说，再也没有那种独特的、象征着与文化对立的本原存在了，有的只是**模拟范例**，一种对被用于流通的自然符号的消费，简而言之，一种**再循环**了的自然。也许现在这种情况尚不普遍，但这已经是目前的趋势。虽然人们美其名曰对环境、景点的保护、整治，但它所指的总归是将一个身患不治之症的自然再循环到它本来的存在状态中去。自然和事件一样，和经验一样，在这个系统中被**现实性原则**支配着。它**应该**像时尚一样从功能上进行转变。它的价值在于制造一种**氛围**，所以它要屈从于不断更新的循环。如今相同的原则也渗入了职业领域之中，在此领域中，科学、技术、资格和能力的价值都让位给了再循环，也就是说让位给了流动性、身份地位和职业**轮廓**[①]的约束。

这种组织原则支配着今天所有的"大众"文化。所有适应了新环境文化的人（而且在此范围内，即使是有教养的人也不例外，或者说不会例外)并没有权利参与到文化当中去,他们有权参与的是**文化再循环**。他们有权做的是"悉知内情"、"了解目前的情形",每月或每年对自己的整套文化进行翻新。他们有权做的是忍受这种像时尚般永远动荡着的简单摆动的约束,它是对如下文化观念的**彻底颠覆**:

1. 继承下来的著作、思想、传统等遗产;
2. 考证和理论思考的持续方面——考证的超验性和符号的功能。

这两点无一例外都被循环亚文化和那涵盖了从动态艺术到周刊性百科全书的文化现实——循环文化视作过时的文化符号和成分而遭到否定。

可见文化消费问题既不与本来意义上的文化内容相联系,亦不与"文化公众"(文化和艺术"平民化"是一个永恒错误的命题,其牺牲者既包括那些"贵族"文化的参加者们也包括那些大众文化的捍卫者们)相联系。具有决定意义的,并非只有几千人或者有好几百万人分享了某部作品,而是这部作品,和当年的汽车一样,和绿地所代表的自然一样,注定了只是昙花一现的符号,因为不管有意无意,它都是在一个如今已经成为生产的普遍范畴即循环和再循环范畴中被生产出来的。文化再也不是为了延续而被生产出来。当然它会作为普遍要求、作为理想参照而保持着,而且越是当它丧失了其意义实体时越是这样(正如大自然在其遭到普遍摧毁前从未受到过如此歌颂一样),但事实上,它的生产方式决定了它和物质财富一样要屈从于"现实性"使命。而且这一点仍然与文化的**工业性传播**无关。无论是凡·高的作品被陈列在大百货商场里还是克尔凯郭尔的作品卖了 200 000 册,都与此无关。关系到作品**意义**的,是**所有的含义都应成为循环的**,就是说正是通过传媒系统,它们被强制性地赋予了一种承接、交替的形式、一种与裙子长度及电视节目长度的组合调整(参见下文的《媒介即信息》)相同的组合调整。也就是从这点出发,文化,和"新闻"中的伪事件、广告中的伪物品一样,可以(很可能已经是这样了)**根据媒介自身**、根据一些参照规则被制造出来。人们在这儿使用的,是那种"模拟范例②"的逻辑程序,或者是在那些其实**只是形式和技术游戏**的摆设里发挥作用的那种逻辑程序。在此范围内,(动态艺术等之中的)"文化创造力"和那些游戏/技术组合之间再也没有区别。在"先锋创作"和"大众文化"之间也没有区别。后者更多地牵涉到老套的主题和(思想的、民间的、情感的、道德的、历史的)内容,而前者则更多地牵涉到形式和表达方式。但首先,两者都遵循一套编码规则,遵循对幅度和减幅的估算。另外令人感到奇怪的是,在文学界,由于学院派式微而通常遭到轻视的文学奖制度(事实上从全世界的角度看,**每年为一本书**加冕是很愚蠢的),因为恰好迎合了当代文化的功用性循环而又找到了令人惊讶的新生。它们原本抽象的规矩,又变得可以与目前形势下的再循环、与文化模式的现实性兼容了。以前,它们选出一本传世之作,那种做法很离奇。如今,它们选出一本具有现实性的作品,这种做法很有效。它们就这样得以苟延残喘。

转盘和计算机或最小的公共文化(P. P. C. C.)

转盘机制:基本上,这是指通过问题来探究动词的定义(**转轮盘**:意同"某某",即需要通过筛选重现才能用特定能指来替代的不定能指)。因此,这基本上是一种有知识的入门尝试。事实上,人们发现除极少数例外,其参与者们都没有真正的提问能力:提问、探究、分析令他们感到为难。他们都是从答案(他们头脑中所具有的这个词)出发,来推断出问题,这个问题实际上是将词汇的定义设置成疑问形式(如:"转轮盘,是使某事终结吗?"假如游戏主持者说:"是的,在某种意义上是这样",或者甚至就简单地说:"也许……您怎么想?"回答自然便是:"结束",或"完成")。这一步骤和做零活者一个接一个地试螺丝以检验其是否适用的步骤是相同的,是一种通过与理性研究无关的尝试和错误进行调校的初级探索方式。

计算机:原理相同。这也是入门尝试的一步。微型电脑向您提出一些问题,而且,每个问题还附带五个供选择的答案。您要选出正确的答案。这一游戏是计时的：假如您即时做出回答，您就能获得最多的分数，您便是"冠军"。因而这里没有考虑的时间，而只有反应的时间。机器考验的不是知识过程，而是瞬间反应机制。您不应该去权衡所给出的答案，也不该进行仔细地考虑；而应该根据光学元件光学驱动模式，**看到**正确答案，把它当成一种刺激要素记在心里。知道，便是看到（参考里斯曼式"雷达"，它使人可以通过保持或切断联系、对积极或消极的关系做出瞬间选择而在他人之中这样发展下去）。尤其不要做分析性思索：那样您会由于浪费时间而只能获得最低分。

这些游戏的功能如果不是这种入门尝试（它总是得到游戏主持者和大众传媒的空头理论家的推动）的话，那是什么？在转盘中，重要的显然是参与：内容毫不重要。对参加者来说，重要的是获得了 20 秒钟无线电波时间的乐趣，这点时间足以传送他的声音，把它和游戏主持者的声音掺和在一起，拖住后者与他进行简短的交谈，并通过他，与那热情而不知名的人群即受众建立起一种神奇的联络。显然，大多数人并不因为自己回答错误而感到失望：他们已经获得了他们想要的东西。即**通灵**——或者说是通灵的这种摩登的、技术化且无菌化的形式即**传播**，"联络"。实际上，使消费社会分化出来的并不在于仪式的令人遗憾的缺席——这种无线电传声游戏和早期社会中的弥撒或祭祀具有同样的性质——而在于这种仪式般的通灵再也用不着通过代表着肉和血的面包和红酒来进行了，而是通过大众传媒（它不仅包括了信息，而且还包括发射装置、发射网、差转站、接收点，当然还有制造者和公众）来进行。换句话说，**通灵不再建立在某种具有象征意义的基础之上，而是建立在某种技术基础之上**：正因为如此它得以传播。

而这里被分享的，再也不是一种"文化"，即活生生的躯体、组织（一切行使着仪式和节日的象征和代谢功能的东西）的现实在场——这甚至不是本来意义上的知识，而是一种充斥着符号和参考、对学校知识的模糊回忆和时尚知识标记的奇怪主体，人们把它命名为"大众文化"，也许还可以把它叫作 P. P. C. C.（最小的公共文化），这里我们取的是数学上最小公分母的意思——同样也取的是"标准组合"的意思,它代表着普通消费者要获得消费社会公民资格而必须拥有的最小一套同等物品——因此 P. P. C. C. 就代表了普通个体要获得文化公民权资格而看来拥有的最小一套同等"正确答案"。

大众传播将文化和知识排斥在外。它绝不可能让那些真正象征性或说教性的过程发生作用,因为那将会损害这一仪式意义所在的集体参与——这种参与只有通过一种**礼拜仪式**、一套被精心抽空了意义内容的符号形式编码才能得以实现。

可见"文化"一词背负着种种曲解。这种清炖文化汤、这种"摘要"/编了码的问题/答案的汇编、这种 P. P. C. C. 之于文化,就像是人寿保险之于生命:前者的产生是为了避免后者的危险,并且在否定生动文化之基础上,宣扬**文化修养**的那些仪式化了的符号。

由于依靠一种自动化的问题/答案机制,这种 P. P. C. C. 反而与学校"文化"有了很多相似之处。另外所有这些游戏都是以考试(EXAMEN)范型作为手段的。而这并不是一种偶然。考试是在社会中获得晋升的一种出色形式。每个人都想通过一些考试,即便只是在非正式的无线电传声形式下的考试,因为如今被考核是构成声誉的要素。因而此类游戏没没完了的增加蕴含了一种强大的社会一体化进程:在此范围内,我们可以想象出一个完全被纳入这类大众传媒竞赛的社会,整个社会组织都建立在它们的认可之上。历史上已经有过一个社会曾经经历过一套完整的、通过考试来进行选拔和组织的体系,那就是科举制度下的中国。但那个体系触及的只是一部分文人。而在这里,所触及的将是被挑动起来不断进行孤注一掷的整个大众,在这场赌博中每个人都押上了自己的社会命运作为担保。既然最好的一体化体系从来都是对立竞争的体系,那么也许可以省去社会控制中的那些陈旧机构。我们目前还没有达到这一步。且让我们来了解一下对这种考试情形的非常强烈的期待——双重的期待,因为在这种情形下每个人都可以被考核,也可以作为考核者、作为评判者(作为少数所谓公众集体决策机构的成员)参与进去。这是本来就虚幻的双重梦想:同时成为一人和另一人。但同时也是通过权力转移进行一体化的策略作用。所以决定大众传播性质的,是技术支持与 P. P. C. C. 的组合(而**不是参加大众的人数**)。计算机本身也是一种大众媒介,尽管游戏在那里显得个人化了。在这台花钱的机器中,智力的灵敏是通过点数或声音记号来反映的——这是知识和家用电器的奇妙合成——这仍然是由集体决策机构来为您编程。计算机媒介只是集体媒介的技术实现、只是这一"最小公共文化"符号系统的技术实现,这一系统主宰着大家每个人都来参与,而且每个人都参与相同的事情。

重申一次,将学者文化和大众传媒文化进行对照,并将它们从价值上对立起来,这种做法是毫无用处且荒诞不经的。它们一个有着一套复杂的句法论著,另一个则是种种要素的结合,且总能够被分解为刺激/反应、问题/答案这样的话语。后者因而在无线电传声游戏中找到了其最活跃的反映。但是,这一模式远远超越了这一仪式化的情境,支配着消费者的举止、支配着他的每一个行动和他的整个行为表现,他的举止就像是面对不同刺激做出的回应一样。兴趣、爱好、需要、决定:不管是面对着事物还是关系,消费者永远被挑动、"被询问"、被要求做出回答。购物,在这一前提下,就类似于无线电传声游戏:如今,与其说它是个体为了具体满足一种需要而采取的独特手段,还不如说它首先是对问题的回答——这一回答将个体卷入了消费的集体仪式。这在以下这个意义上是一种游戏:每一种物品都根据不同的类型被提供出来,个体被要求在它们之中做出选择——购物行动就是选择,就是决定一种偏爱——恰似在计算机提供的不同答案之间进行选择一样——对问题做出回答,购物者就是在这个意义上进行**游戏**,而这一问题永远不是直接的、针对物品用途的,而是间接的、针对物品的不同类型的"游戏"的。这一"游戏"和认可它的选择构成了与传统使用者相对立的购物者/消费者的特征。

最小公倍数（P. P. C. M.）

无线电传声波或大新闻杂志的 P. P. C. C.（最小公共文化）如今又多了一个艺术分支。那便是艺术作品的倍增，比如《圣经》本身就以周刊的形式被翻印分发给人们，这便提供了一个著名的范例即太巴列湖边面包和鱼的显著倍增。

在文化和艺术的圣城耶路撒冷，一股民主的大风刮了起来。"当代艺术"展览，包括从劳申伯格到毕加索、从瓦萨莱里到夏加尔再到更年轻艺术家的作品，在那些春天商场里开幕了（确实，只是在最后一层，而且没有波及第三层的"内部装饰"货架，以及它的海港和夕阳）。艺术作品摆脱了几个世纪以来被人们当作唯一物品和特权时刻而被限制于其中的孤芳自赏的处境。博物馆，众所周知，还是一种神圣殿堂。但是此后大众已经接替了那孤独的拥有者或内行的爱好者。而且令大众感到非常快乐的并不仅是工业再生产，而是既唯一又集体的艺术作品：备份。"幸福的创举：雅克·普特芒不久前在普里聚尼克商店的帮助下，以大家都买得起的价格（100 法郎）出版了一套珍稀邮票册……再也不会有人觉得**在获得一双长袜或一把花园扶手椅的同时**获得一幅石版画或铜版画有什么不正常的了。这第二个'普里聚尼克系列'刚刚在眼睛陈列廊进行了展出，此后它将在其商店里出售。这既不是一种促销，也不是一场革命（！）。画的倍增对应着公众的倍增，它不可避免地导致了与这幅画邂逅的场所（！）。实验研究最终的结果再也不是精力和金钱的奴役：好心肠的爱好者把他的位置让给**参与的顾客**……每一张邮票，都被编号签署，都被翻印 300 份……这是消费社会的胜利吗？也许。但这有什么重要，既然品质并没有受到损害……今天那些不愿意理解当代艺术的人恰是非常想得到它的人。"

建立在产品稀缺之基础上的艺术投机宣告终结了。由于其"无限次备份"，艺术也浸泡在工业时代之中（有可能这些备份由于它们的发行量还是有限的，立刻又差不多在各地变成了黑市投机物品：这是生产者和策划者的狡黠)。艺术作品进了猪肉食品店,抽象派油画进了工厂……不要再问:艺术,是什么?不要再说:艺术,太昂贵了……不要再说:艺术,与我无关:请读一读《缪斯》。

不能对此轻易下结论:在工厂里生产毕加索油画绝对不会取消这门劳动分工,还有备份的倍增,不论其实现与否,都绝对不会取消社会分工和文化卓越性。尽管如此,那些空头理论家们关于备份(我们且不谈那些有意识或潜意识的投机者们,他们既是艺术家又是掮客,他们是这一交易中的绝大多数),更普遍一点是他们关于文化传播和推广的幻想还是有教益的。他们为普及文化,或者按照那些设计师们所说的"为最大多数的人创造美好物品",所做的可贵努力显然遭到了失败,或者换句话说,获得了一种如此可疑的商业成功。但是这种矛盾只是表面上的:它继续存在着,因为这些美丽的灵魂坚持**把文化看作一种一般事物,并且想以成品**(不管它们是唯一的还是被备份了上千份的)**的形式对其进行推广**。这里他们所做的,只是将此前一直不属于其中的某些内容或某些象征性活动归入到消费逻辑(即符号操作)中去。成倍备份作品本身并不会导致任何"平民化"或"品质的损失":实际情况是,因此而成倍增加了的作品,作为系列物品,实际上变成了和"一双长袜及一把花园扶椅"同质的东西,并且参照这些东西来获得自身的意义。它们再也不是作为**作品**和意义载体、作为**开放**的含义而与其他成品相对立,它们自己也变成了成品,并进入了那一批、一堆普通公民赖以确定自己"社会文化"地位的附件的行列。这还是最好的情况,即每个人都能真正获得它们。目前,不再是作品的这些伪作品仍然还是一些稀缺物品,对大多数人来说在经济上或"心理上"还是无法触及的,并且作为特殊物品又培育着一个稍微扩大了的文化黑市。

也许这样更加有趣——但这是同一个问题——看看在那些周刊性百科全书如《圣经》《缪斯》《阿尔法》《百万》中,在那些大印量发行的音乐和艺术出版物如《大画家》《大音乐家》中被消费的是什么。我们知道在这里涉及的公众可能非常广泛:是所有那些中产阶级中有中等教育学历或技术教育学历的普通人、职员、低层和中层企业干部（他们的孩子们能入学）。

在这些大出版物的行列中，还应该补充上从《科学与生活》到《历史》等的各种出版物，它们长期以来满足了那些"有晋升希望的阶级"的文化需求。他们这样经常性地了解科学、历史、音乐、百科全书知识是为了追求什么？难道这就意味着内容不同于大众传媒传播的、那些已建立的合法学科具有一种特殊价值吗？他们追寻的是一种入门、一种真正的文化培训，还是一种晋升的符号？他们在文化中寻找的是一种合适的用途或财富，还是一种知识或地位？我们是否会在其中重新发现我们已看到的那种将消费物品定义为许多符号之一的"一窝蜂效应"呢？

在《科学与生活》的情况（我们在此参考了欧洲社会学中心对这一杂志读者所做的调查）中，读者的需求是暧昧的：在对技术文化进行接触的下面，掩盖、暗示着一种对"有学问的"文化的期待。对《科学与生活》的阅读是一种妥协的结果：人们期待一种有特殊利益的文化，但同时又表现出一种防范的、拒绝特权的相反动机（这便是既向往高等阶级，又要确认自己的阶级立场）。更确切地说，这种阅读扮演着**联络符号**的角色。跟什么进行联络？跟那个抽象的共同体，所有那些被同一种暧昧的苛刻愿望挑动起来、也在读《科学与生活》（或《缪斯》等）的人们构成的潜在集体进行联络。这一行为表现了一种神话般的秩序：读者梦想着有一个集团，他通过阅读来抽象地完成对它的参与——这是一种不真实的、**众多**的关系，这本身就是**"大众"**传播的效应。这是一种未分化的共谋，但还是造成了这一阅读深刻承载着的实质——那便是承认、联络及虚构参与的价值（另外我们很容易在《新观察家》的读者群中发现同样的进程：阅读这一报刊，便是**加入**这一报刊读者的行列，便是作为阶级象征来进行一种"文化"活动）。

当然，这些大量发行的出版物——"亚文化性质"文化载体——的大多数读者（应该说"信徒"），都会信誓旦旦地声称，自己喜欢它们的内容并追求一种知识。但这种文化"实用价值"、这种客观目标很大程度是由社会学上的"交换价值"复因决定的。各种杂志、百科全书、袖珍手册等旨在"提高文化修养"的庞杂材料所满足的，就是这样一种与越来越激烈的社会竞争相关的需求。这一切文化实体之所以被"消费"，是因为其内容并不是为了满足自主实践的需要，而是满足一种社会流动性的修辞、满足针对另一种文化外目标或者干脆就只针对**社会地位编码要素**这种目标的需求。因此这里发生了颠倒，本来意义上的文化内容在此将只不过是内涵的、次要的功能。于是我们可以说，它像那台再也不作为工具而作为安逸或声誉要素而成为消费物品的洗衣机一样被消费。我们知道，其时，这台洗衣机再也没有特殊的存在意义，许多其他物品都可以替代它——确切地说其中就包括文化。文化，当它朝着另一种论述滑去的时候，当它变得与其他物品同质（尽管在等级上更高一些）并可相互替代时，它就变成了消费物品。这一点并非仅仅针对《科学与生活》的，而且那些"高级"文化、那些"伟大"画作、那些经典音乐等也是如此。整个这一切都可以在药店或出版社出售。但这里实际谈论的并不是销售点的问题，不是发行量的问题，也不是公众"文化水平"的问题。假如说这一切都被出售，即被整体消费，这是因为文化和其他不管什么类型的物品一样，都屈从于符号的同一竞争需求，而且就是**根据这一需求被生产出来的。**

　　这时，它就和构成我们日常生活"氛围"的其他信息、物品、形象一样落到了同一个适应模式下：落到了**好奇**模式之下——这不一定是出于轻率或放肆，而可以是出于一种执着的兴趣，特别是对那些正处在文化适应过程中的类别的兴趣——但这必须以更替、循环、模式更新的约束为前提，并且就这样以作为符号系统的文化组合游戏式实践来替代作为意义象征系统的文化排他性实践。"贝多芬，了不起！"

　　在此范围内，这种"文化"——它既排斥自修者那种传统文化的边缘英雄，也排斥文人那种正在消失的散发着芬芳的人文花饰——它将给个体们带来的，是文化的"再循环"，一种作为个体普遍"个性化"这一竞争社会中文化赋值要素的美学再循环，而且相比之下，它与包装为物品进行的赋值是等价的。工业美学——设计——的唯一目的就是，使那些深受分工影响并被标明了功能的工业物品重新具有一种"美学"同质、一种形式上的或游戏式的统一，这种统一通过它们的"环境功能""氛围功能"等次要功能而使它们全部相互联系在一起。这便是今天"文化设计师"们在各处对作品所做的：在个体被打上分工和个体任务的深深烙印的社会中，他们想方设法地用"文化"对个体进行"重新设计"，把它们装到同样形式的外壳里，为文化提升符号下的交换提供方便，把人们放到"氛围"中去，就像设计对物品所作的那样。另外，不容忽视的是，这种包装、文化再循环，和工业美学赋予物品的"美"一样，正如雅克·米歇尔所说，"毫无疑问是一种市场手段"。"这是在今天已经得到承认的事实，即由和谐的形状、色彩以及优质的材料营造出来的惬意环境(！)，对生产力具有有益的影响。"（《世界报》，1969 年 9 月 28 日）的确如此：提高了文化修养的人和那些被设计出来的物品一样，能更好地融入社会和职业、更好地"与时代保持同步"、更具"兼容性"。人际关系的功用主义在文化提升中找到了最适合它的土壤——在这里"人的设计"与"人的开发"不谋而合。

我们需要有一个它于文化就像"美学"（取其工业美学、形式的功能合理化、符号游戏之义）之于作为象征体系的美一样的词汇。我们缺乏这样一个词汇来表述这种信息、文本、图像、经典杰作或连环画的功能化实质，这取代了灵感和情感的编了码的"创造力"和"接受力"，这种针对含义和传播的**指导性**集体工作，这种受到一切时代一切文化搅扰的"工业文化"。我们由于没有为它找到更好的名称，而不惜遭到各种误解仍继续把它叫作"文化"，而且我们总是在被消费了的文化的超级功用主义中梦想着普遍一致，梦想着那些不用成为神话巨片就能够破译我们时代的神话，梦想着一种能够破译现代性而不会在其中自毁的艺术。

媚　俗

　　当代物品中一个主要的、带有摆设的范畴，便是媚俗。媚俗物，通常是指所有那些粉饰的、伪造的"蹩脚"物品、附属物品、民间小杂什、"纪念品"、灯罩或黑人面具的总体，所有那些在各地特别是度假休闲之地激增的伪劣博物馆。媚俗，和演说中的"陈词滥调"等值。而我们应该理解，媚俗和摆设一样，在这里指的是一个**范畴**，尽管这一范畴很难加以限定，但不应将其与这些或那些**真实的**物品混淆起来。媚俗随处可见，不管是在一件物品的细节中还是在一个大套间的图纸上，不管是在人造花朵中还是在浪漫摄影中。它自己会宁愿把自己定义为**伪物品**，即定义为模拟、复制、仿制品、铅版，定义为真实含义的缺乏和符号、寓物参照、不协调内涵的过剩，定义为对细节的歌颂并被细节填满。此外它的内部组织（符号含糊的过剩）和它在市场上的出现（不协调物品的激增，系列的堆积）之间有一种密切关系。媚俗是一个**文化范畴**。

　　媚俗的激增，是由工业备份、平民化导致的，在物品层次上，是由借自一切记录（过去的、新兴的、异国的、民间的、未来主义的）的截然不同的符号和"现成"符号的不断无序增加造成的；它在消费社会**社会学**现实中的基础，便是"大众文化"。这是一个流动的社会：广大阶级的人们沿着社会等级发展，终于达到更高的地位并同时提出了文化需求，而这种需求就是需要用符号来炫耀这一地位。在各个社会层次中，"新来的"一代人都想拥有自己的全副武装。因此，对公众的"庸俗"或那些想推销自己假货的工业家们的"无耻"策略进行指责是没有用的。还有即便这是一个重要方面，也不能**解释**像癌细胞一般扩散的"伪物品"公园。对此必定有一种需求，而这一需求是社会流动性的功能。在一个没有社会流动性的社会中是没有媚俗的：一个有限的奢侈品公园作为特权等级的特殊物资就足够了。同样艺术作品的复制品在古代还是具有"真实"价值的。相反，恰是在那些充满了社会流动性的大时代中，其他种类的物品才繁盛起来：正是在资产阶级处于上升阶段的文艺复兴时期和 17 世纪,出现了矫饰之风和巴洛克风格,它们虽不是媚俗的直接前身,也已经表现了在一个社会压力和高等阶级相对混同的形势下,特殊物资的爆炸和扩散的趋势。但主要还是从路易-菲利普时代开始,在德国则是从"经济繁荣时代"(1870/1890)开始,在整个西方社会则是从 19 世纪末和大商场时代开始,各类小杂什才成为物品的一个主要表现和商业最繁盛的一个分支。这个时代是没有终结的,而我们的社会,现在可能正处于其持续流动阶段。

媚俗显然对那稀缺、珍贵、唯一的物品(其生产本身也可以工业化)进行了重新估价。媚俗和"真实"物品,就这样根据一种如今总是处于变动和扩展之中的特殊物资的逻辑,双双地构筑了这个消费世界。媚俗有一种独特的价值贫乏,而这种价值贫乏是与一种最大的统计效益联系在一起的:某些阶级整个地占有着它。与此相对的是那些稀缺物品的最大独特品质,这是与它们的有限主体联系在一起的。这里与"美"并不相干:相干的是独特性,而这是一种**社会学**功能。在这个意义上,一切物品都根据它们的统计学可支配性、它们受到的或多或少限制、像价值一样按等级划分的主体来进行分类。这一功能,时刻规定着特定社会范畴在特定社会结构状况下,通过特定物品或符号来表明自己与其他范畴的区别,确定自己地位的可能性。越来越多的阶级对某特定符号的接触,迫使高等阶级通过其他数量有限的符号(这种数量的限制要么是由于它们的来源,如古代真品、油画;要么是由于受到了刻意限制,如豪华版书籍、特制小汽车)来与前者保持一定距离。在这种区分的逻辑中,媚俗永远不会改变:它的特性就在于其价值偏差和贫乏。这种微弱的化合价也是它无限倍增的原因之一。它**在外延上倍增着**,于是,在阶梯的上层,那些"阶级"物品则**在品质上不断倍减**并更新种类以使自己稀有化。

在这里,这种偏差的功能也是与其"美学"功能,或称反美学功能,联系在一起的。和关于美以及独创性的美学相对,媚俗提出了其**模拟美学**:它在世界各地再生产那些比原件更大或更小的物品,仿制材料

（仿大理石、塑料等），笨拙地仿效各种形式或胡乱地将它们组合起来，**重现**自己没有经历过的**式样**。就这一切而言，它与摆设在技术层面上是同质的：摆设同样也是技术的滑稽模仿、无用功能的赘生、缺乏实际操作意义的对功能的**持续模拟**。这种模拟美学是与社会赋予媚俗的功能深刻相关的；这一功能便是，表达阶级的社会预期和愿望以及对具有高等阶级形式、风尚和符号的某种文化的虚幻参与③；这是一种导致了物品亚文化的文化适应美学。

摆设和游戏

机器曾是工业社会的标志。摆设则是后工业社会的标志。摆设没有一个严格的定义。但如果我们同意消费物品的特性在于它因其符号功能而相对丧失了客观（实用）功能，如果我们承认消费物品的特点是**一种功能的无用性**（这才是我们所消费的，这与"用途"是完全不同的东西）的话，那么**摆设恰恰就是物品在消费社会中的真相**。在这一前提下，**一切都可以变成摆设**且一切都可能是摆设。可以说明摆设特性的也许就是其潜在无用性及其游戏式④组合价值。因此勋章同样也是摆设，它们曾拥有光荣的时刻，比如"维努西克"，那是用光滑的金属制成的完美"纯洁"而且无用的圆柱体（也许可以用来镇纸，但那是为所有毫无用处的东西预留的功能！）。"形式美和潜在无用性的爱好者们，著名的'维努西克'来也！"

然而以下种种物品同样也是摆设——这种"客观"无用性始于何处？——那可以打出十二种不同字体的打字机，"根据您是写给您的银行账户还是您的律师，写给一位非常重要的客户还是一位老朋友而定"。那便宜的假珠宝是摆设，IBM 的笔记本也是摆设："想象一台12cm×15cm 的小机器，它随处陪伴着您：旅行、办公、度周末。您只要用一只手、一个手指头拎着它，悄悄告诉它您的决定，向它下达您的指令，向它宣告您的胜利。您说的一切都被储存在它的内存里……无论您是在罗马、东京还是纽约，您的秘书绝不会丢掉您的任何一个音节……"再也没有比这更有用的了,再也没有比这更没有用的了:当技术成为一种神奇的心理实践或一种时尚的社会实践时,技术物品本身就变成了摆设。

在小汽车里,那些镀铬部件、双速刮水器、电控玻璃窗,它们是不是摆设?既是也不是:从社会特权角度看它们还是有一些用途的。这个词所具有的蔑视性内涵只是来自对物品实用性的心理预期:有些物品是被认定要为一些东西所用的,其他的则不为任何东西所用。依据的是哪些标准呢?不存在任何物品,即使是最边缘最装饰性的物品,是不为一些东西所用的,这也许只是因为它没有任何用处因而变成了特殊符号⑤。相反,存在着一些以某种方式(即除了其本来用途之外的方式)毫无用处的物品。我们将无法走出这个圈套,除非把摆设定义为那些由于自身次要功能而被明确使用的物品。这样的话,不仅仅那些镀铬部件,而且驾驶员和整个小汽车都会是摆设,只要它们造成的是一种时尚和特权的后果或一种拜物教的后果。而今物品系统分类则把它们全部都朝这个方向推进。

伪环境、伪物品的空间使所有"功能创造者"们都感到非常快乐。以"生活艺术技师"安德列·法夷为证,他制作了一些路易十六时代风格的家具,在一扇古色古香的门后,是安装了电唱机转盘的光滑发亮的平台或高保真音响系列组合反射板……"他的物品移动着,就像考尔德的汽车一样:它们既可以被看作实用的设计,也可以被看作真正的艺术构思,而这种艺术与视听投影技术的协调运动将会越来越接近他所期待的那种**全面景象**……智能家具、智能组合办公桌、传真机……最后电话会变成人体不可分割的一部分,使人可以在游泳池边或公园深处致电纽约或回电火奴鲁鲁。在法夷看来,这一切代表着"技术为生活艺术服务"。而这一切不禁令人想到了列平(Lépine[1846～1933],法国行政官员,曾任巴黎警察局长。从1902年起,每年举行一届的由独立研究者、工匠等人参加的创新发明竞赛是以他的名字命名的。——译者注)竞赛。视听办公室和那位著名发明家想象的水暖系统(指列平曾经空想的一种用冷水来制暖的系统。——译者注)之间,有什么分别? 当然分别还是有的。就是那古老的、有趣的手工发明是好奇心的赘生物,是对英雄主义技术诗意的陶醉。而摆设,则属于这样一种系统逻辑,它把一切日常之物与哗众取宠的模式牵扯起来,却说人工、虚伪和无用的根源恰恰在于整个物品的环境甚至整个社会人际关系的环境。就其最广泛的词义而言,摆设试图超越**游戏式模式**的**目标**和用途的这一普遍危机。但是它没有达到,也达不到玩具对儿童所意味的那种象征性自由。它贫乏,是一种模式效应,一种针对其他物品的人造加速器,它被牵制在一个圈子里,在那里,用途和象征变化为一种组合的无用性,就像在那"全部"视觉舞台中,晚会本身就是摆设,即伪社会事件——没有游戏者的游戏。今天这个词获得的贬义("这些,全是些摆设!")可能在反映出一种道德评判的同时,还反映了实用价值和象征功能普遍丧失所引起的不安。

但其反面也是成立的。就是说和摆设的组合"新外观"相对立的可以有——而且对无论什么物品,无论它本身是否摆设,都是这样——**对新事物的歌颂**。新事物在某种程度上是物品的巅峰阶段,在某些情况下可以造成强烈的感情,假如不能说它造成了如爱情一般的激情的话。这是一个象征性推理的阶段,时尚和对他人的参考在其中都不起作用。儿童正是以这种强烈关系的模式体验自己的物品和玩具的。而日后获得一辆新车、一本新书、一件新衣服或一件摆设的乐趣丝毫都比不上将我们带回一个纯粹童年的乐趣。这便是与消费社会逻辑相反的逻辑。

事实上摆设的特性,既不是由人们对它的实用型应用决定的,也不是由象征型应用决定的,而是由游戏型(LUDIQUE)应用决定的。正是游戏越来越多地支配着人们与物品、人、文化、休闲的关系,有时还支配着人们与工作的关系,同样还支配着人们与政治的关系。正是游戏成了人们日常生活形态的主导性色调,以至于一切:物品、财富、关系、服务,在那里都变成了摆设。游戏对应的是一个非常特别的投入类型:非经济的(无用途的物品)、非象征的(摆设物品没有"灵魂"),它包括了一种具有组合调制策略的游戏，即有关物品的技术变化和潜在可能的游戏、事物革新中**有游戏规则的游戏**、把生与死当作毁灭中最后组合的游戏。这里，人们家中的摆设与那些花钱的机器、转盘及无线电传声文化游戏（类似于现在电台的听众热线参与节目。——译者注）、杂货店的计算机、汽车仪表板及从电话到电脑的一切构成了当今工作"氛围"的"严肃"技术设备汇合了——与人们有意无意玩耍的东西汇合了，人们被其运转、对童年的重新发现和操作迷住了，人们对这种机械"游戏"、色彩游戏、变化游戏有一种模糊的或痴迷的好奇：这本来即是激情游戏的灵魂，却被普遍化和扩散化了，因而变得缺乏内涵、缺乏感动而重新蜕变为**好奇心**——这是一种介于冷漠和迷恋之间的东西，而且是与激情相对立的。激情可以理解为对**一个完整的人**或某种被当作人的物品的具体关系。它要求全身心投入并具有一种强烈的象征价值。而游戏式好奇心则只是一种对**基础游戏**的兴趣——即使有时它也很强烈。

来看一看电子台球：游戏者专注于机器的声音、颤动和闪烁。他在和电玩耍。按着按钮的他知道如何透过一个像神经系统一样复杂的多彩线条的世界去解开冲动和电流。他的游戏中有一种对科学的神奇参与效果。要相信这一点就必须观察一下咖啡馆里聚集的人群，只要修理工一打开机器他们就围着他。没有人理解那些连线和电路，但大家都把这个陌生的世界当作一个不可置疑的前提来接受。这种关系和骑士与坐骑，或工人与工具，或爱好者与艺术作品之间的关系毫无共同之处：在这里人与物的关系本身就是神奇的，即着迷和操纵的关系。

这种游戏式活动也许具有激情的表象。但它从来都不是那样。它是消费：在这里是光点、电动弹子和电子时值的抽象操纵，在其他地方是模式的种种变种之中的特权符号的抽象操纵。消费是组合式投入：它排斥激情。

流行：一种消费艺术？

我们已经看到消费逻辑被定义为符号操纵。其中缺乏创造物的象征价值和内在象征关系：它完全是外在的。物品丧失了其客观目标、其功能，变成了一个广泛得多的物品总体组合的词汇，其中它的价值在于关系。另外，它丧失了其象征意义、其几千年来的独特地位，并且渐渐耗竭而成为种种内涵的一种话语，这些内涵在一个极权文化系统范围中也是相互隶属的，就是说能够在它们的出处将一切含义一体化。

我们是以对日常物品的分析为基础的。但是关于物品还有另一种话语，即艺术的话语。物品地位及它们在艺术和文学上的表现的发展史只对它自己有启示意义。在扮演了艺术中的象征性和装饰性配角之后，到了20世纪，物品停止了对道德和心理价值的参照，停止了在人的阴影下的间接生活，开始作为一种空间分析（立体主义等）的自主要素而具有了非同寻常的重要性。正是由此，它们发生了爆炸，直到进行了抽象化。它们庆祝了自己在达达派和超现实主义运动中的滑稽模仿的复活之后，被抽象派解构并挥发，现在看来，它们又在新绘画及流行艺术中找到了自己的形象。这里便提出了它们的当代地位的问题：另外这个问题也是由物品的这种突然向艺术形象顶峰的攀升而强加给我们的。

一句话：流行艺术是不是我们所谈论的这种符号和消费逻辑的当代艺术形式，或只是一种模式效应，即它本身是一种纯消费物品？这两者是不矛盾的。我们可以承认流行艺术在（根据其自身的逻辑）将自己变成单纯物品的同时改变了一个客体世界。广告具有相同的暧昧性。

让我们换一种说法来组织这个问题：消费逻辑取消了艺术表现的传统崇高地位。严格地说，物品的本质或意义不再具有对形象的优先权了。它们两者再也不是互相忠实的了：它们的广延性共同存在于同一个逻辑空间中，在那里它们同样都是（在它们既相互区别又相互转化相互补充的关系中）作为符号⑥"发挥作用"。流行以前的一切艺术都是建立在某种"深刻①"世界观基础上的，而流行，则希望自己与**符号的这种内在秩序**同质：与它们的工业性和系列性生产同质，因而与周围一切人造事物的特点同质、与广延上的完备性同质，同时与这一新的事物秩序的文化修养抽象作用同质。

既然那造成了先前一切绘画特权的"内在光辉"都已不复存在了，那么它有没有成功地"表达"出物品的这种系统世俗化、"表达"出这种具有完全外在特征的新环境呢？它是不是一种去魅艺术，即一种纯操作性的艺术呢？它本身是不是一种**去魅了的艺术**，即制造而不是创造物品的艺术呢？

有人会说（包括流行艺术家们自己）：事情要简单得多；他们这样做是因为想这样做，他们实际上是在自娱自乐，观察身边的东西，把看到的东西画下来，这是一种自发的现实主义，等等。这种观点是错误的：流行意味着透视法的终结、再现的终结、见证的终结、手的创造性自发动作的终结，还有绝不可忽视的，对世界的破坏和对艺术的诅咒的终结。它涉及的不仅是"文明"世界的内在，还有它与这个世界整体的结合。这是一种疯狂的野心：取消、超越整个文化的大事记录（及其基础）。同样，这也许仅仅是一种意识形态。我们来看两种异议："这是一种美国艺术"——就其物品的材料（包括对"星条旗"的顽固情结）而言，就其乐观的、实用主义经验性的实践而言，就其中一些"著名"资助者和收藏家们的确凿无疑的沙文主义情结而言，等等。尽管这种异议是有偏向性的，我们还是要客观地回答：假如说这一切都是**美国性**，那么流行艺术家们，根据他们自己的逻辑，就只能接受它。假如被生产出来的物品"讲的是美语"，这是因为它们的真相仅仅存在于那种完全占据着它们的神话之中——而唯一可行的步骤就是附会这种神话话语并自己也参加进去。假如说消费社会陷入了自身的神话之中，假如说它缺乏对自身的批判观点，而且**假如说这恰恰就是它的定义**②，那么只可能会有在其存在本身和实践方面都与这一黑暗事实妥协了并同谋着的当代艺术。这便是为什么流行艺术家们根据物品的真实面貌来绘画它们，因为它们就是**这样作为现成的**、**"刚刚从流水线上下来的"的符号**,神话般地运转着。正因为如此,他们更喜欢画以这些物品为载体的那些首字缩略词、商标、口号,而且在此范围内,他们可以只画这些(罗伯特·印第安那)。这样做既无关游戏,亦无关"现实主义":这是承认消费社会的事实,以了解物品和产品的真相就是它们的标记。假如说这是"美国性",那么美国性就是当代文化自身的逻辑,而我们不应该指责流行艺术家们突出了这一点。

同样我们也不应该指责他们在商业上的成功及他们接受这种成功时的心安理得。最糟糕的情况就是因为受到诅咒而重新披上一件圣化功能的外衣。对一种不与客体世界背道而驰而是对这一世界体系进行探索的艺术来说,自己也回到这一体系中去是合乎逻辑的。这本身就是对虚伪和彻底无逻辑性的终结。先前的(从 19 世纪末开始的)绘画,其才情和超越亦无法阻止其成为签名的(法语中,"签名的"[signé]还有"符号化了的"的意思。——译者注)物品并依据署名而被商业化(抽象表现主义者们将这种决定性的才情和这种可耻的机会主义都发挥到了极致),与之相反,流行艺术家们则把绘画的客体与客体绘画调和在一起了。这是协调还是反常?通过其对物品的偏爱,通过这种对"做了标记的"物品和可食物质的模糊表现——正如通过它而取得的商业成功一样——流行是第一个对自己"署了名的"和"消费的"物品艺术地位进行研究的。

然而这种逻辑方式,我们对它的赞同只到它那些极端推论即止,因为它们违背了我们的传统美学**道德**,这种逻辑方式同时也是一种意识形态,它到了这一步便离消失不远了。自然的、"唤醒"(Wake Up)的、真实性的理论,令人联想到了资产阶级自发性最美好的时刻。

这种"彻底的经验主义"、"不妥协的实证主义"、"反目的论"(马里奥·阿马亚《作为艺术的流行》)有时候披着一件危险的入教外衣。奥尔登堡:"有一天我和吉米·汀那开车去城里。我们很偶然地开进了奥尔查德街——街两边各有一排小商店。我想起曾经有过一种'商店'

观。我曾想象自己生活在一个完全基于这一主题的环境之中。我觉得发现了一个新世界。**我开始在这些商店中转悠——到处都是、各式各样——就像博物馆一样**。橱窗和货架上摆的物品在我看来都像是珍贵的艺术作品。"罗森奎斯特:"那时我突然觉得构思从窗子里向我涌来。我当时要做的只是抓住飘在空中的它们并开始作画。一切都是自发到位的——构思、构图、形象、色彩,一切都是自己工作的。"正如我们所见,在"灵感"这一主题上,流行艺术家们丝毫不让先辈。不过,这一主题自维特以来就暗含着一种**自然**理想,想要获得真实只需对这种自然保持忠诚就行了,只要唤醒它、揭示出它。我们读到了音乐家、理论家、劳申伯格和贾斯帕·约翰斯的启迪者约翰·凯奇的话:"……艺术应该是对生活的肯定——而不是带来另一种生活的尝试……而仅仅是一种**唤醒**的方法,以发现我们正在经历的这个生活,它是如此出色,只要人抛开一切意图和欲望任它自然发展。"这种对已被揭示出来的秩序——形象和制造物的空间实际上隐约类似于一种自然——的赞同,导致了对神秘-现实主义的公开信奉:"旗帜就是旗帜,数字就是数字。"(贾斯帕·约翰斯),或者又像约翰·凯奇所说:"我们必须开始揭示意义以使声音成为它们自己。"——这就是断定,有一种物品的本质,一种永远不同于日常环境层次的、相对这一层次而言确实是一种超现实性的绝对现实性层次。韦塞尔曼就是这样论述一道平庸菜肴的"超越现实性"的。

简而言之,人们对此充满了困惑,而且人们又发现自己正面对着某种由受欢迎事物(就像消费社会中的印象派画作一样的某种东西)造成的行为主义,而且其中还夹杂着某种要求剥夺自我和超我以发现周遭世界的"真谛"的禅宗或佛教的神秘浪潮。在这种奇怪的混合里也有美国性!

但是这里面尤其有一种严重的模棱两可和不合逻辑。因为流行不是以周遭世界的本来面貌来看待它,而是首先将它看作一个可操纵符号的人工场所、一个彻底的文化伪迹,其中起作用的既不是情感也不是视角,而是有细微差别的感知和对含义的策略游戏——流行把这看作是被揭示出来的自然、是本质,于是流行便具有了两重性:首先它是一种社会一体化的意识形态(当今社会=自然=理想社会——可是我们已经看到这一链式结构是其逻辑的一部分);另一方面它复辟了整个**艺术圣化的过程**,这便取消了它的基础性目标。

流行希望成为平庸的艺术(正是因此它才叫作人民的艺术);但是平庸只是崇高这个范畴的当代版本,也是一种超验范畴。物品只有在它的用途方面、在使用它时(韦塞尔曼所说的"有用的"晶体管)才是平庸的。物品从它开始指涉时就不再平庸了:现在,我们已经看到当代物品的"真相"再也不在于它的用途,而在于指涉,它再也不被当作工具,而被当作符号来操纵。而流行的成功恰好这样给我们指明了这一点。

安迪·沃霍尔的步骤是最激进的,同样也是他最好地总结了这种绘画实践中的理论矛盾和它面对自己真实客体的困难性。他说:"油画绝对是一种日常物品,和这把椅子或这张招贴画一样。"(这反映的仍然是那种对艺术吸收和再吸收的愿望,从中我们可以同时发现一种美国式实用主义——实用之恐怖主义、对一体化的要挟——和对一种祭祀神秘主义的反应。)他补充道:"现实事物不需要中介,只要将它从环境中孤立出来并把它转移到画布上去。"现在,全部问题就在于此:因为这把椅子(或汉堡包、汽车挡泥板或美女头像)的日常性,恰恰在于其背景,尤其在于由所有相似或稍稍不同的椅子构成的系列背景。日常性,**就是重复之中的不同**。在把这把椅了孤立到画布上去时,我剥夺了它全部的日常性,而且,同时,我剥夺了油画的一切日常物品特性(据沃霍尔所说,通过这种方法,可以使画作绝对接近于那把椅子)。这种僵局非常典型:艺术既不能溶于日常生活(油画=椅子)也不能抓住日常生活的本质(孤立在画布上的椅子=真实的椅子)。内在和超越同样都是不可能的:这是同一个梦的两个方面。

简而言之,既然不存在日常、平庸之本质,因此便不存在日常之艺术:这是一种神秘的疑难。沃霍尔(及其他人)之所以相信它,是因为他们错误地理解了艺术和艺术行为本来的地位——这在艺术家中并不罕见。另外在行为层次上，也表现出同样一种对生产行为的神秘的怀念："我希望成为一台机器"，安迪·沃罗尔说，事实上他就是借助模板和丝网来作画的。现在，对艺术而言，没有什么比装出一副不由自主的模样更加傲慢的了；而对那享受着创造者地位——不管他自己愿意与否——的人来说，没有什么比致力于系列性的规律更矫揉造作了。尽管如此，我们也不该指责沃霍尔等流行艺术家们的不真诚：他们的逻辑性的苛刻要求与不以他们意志为转移的艺术的社会学文化地位发生了碰撞。他们的意识形态所表现出来的就是这种无力。当他们自己尝试着将自己的实践去魅，社会则变本加厉地把他们圣化了。于是这便导致了他们从主题及实践上对艺术进行的世俗化尝试——无论这种尝试是如何的彻底——还是造成了艺术中从未有过的对神圣事物的歌颂和强调。很简单，流行艺术家们忘记了要使画作不再成为超级圣化符号（唯一的物品、署名、一种高贵和神奇交易的物品），仅凭作者的内容或意图是不够的：决定这一切的是文化生产结构。在此范围内，只有像对任何其他工业那样对绘画市场进行合理化，才能将画作去魅并使它变成日常物品①。这可能既是不可思议的，也是不可能的，甚至是不可期待的，谁知道呢？无论如何，这便是限定了的条件：要么达到那一步，要么停止绘画，要么不惜倒退到艺术创作的传统神话中去继续绘画。而由于这一缺陷，那些传统绘画价值得以恢复："表现主义"要素在奥尔登堡身上得以恢复，野兽派和马蒂斯风格重现在韦塞尔曼的作品中，当代风格和日本书法在利岑斯坦的画中再生，等等。对这些"传奇般的"回声，我们能为之奈何？对这些让人说出"不管怎么样这便是绘画"的事实，我们能为之奈何？流行的逻辑既不存在于一种美学时间推算之中，亦不存在于物品的一种玄学之中，而是存在于其他地方。

也许可以把流行定义为不同心理认知层次的一种游戏或操作：一种心理的立体主义，它不根据空间分析，而根据整个文化，以其知识和技术装备（如客观现实、反映写照、绘画表现、技术表现[摄影]、抽象概括、推论叙述等)为出发点在几个世纪的过程中制定的种种认知模态来寻求对物品进行衍射。另一方面,音标的使用和工业技术造成了分割模式、双重模式、抽象模式、重复模式(人种志学者们叙述了原始人在发现了多本绝对类似的书时的惊愕:他们的整个世界观都受到了动摇)。人们可以在这些不同模式之中看到认知的、**名称的修辞**的上千种形态。而这正是流行发生作用之处:它研究这些不同层次或模式之间的不同,以及对这些不同的认知。因而一幅丝网漆印的关于私刑处死的图片并不是一种表现:它意味着这一私刑处死,通过大众传播的功能被转化成了社会新闻、新闻符号——这一符号仍然是通过这张丝网漆印图片被另一层次重新采用。同一张被重印的照片就意味着唯一的照片,不仅如此,还意味着它所反映的那个真实存在:此外那个真实存在便可以不配照片就出现在作品之中——那只会是一种多余的做法。

正如流行之中没有现实的秩序而只有含义层次的秩序一样,其中没有真实的空间——仅有的空间就是画布的空间、不同符号要素及对它们之间关系进行并置的空间,也没有真实的时间——仅有的时间就是阅读的时间,对物品及其影像、对这一影像和同样的重复等进行区别认知的时间,是对影像、对处在其与真实物品关系之中的伪迹进行**心理调适和适应**(这指的并非一种记忆恢复,而是对一种**局部的**、**逻辑的**差别的认知)所必需的时间。这种阅读也不会是逐字句的严密研究,而是一种泛泛的浏览、一种连续的记录。

可见流行(再一次以其强烈的野心)强行进行的活动远离了我们的"美学情感"。流行是一门"酷"的艺术:它并不苛求美学陶醉及情感或象征的参与(深层牵连),而要求某种"抽象牵连",某种**有益的好奇心**。这很好地保存了某种类似于儿童好奇心和对发现的天真的着迷,为什么不呢?也可以把流行看作埃皮纳勒(埃皮纳勒[Epinal],法国孚日省首府,位于巴黎以东 372 公里,从 18 世纪末开始成为法国民众图画中心。——译者注)的图片,或消费的日课经,但它牵涉的主要是对译码、解码的精神反应等,这些是我们刚刚谈论过的。

总而言之,流行艺术不是平民艺术。因为平民文化的精神特质(假如说这存在的话)恰恰在于一种毫不暧昧的现实主义、在于一种线性叙述(而不在于重复或层次的衍射)、在于寓物和装饰(这不是流行艺术,因为这两个范畴参照的是本质中的"其他东西")、在于与心理波折相关的情感参与[⑩]。确实流行艺术只有在一个很初级的水平上才可以被看作一门"形象"艺术:彩色图画、消费社会的如实写照等。的确流行艺术家们也很乐意这样声称。他们的诚实是无限的,他们的暧昧也是无限的。至于他们的幽默,或者据信是属于他们的那种幽默,目前我们还不能确定其界限。就此来记录一下观众的反应也许会给人一些启示。那些作品在许多人身上引起了发自内心的猥亵的(那些油画以传统的眼光来看都是猥亵的)笑(或者至少是淡淡的笑)。然后,是一种嘲讽的微笑,不知道这是对画中之物还是对画作本身的评判。这一微笑意味着自愿成为同谋:"这不是太严肃,但是我们不准备为之感到愤怒,而在心底里也许……"大家都因为不知该如何理解而惭愧失望而肌肉紧绷。不管以什么逻辑来看,它都与那颠覆性、侵略性的幽默无关,与超现实主义物品的碰撞无关。它意味的恰恰是不再从功能上对物品进行短接,而是将它们并置以分析它们的关系。这一步骤并非恐怖主义[⑪],它至多包含着一些毋宁说是近乎文化上的不习惯效应而已。在我们回到已经描写过的体系的同时,不要忘记,**"某种微笑"**是消费的**必需符号**之一:它不再构成一种幽默、一种批判性的距离,而只是构成了对那如今已被物化为一瞥的超验性批判价值的回忆。这种做作的距离随处可见,在戈达尔的间谍影片中、在那把它当作文化讽喻来不断运用的当代广告中,等等。在此范围内,在这一"酷"的微笑中,再也无法把幽默的微笑与商业同谋的微笑区分开来。这也是在流行中发生的一切——而且它的微笑实际上总结了它全部的暧昧;这并非批判距离的微笑,而是勾结的微笑。

信息的配置

电视、广播、新闻、广告：这是一串不连贯的符号和信息，其中所有秩序都等同化了。这是偶然记录下来的一个广播序列：

——雷明顿剃刀广告一则，

——对最近15天社会动荡的综述一篇，

——邓洛普SP-运动型轮胎广告一则，

——关于死刑的辩论一场，

——力普钟表广告一则，

——比夫拉战争报道一篇，

——还有克里奥石蕊洗衣粉广告一则。

在这世界历史与物品形象轮番出场的喋喋不休的絮叨（其整体构成类似一种普雷韦尔的诗集，书页交替呈现黑色和玫瑰色——显然这是一种广告手段）之中，表面看来其中的强势节拍是消息的节拍。然而其强势节拍也是——尽管这不合常情——一种中性、无人称性的节拍：对世界的这种话语不愿置自身于其中。这种语调上的"清白"与话语为物品的大肆增值形成了对照——诙谐、赞扬、颤音——一切真实的、曲折的、劝诫的动人情感都被移用于物品及其话语之上了。这种"消息"话语和"消费"话语的精心配量在情感方面独独照顾后者，试图为广告指定一项充当背景、充当一种喋喋不休因而使人安心的网络功能，在这一网络中，通过广告短剧汇集了一切尘世沧桑。这些尘世沧桑，经过剪辑而变得中性化，于是自身也落到了共时消费之下。每日广播并非听上去那样杂乱无章：其有条不紊的轮换强制性地造成了唯一的接受模式，即消费模式。

向人们暗示世界历史之冷漠无情而只有消费物品值得投资，并不完全是广告的语调价值。这一点是次要的。实际效果更加微妙：通过信息有条不紊的承接，强制性地造成了历史与社会新闻、事件与演出、消息与广告**在符号层次上**的等同。真正的消费效应恰是在于此处，而不是在于直接的广告话语之中。在于多亏了技术支持、多亏了电视广播技术传媒而得以实现的对事件和世界的剪辑，它们被剪辑成了连续、承接、不矛盾的信息——可以与广播节目抽象时空中的其他符号进行并置组合的符号。那么我们消费的，并不是本来意义上的某一场景或画面；而是一切可能的场景承接之潜在性——以及对节目承接和剪辑规律的确信，即它们绝不会冒险将不同于其他许多场景与符号的东西突然插进去。

媒介即信息

在此，至少在这个意义上，应该承认麦克卢汉所说的"媒介即信息"确实是消费分析的一个基础特征。这意味着电视广播传媒提供的、被无意识地深深地解码了并"消费了"的真正信息，并不是通过音像展示出来的内容，而是与这些传媒的技术实质本身联系着的、使事物与现实相脱节而变成互相承接的等同符号的那种强制模式；这便是在对其中每一个进行全盘抽象化的基础上，从关于越南的消息到有关音乐厅的新闻的正常的、编排好的、奇迹般的过渡。

而且其中有一种类似于技术惰性的规律，使得人们越是接近真实资料、"直播"，越是用色彩、突出等手段来追踪真实，真实世界的缺席随着技术的日臻完善就会越陷越深，愈加造成了电视或广播的这种"真相"，即每个信息的首要功能就是参照另一信息，关于越南的消息参照广告、后者参照每日新闻，等等——它们有条不紊地并置，构成媒介的推论模式、信息、意义。但在看到这点的同时，还应清楚地看到它造成了一个完整的对世界进行剪辑和诠释的系统。

大众传播的这一技术程式造成了某一类非常具有强制性的信息：**信息消费之信息**，即对世界进行剪辑、戏剧化和曲解的信息以及把消息当成商品一样进行赋值的信息、对作为符号的内容进行颂扬的信息。简而言之，就是一种包装（取这一词的广告含义——在此意义上，广告是一种杰出的"大众"媒介，其模式渗入了其他一切传媒之中）和曲解的功能。

就一切传媒而言，甚至从麦克卢汉理论的精髓即介质书本、"读写功能"的角度看来，这一点都是真实的。这意味着印刷书本的出现之所以曾经是我们文化的一个关键转折点，并不完全是因为那些以它为载体的内容（意识形态、消息、科学等等）得以代代相传，而更多的是由于**它透过其技术实质而实施的系统化之基础强制**。这意味着书本道德是**一种技术范例**，而在其中起支配作用的传播秩序（剪贴画、字、词、页面等等）则是一种比任何对它做出了如下明确话语：技术效应在观点和概念的层次上是隐藏的，却持续无意识地对感性关系和感知范例进行轮换"的象征、思想或幻觉更含蓄更具长效决定性的范例。

这点是显然的：内容在大部分时间里向我们隐瞒了媒介的真实功能。它冒充信息，而其实真正的信息，是在人类关系的深层发生了（等级的、范例的、习性的）结构改变，在它看来，那明确的话语也许只是内涵。粗略地说来，铁路带来的"信息"，并非它运送的煤炭或旅客，而是一种世界观、一种新的结合状态等等。电视带来的"信息"，并非它传送的画面，而是它造成的新的关系和感知模式、家庭和集团传统结构的改变。谈得更远一些，在电视和当代大众传媒的情形中，被接受、吸收、"消费"的，与其说是某个场景，不如说是所有场景的潜在涵义。

因此大众传媒的真相就是：它们的功能是对世界的特殊、唯一、只叙述事件的特性进行中性化，代之以一个配备了多种相互同质、互为意义并互相参照的传媒的宇宙。在此范围内，它们互相成为内容——而这便是**消费社会的总体"信息"**。

电视传媒通过其技术组织所承载的，是一个可以任意显像、任意剪辑并可用画面解读的世界的思想（意识形态）。它承载着的意识形态是，**那个对已变成符号系统的世界进行解读的系统是万能的**。电视画面希望能成为一个缺席世界的元语言。和最小的技术物品一样，最小的摆设就是对一个万能技术假定的承诺，因而那些画面/符号都是对世界进行彻底幻想性质的推断，是把真实模式全盘假定为将作为其回忆、其万能解读基本单位的画面的推断。在"画面消费"的后面隐约显示着解读系统的帝国主义：有一种越来越明显的趋势，即只有可以被阅读的东西（**应该**被阅读的东西："传奇"）才能存在。那将与世界的真相或其历史无关，而仅仅与解读系统的内在严密性相干。就是这样，面对着一个混乱、充满了冲突和矛盾的世界，每一种媒介都把自己最抽象、最严密的逻辑强加于其上，根据麦克卢汉的表达，每一种媒介都把自己作为信息强加给了世界。而我们所"消费"的，就是根据这种既具技术性又具"传奇性"的编码规则切分、过滤、重新诠释了的世界实体。世界所有的物质、所有的文化都被当作成品、符号材料而受到工业式处理，以至于所有的事件的、文化的或政治的价值都烟消云散了。

假如把符号看作能指和所指的连接，就可以界定两种类型的混同。在孩子身上，在"原始人"身上，能指可以为了所指而消失（如有些孩子会以为自己的影像是一种活生生的存在，或有些非洲电视观众们会暗自纳闷刚刚从荧屏上消失的人跑到哪里去了）。相反，在以其自身为中心的画面中，或在以编码规则为中心的信息中，能指变成了其自身的所指，其中两者的循环混同是偏重于能指的，即取消所指**和能指的反复叙事**。这便是在大众传媒层次上界定了消费、系统化**消费效应**的东西。这并不是通过画面的中介走向世界，而是画面通过世界的转向而回归于自身（即在所指不在场后面的自我指定的能指）。

我们便从以所指为中心的信息——过渡性信息——过渡到了一种以能指为中心的信息。以电视的情况为例，从由画面所指的事件过渡到了这种画面消费（确切地说，就是作为与那些事件不同的东西，作为戏剧性的物质，布莱希特会说是"烹饪的"，在吸收的过程中就已经耗竭了，而绝不会去参照除此之外的东西）。不同之处还在于这一意义上，即它既不让人看到也不让人理解具有各自特性（历史的、社会的、文化的）的事件，而是在根据同样的编码规则对它们进行了重新诠释之后便不加区别地将它们播发出来，这一编码规则既是一种**意识形态结构**也是一种**技术结构**——在电视的情况中，这就是大众文化意识形态的编码规则(道德、社会和政治价值体系)和造成了某种推论类型的剪辑模式、媒介自身的连接模式,那种推论类型将充满了多种变化信息的内容中性化了,并代之以其自身对意义的命令性约束。媒介的这种深刻推论与画面的明显话语相反,要由观众**不自觉地**进行解读。

广告媒介

在此意义上,广告也许是我们时代最出色的大众媒介。如同它在提到某一物品时却潜在地赞扬了所有同类物品一样,如同它透过某一物品和某一商标却实际上谈的是那些物品的总体和一个由物品和商标相加而构成的宇宙一样——同样,它就这样伪造了一种**消费总体性**。按麦克卢汉的说法就是使消费者们重新部落化,就是说通过一种同谋关系,一种与信息,但更主要是与媒介自身及其编码规则相适应的内在、即时的勾结关系,透过每一个消费者而瞄准了所有其他消费者,又透过所有其他消费者瞄准了每一个消费者。每一幅画面、每一则广告都强加给人一种一致性,即所有个体都可能被要求对它进行解码,就是说,通过对信息的解码而自动依附于那种它在其中被编码的编码规则。

广告的大众传播功能因而并非出自其内容、其传播模式、其明确的目的(经济的或心理的),也不是出自其容量或其真正的受众(尽管这一切都具有一定的重要性并构成其支持),而是出自其自主化媒介的逻辑本身,这就是说它参照的并非某些真实的物品、某个真实的世界或某个参照物,而是**让一个符号参照另一个符号,一件物品参照另一件物品,一个消费者参照另一个消费者**。同样,只要书籍让其读者参照其所有的读者(此时阅读就没有意义上的实体,而是文化同谋的单纯符号),或只要物品/书籍参照同一集合中的其他,等等,那么书籍就变成了大众传播方式。也许可以分析一下作为象征系统的语言本身是如何变成与商标和广告话语相适应的大众媒介的。大众传播处处都是由这种与技术媒介和编码规则相适应的系统化规定的,是由并非从世界出发而是从媒介自身出发的信息的系统化生产规定的[12][13]。

伪事件和新现实

在这里，我们进入了博尔斯坦在其作品《形象》中谈及的伪事件、伪历史、伪文化的世界。即不是产自一种变化的、矛盾的、真实经历的事件、历史、文化、思想，而是**产自编码规则要素及媒介技术操作的赝象**。正是这个，而非其他任何东西，把一切意义，无论它本该如何，规定为**可消费的**。确定大众传媒消费的，正是这种**以编码规则取代参照物**的普及。

未经加工的事件就是交流：它不是交流材料。它只有在被生产的整个工业流水线、被大众传媒过滤、切分、重新制作，变成成品、变成——与工业生产的制成物品同质的——制成且组合的符号材料后，才变得"可以消费"。这与面部化妆是同样的操作：以出自技术要素以及某种强加意义的编码规则（"美"的编码规则）的抽象而协调的信息之网来系统地取代真实却杂乱的容貌。

应该避免对作为对某种真实"内容"的变性或篡改而侵入了我们日常生存的那种赝象、虚构、伪物品、伪事件的庞大生产事业进行诠释。就刚刚所说的一切而言，我们看到大众传媒化消费中的意义转向、政治的非政治化、文化的非文化化、身体的非性征化都是超越于对**内容**的"肆意"重新诠释之上的。一切都是在**形式**上发生了改变：无论何处，在真实的地点和场所之中，都有完全产自编码规则要素组合的一种"新现实"的替代品。在日常生活的每个角落都出现了大规模的模拟过程，依照的是模拟范式，可供实战的控制学就建立在这一基础之上。人们通过对一些真实线条和要素进行组合而"制造"出某种范例，人们令它们"推演"某个事件、某个结构或某种将要来临的局势，并从中得出某些策略性的结论并依据这些结论来对现实进行操作。这可以成为已掌握了的科学程序中的一种分析工具。在大众传播中，这种程序攫取了**现实的力量**：后者因为由媒介本身物质化了的这种**范例的新现实**而被取消、被窃取。

且让我们再一次忽略语言，它自说自话地谈着"假""伪""人造"。让我们和博尔斯坦一道回到广告中来，以尝试抓住这种新的逻辑，同时这也是一种新的实践和新的"心理"。

超越真伪

广告是这一进程的战略点之一。它尤其意味着伪事件的统治。它把物品变成事件。事实上，它是在抹去其客观特性的基础上将其建构成这样的。它将其建构得和**范例**一样，和戏剧性社会新闻一样。"当宣告不再是自发的启事，而变成了一种'新制品'之时，当代广告就诞生了。"（正是由此，广告变得与"新闻"同质了，后者自身也受到同一种"神话制造"工作的支配：广告和"新闻"就这样构成了相同的视觉、文字、声音和神奇的实体，它们在各种传媒中的承接和交替都令我们觉得**自然**——它们激起了相同的"好奇心"和相同的戏剧性/游戏式吸收[14]）。记者和广告商都是**神奇的操纵者**：他们导演、虚构物品或事件。他们对其"重新诠释后才发货"——在此范围内，他们毫不客气地对其进行建构。因此，如果要就此进行客观评判，就得用神话范畴来考量：此物非真非伪，而问题亦不在于信或不信。这便导出了那些不断遭到争议的伪问题：

1. 广告商们相信自己所做的吗？（他们会得到一半的宽恕。）
2. 消费者们，实际上，不相信广告吗？（他们会得到一半的救赎。）

因此博尔斯坦表达了这样一种观点，即必须为广告进行辩解——劝导和神化并不完全出自广告的不择手段，而更多是由于我们乐意上当受骗：与其说它们是源于广告诱导的愿望，不如说是源于我们被诱导的愿望。而且他以巴纳姆为例，后者的"才能并不在于发现了公众是如何容易上当，而在于发现了公众是如何喜欢受骗"。这是个吸引人的公设，但却是错的：全局并不取决于某种相对的反常现象——那是围绕着真和伪的犬儒主义操作或集体受虐狂。真相是广告（及其他大众传媒）并没有欺骗我们：**它是超越真和伪的**，正如时尚是超越丑和美的，正如当代物品就其符号功能而言是超越有用与无用的一样。

关于广告"真实性"的问题应该这样来提出:假如广告商们确实"撒谎",他们就会被轻易地撕下面具——但他们不那么做——假如他们不那么做,并不是因为他们太聪明了——而是因为"广告艺术主要在于创造非真非伪的劝导性陈述"(博尔斯坦)。既然再也不存在原本或真实的参照物,而且和一切神话与咒语一样,广告是建立在另一种类型的验证基础之上的——**自我实现的预言**(通过其自身表白而自我实现的话语)的验证。"成功的广告商是一门新艺术的大师:这一艺术即通过对真实事物本身进行确认以表现它们。他是一位自我实现预言技术的行家。"

广告既不让人去理解,也不让人去学习,而是让人去希望,在此意义上,它是一种预言性话语。它所说的并不代表先天的真相(物品使用价值的真相),由它表明的预言性符号所代表的现实推动人们在日后对此加以证实。这才是其效用模式。它使物品成为一种伪事件,后者将通过消费者对其话语的认同而变成日常生活的真实事件。可见真和伪在此都是不可捉摸的——一切都像选举时的抽样调查一样,其中人们无从知晓真实的投票是否只是对抽样调查的确认(那么就不再存在真实事件了,而存在的只有是抽样调查的替代物,那么调查便从**指标性**模拟范例变成了现实的**决定性**要素),或者正是抽样调查反映了公共观点。这里头有一种错综复杂的关系。既然自然模仿着艺术,同样,日常生活也以成为范例的复制品而告终。

"自我实现预言"的模式,就是反复叙事的模式。现实仅仅是自说自话的范例。咒语是如此,模拟范例是如此,在各种话语方式中,使用且偏爱使用反复叙事话语的广告也是如此。在那里一切都成了一种同样的东西:商标的"暗喻"。那些表达如"最好的啤酒"(什么呀?!)、"'幸运一击',焙炒香烟"(当然,香烟全是焙炒的!),它们参照的只是一种绕着圈子的明显事实。当赫兹(《世界第一的汽车出租》)在一个长篇广告的结论中说道:"让我们理智一些。假如您在我们这里不能找到更多的某种东西,那么我们就不会处在我们所占据的这个位置上……那也许就将是另外某个人来做这番广告了",这里头除了反复叙事、除了存在就是证明之外,还有其他什么吗?到处都是这样,都是以同一种重复作为有效的因果性关系。就像在某些实验室里人们进行分子的人工合成一样,在这儿也是这样以有效话语作为出发点对真实进行"人工合成"。"白尔洗——洗得——更——白"不是一个句子,而是白尔洗的话语。这一话语和其他广告意群都不解释、不提供意义,因此它们非真非伪——但是它们精心地消除了意义和证据。它们以一种无句子的直陈式取而代之,那是一种重复的命令式。而话语的这种反复叙事,就像神奇的话语一样,寻求**通过事件**来促成反复叙事式的重复。消费者通过其购物所做的只是使**神话事件**神圣化。

我们可以在这个意义上更加深入地对广告话语进行分析,也可以把这种分析扩展到各种当代传媒之上,这样我们就可以随处见到,那种建立在真伪基础之上的意义和诠释的传统逻辑遭到了彻底颠覆,神话的根据(或范例)与物质财富生产一样被工业化了的言语生产找到了事件。

最美的消费品:身体

在消费的全套装备中,有一种比其他一切都更美丽、更珍贵、更光彩夺目的物品——它比负载了全部内涵的汽车还要负载了更沉重的内涵。这便是身体(CORPS)。在经历了一千年的清教传统之后,对它作为身体和性解放符号的"重新发现",它(特别是女性身体,应该研究一下这是为什么)在广告、时尚、大众文化中的完全出场——人们给它套上的卫生保健学、营养学、医疗学的光环,时时萦绕心头的对青春、美貌、阳刚/阴柔之气的追求,以及附带的护理、饮食制度、健身实践和包裹着它的快感神话——今天的一切都证明身体变成了**救赎物品**。在这一心理和意识形态功能中它彻底取代了灵魂。

布道者根据圣歌的话语不知疲倦地提醒人们，我们只有一个身体，必须对它进行救赎。几个世纪中，有人不懈努力，试图说服那些没有感觉到这点的人们（可他们从来也没有被真正说服过）；如今也有人坚持**系统地**说服他们相信他们的**身体**。这便有些奇怪。身体难道不是本来就明摆着的事实吗？看来不是：身体的地位是一种**文化**事实。现在，无论在何种文化之中，身体关系的组织模式都反映了事物关系的组织模式及社会关系的组织模式。在资本主义社会里，私有财产的普遍地位同样适用于身体、社会实践及人们因此而产生的心理复现表象。在传统秩序中，比如在农民身上，就没有对身体的自恋投入、戏剧性认知，而有的只是由劳动过程及与自然关系所导致的一种工具式/神奇视角。

我们想要说明的是，当前生产/消费的结构在这一主题上促成了与自身身体不和谐（却深刻联系的）复现表象相联系的一种双重实践：作为资本（CAPITAL）的身体的实践，作为偶像（FÉTICHE）（或消费物品）的身体的实践。在这两种情况中，重要的都是那远未被否定或忽略的身体能够得到毫无约束的投入（取这个词的两个意思：经济投入和心理投入）。

您身体的秘密钥匙

这种对身体有指导的重新占有的一个完美典范是由《她》（法国的一本时尚杂志，法文原名为 ELLE，中文刊名为《世界时装之苑》。——译者注）在一篇题为《您身体的秘密钥匙——迎刃解开生命之路》的文章中向我们提供的。

"您的身体既是您的局限也是您的第六感"，文章开头说道，随后它又以小说般的语言一本正经地对身体及其映象之占有的心理起源进行了阐述："大约六个月大小时，您就开始感觉到，尽管还是非常模糊地感觉到，您有一个不同的身体。"一段对镜像阶段的暗示（"心理学家们称之为……"),一段对性欲发生区的冷冰冰的暗示("弗洛伊德说……"),之后就过渡到正题:"您在您的皮囊里感觉好吗?"接着出现的,就是B. B.(即碧姬·芭铎[Brigitte Bardot]。——译者注):她"在她的皮囊里感觉很好"。"在她身上,一切都是美丽的,脊背、脖子、腰的下部。""B. B. 的秘密? 在于她真实地生活在她的身体之中。她就像一只确确实实填满了她的裙子的小动物。"(她是生活在其身体中还是其裙子中?裙子和身体,哪一个是别墅? 实际上:她像穿裙子一样穿着她的身体,这赋予这里的"生活"以一种模式的和全套装备式的效果、一种更因"小动物"而强化了的游戏式原则。)假如说以往是"灵魂包裹着身体",今天则是皮囊包裹着它,但皮囊并非那作为裸体(因而欲望)之泛滥的皮肤:皮囊就像是魅力的服装和别墅,就像是符号,像是对模式的参照(因此可以被裙子取代而不发生意义上的改变,正如我们今天在剧院及其他地方发现对裸体不择手段地利用那样,在那里尽管挑起了伪性欲,但仍作为时装例词中的一个多余词条而出现)。

　　回到我们的文章中来。"应该对自己在场,学会阅读自己的身体"(否则,您就是反 B. B.)。"您平躺在地上,展开双臂。用右手中指极缓慢地画一条从无名沿着手臂直到肘窝、腋窝的无形的线。您的腿上也有这样的线。这都是些敏感线。这是您的爱情国地图。还有其他一些温柔线:脊椎沿线、脖子、腹部、肩膀……假如您不了解它们,就会造成身体的压抑,就像在心理上造成压抑一样……您的敏感不存在的、您的意识不造访的那些身体部位,都是失宠的部位……那里的循环情况很差,它们缺乏活力。甚至蜂窝织炎就会在那里决定性地扎下根来……"换句话说:假如您不进行身体护理,假如您因疏漏而犯错,您就会受到惩罚。您的一切痛苦,都是由对您自己(您的救赎)不负责任的罪过造成的。与激怒了这张"爱情国地图"的那种独特心理恐怖主义(它与清教的恐怖主义相同,所不同的只是惩罚您的不再是上帝,而是您自己的身体——它的要求突然变得凶险、强抑制,而且如果您对它不够温柔,它便要进行报复)无关。我们看到这一话语是如何打着协调每个人与自己身体关系的幌子,在主体与作为双重威胁的客观身体之间,重新引入了与社会生活关系相同的关系、与社会关系的规定性相同的规定性:讹诈、镇压、被迫害综合征、配偶神经症(同样,那些读到这里的女人们会在更远的某页读到:假如您对您的丈夫不够温柔,那么您就要为您婚姻失败承担责任),《她》中除了这种主要针对女性的潜在的恐怖主义之外,有趣的便是其提出的要内转到自己身体中去并"从内部"对它进行自恋式投入的建议,这样做根本不是为了深刻地了解它,而是,根据一种完全拜物崇拜和耸人听闻的逻辑,为了使它向外延伸,变成更加光滑、更加完美、更具功能的物品。这是一种自恋的、然而是**指导性**自恋的关系,它在身体上进行的操作就像在"处女地"和"殖民地"上进行操作一样,它把身体当作一座有待开发的矿藏一样进行"温柔地"开发以使它在时尚市场上表现出幸福、健康、美丽、得意动物性的可见符号,这种关系在女读者们的告解中找到了其神秘表达,她们说:"我发现了我的身体。感觉它纯净地触到了我。"还有更好的:"……就像我的身体和我进行了拥抱。我不由地爱上了它。而且,爱着它的我,想用我对自己孩子的那种温情去照料它。"这里意味深长的是情感朝着身体/孩子、身体/小玩意退缩——这是对被疼爱、被抚慰……被阉割的阴茎的无穷无尽的比喻。在此意义上,身体,变成了最美的关切之物,独自垄断了一切所谓正常的(对其他真实的人的)情感性,但并不因而就获得了自身的价值,因为,在这一情感转向的程序中,无论其他何种物品都能依据同样的拜物崇拜逻辑来扮演这一角色。身体只是心理所拥有的、操纵的、消费的那些物品中最美丽的一个。

但最重要的是,这种被改编成解放及实现的神话的自恋式重新投入,实际上同时又一直是一类有效的、竞争的、经济的投入。这样"被重新占有"了的身体从一开始就唯"资本主义的"目的马首是瞻:换句话说,假如它得到了投入,为的就是使它能够结出果实。身体之所以被重新占有,依据的并不是主体的自主目标,而是一种娱乐及享乐主义效益的**标准化**原则、一种直接与一个生产及指导性消费的社会编码规则及标准相联系的工具约束。换句话说，人们管理自己的身体，把它当作一种遗产来照料、当作**社会地位能指**之一来操纵。上面那位说了"要用对自己孩子的那种温情去照料它"的女人随即补充说道："我开始频繁出入美容院……这段危机过后，见到我的人们都发现我更幸福、更美了……"作为娱乐工具和魅力指数恢复过来后，身体就成了一种投入（操心、挂念）**工程**的客体；这一工程，在人们非常希望实现的解放神话后面，无疑包括了一项比之对身体的开发在劳动力方面更加深刻异化了的工程⑮。

功用性美丽

在这一将身体圣化为功用性身体指数价值——即不再是从宗教视角中的"肉身"，也不再是工业逻辑中的劳动力，而是从其物质性（或其"有形的"理想性）出发被看作自恋式崇拜对象或策略及社会礼仪要素——的漫长过程中，美丽和色情是两个主导主题。

这两者是不可分割的，并共同创立了**身体关系新伦理**。它们对男女都适用，尽管如此还是区分成一个阴极和一个阳极。弗里内主义（PHRYNÉISME）和健身运动（ATHLÉTISME）：我们大概可以这样来指代这两种范例，其主要的基础论据是互通的。然而女性范例掌握了一种优先权，大约它就是这种新伦理的指导性模式，因而我们能在《她》中找到以下这类分析资料⑯并非偶然。

美丽之于女性，变成了宗教式的绝对命令。美貌并不是自然效果，也不是道德品质的附加部分，而是像保养灵魂一样保养面部和线条的女人的基本的、命令性的身份。上帝挑选的符号之于身体好比成功之于生意。此外，美丽和成功在杂志里都分别包容了同样的**神秘主义基础**：在女性身上，是那开发着并"从内部"提示着身体所有部分的**敏感性**；在企业主那里，是对市场的各种潜在性的充分**预感**。它们都是上帝选择和救赎的符号：这与新教伦理相距并不遥远。而事实的确如此，美丽之所以成为一个如此绝对的命令，只是因为它是资本的一种形式。

让我们顺着这一逻辑走得更远一些：美丽的伦理，同样也是时尚的伦理，可以被界定为身体的一切具体价值、(能量的、动作的、性的)"实用价值"向唯一一种功用性"交换价值"的蜕变，通过抽象的方式对光荣的、完善的身体的**观念**、欲望和享乐的**观念**进行概括——且由此而当然地否定并忘却它们的现实直到在符号交换中耗竭。因为美丽仅仅是交换着的符号的一种材料。它作为价值/符号运作着。这就是为什么可以说美丽的命令是功用性命令模态的一种——这对物品和对女人(及男人)一样有效——因为每个女人对她自己而言都变成了那种和企业中设计师或工艺设计师同质的美容师。

另外，如果考察一下工业美学——功用主义——的支配性原则，就会看到它们被简单地应用到了美丽的宪章之中了：那位"在自己的皮囊里感觉很好"或"确确实实填满了她的裙子"的 B.B.，就是同样一种"功用与形式和谐结合"的模式。

功用性色情

与我们刚刚定了性的美丽密切联系，并且如今在各处指导着身体之"**重新发现**"及**消费**的，就是性欲。美丽的命令，是通过自恋式重新投入的转向对身体进行赋值(FAIRE-VALOIR)的命令，它包含了**作为性赋值的色情**。应该将作为我们社会中交换普遍化范畴的色情与本来意义上的性欲明确区分开来。应该将作为欲望交换符号载体的色情身体与作为幻觉及欲望栖息处的身体区分开来。在身体/冲动、身体/幻觉中占主导地位的是欲望的个体结构。而在"色情化"的身体中，占主导地位的则是交换的社会功能。在此意义中，色情的命令，和礼貌或其他诸如此类的社会礼仪一样，受到符号工具化编码规则的约束，只不过(就像美丽中的美学命令一样)是功用性命令的一种变体或隐喻。

《她》对女性的"热度"就是当代整个动产的热度：这是一种"氛围"的热度。它再也不属于内心隐秘、肉欲，而是属于经过估算的性含义。好色就是热度。这种性欲是**既热又冷**的，就像一种"功用性"内部的冷热色调游戏一样。它和包裹着"设计好的"和"穿着妥当的"当代物品的形式具有相同的"清白"。另外这也不是人们所说的"性冷淡",因为性冷淡还意味着对强奸的一种性方面的共鸣。时装模特并不是性冷淡的;而是一种**抽象化**。

时装模特的身体也不是欲望的客体,而是功用性客体,是混杂着时尚符号和色情符号的论坛。它再也不是姿态的综合,即使时尚摄影展示了其通过一种模拟程式[17]**重新创造**自发的手势和自然动作的艺术,它也不是本来意义上的身体,而是一个**形式**。

当代所有的审查官就是在这一点上搞错了(或者说自愿搞错):即在广告和时尚中,他们把(女人的或男人的)裸体当作肉体、性、欲望的目标而进行拒绝,相反却将身体被切分的那些部分[18]改编进一个对本来的身体进行**升华**、祛邪的庞大程式之中。

就像色情是在符号之中而从不在欲望之中一样,时装模特的功用性美丽是在于"线条"之中而从不在表达之中。它尤其意味着表达的缺场。长相不规则或丑陋的或许还能凸现一种意义:她们都被排除在外了。因为美丽完全在于抽象之中,在于空无之中,在于陶醉之缺场及陶醉之中。这种对物质的忽视至少被概括在**目光**中。那些迷人的/着迷的眼睛,深不可测,那目中无物的目光——那既是欲望的过分含义也是欲望的完全缺场——在他们空洞的勃起中、在对他们审查的赞美中,是美丽。它们的功用性就在于此。美杜莎的眼睛、呆住了的眼睛,纯洁的符号。就这样,沿着这被揭去衣服的、受到赞美的身体的,在那些因为时尚而不是因为快感而发黑的惊艳了的眼睛中的,就是身体本来的意义,是在一个催眠过程中被取消了的身体的真相。就是在这一范围中,身体,尤其是女性的身体,特别是时装模特这种绝对范式的身体,构成了与其他功用性无性物品同质的、作为广告载体的物品。

快感原则和生产力

反过来,暗中对女性的身体/物品范例进行投入的最小物品,也以同样的方式被偶像化了。由此色情全面渗入"消费"的整个领域。这里并不是轻佻意义上的时尚，这是整个时尚本来的、严格的逻辑。身体和物品构成了一个同质符号网，它们可以在我们刚谈过的抽象化的基础上交换它们的含义（这便是它们的"交换价值"所在）并相互赋值。

这种**身体与物品的同质**进入了指导性消费的深层机制。假如说"身体的重新发现"一直都是对被其他物品普遍化了的背景中的身体/物品的重新发现的话，那么可见从对身体的功用性占有到购物中对财富和物品的占有之间的转移是何等地容易、合乎逻辑和必须。另外，我们知道色情和身体的当代美学是如何浸泡在一个处于全面掺假的符号之下的，一个盛产产品、摆设、附件的环境之中的。从卫生保健到化妆，其间还包括晒黑皮肤、运动和多种对时尚的"解放"，身体的重新发现首先都要经过物品。看起来，唯一被真正解放了的冲动便是**购物的冲动**。让我们再一次提到那位对自己身体一见钟情的女人，她急急忙忙地就去了美容院。另外，这种反例在所有那些因为希望"重新发现自己的身体"而献身于香水、按摩、疗养的女人中越来越常见。作为符号的身体和物品在理论上的等同造成了事实上的奇妙等同："购买吧——您会在您的皮囊里感觉良好。"

以上分析的一切心理功用在这里获得了其经济和意识形态意义。身体被出售。美丽被出售。色情被出售。而这并不是那些在最后关头为整个"身体解放"历史进程指明了方向的原因中最小的一个，把身体当成了劳动力。身体**必须**"被解放、获得自由"以便它能够因为生产性目的而被合理地开发。就像必须遵循自由决定和保护个人利益原则——这是劳动者个体自由的正式原则——以便劳动力可以变成对薪水的需求和交换价值，必须使个体能够重新发现自己的身体并对它进行自恋式投入——这是**快感的正式原则**——以便欲望的力量可以变成对可合理操作的物品/符号的要求。**必须使个体把自己当成物品，当成最美的物品，当成最珍贵的交换材料，以便使一种效益经济程式得以在**

与被解构了的身体、被解构了的性欲相适应的基础上建立起来。

当代身体策略

然而,这一生产性目标、这种效益经济程式——生产的社会结构通过它才得以普及到身体层面——相对于那些通过整个以身体为中心的神话和心理部署而建立的社会一体化及控制的目标,可能还只是次要的。

在意识形态的历史中,那些与身体相关的意识形态,在很长时间里,都具有对以灵魂或其他某种非物质原则为中心的唯灵论、清教、说教性类型意识形态进行攻击批判的价值。从中世纪开始,面对着教会僵硬的教条,所有的异端都以某种方式表达过身体的肉欲要求和预先恢复(这是不断复兴而不断遭到正统教义审判的"亚当"趋势)。自从18世纪以来,感觉主义、经验主义、唯物主义的哲学摧毁了传统的唯灵论教条。对那种被称为灵魂的基础价值进行的极其漫长历史分解进程,牵涉到救赎的整个个体模式,当然也包括社会一体化的整个过程,如果对这一进程进行细致的分析,那会是很有意义的。这种为身体进行的长期去魅及世俗化贯穿了整个西方历史:身体的价值曾在于其颠覆性价值,它是意识形态最尖锐矛盾的策源地。怎么会变成今天这样,那些价值都具有了公民权并被作为一种新的伦理强加到大家头上呢?(关于这一点可以说很多,而我们主要是处在一个清教意识形态和享乐主义意识形态相互渗透的阶段,它们的话语在各个层次上都混杂在一起了。)我们看到,今天似乎取得了胜利的身体并没有继续构成一种生动矛盾的要求、一种"非神秘化"的要求,而只是很简单地接过了时代的接力棒,成了神话要求、教条和救赎模式。它的"发现",曾经在很长时间内是面向更多自由、真相、解放的对圣化的批判,简言之就是人反对上帝的战斗,如今它也落到了重新圣化的符号之下。身体崇拜不再与灵魂崇拜相矛盾:它继承了后者及其意识形态功能。就像诺曼·布朗所说(《情欲与死亡》,第304页):"不要被圣化与世俗之间的绝对二律背反所迷惑,不要把那实际只是圣化变体的东西诠释为'世俗化'。"

我们不应该被"被解放了"的身体(但是我们已经看到:它是作为物品/符号被解放的,而在其欲望的颠覆性真相中、在色情及体育和卫生保健中它都遭到了查禁)的物质表现所蒙骗——它仅仅表达某种已过时的、与生产系统发展不相适应且不再能保证意识形态之统一的、有关灵魂的意识形态,被一种更具功用性的当代意识形态所取代,这一意识形态主要保护的是个人主义价值体系及相关的社会结构。它甚至还强化了它们,给予它们一种几乎是决定性的根据,因为它用身体的自发表现取代了完全内在的灵魂超验性。然而,这种表现是虚假的。当代神话建构的身体并不比灵魂更加物质。它,和后者一样,是一种**观念**,或者应该这么说,因为观念一词尚不足以表达:一种部分实体化了的物品、一种享有优先权并因此而得到投入的双重体。它就像灵魂在其自己的时代中那样,变成了客观化的特权化支柱——**消费伦理的指导性神话**。可见身体是如何作为(经济)支柱、作为个体的指导性(心理)一体化原则和作为社会控制的(政治)策略而紧密地渗透于生产目的之中的。

身体是女性的吗?

回到我们本节开头所提出的问题,即关于女性及女性身体被赋予的作为美丽、性欲、指导性自恋的优先载体的问题。因为,尽管很明显,身体向美学/色情的交换价值蜕变的过程在触及女性之时,也同样触及了男性(我们为此提出了两个词汇:健身运动和弗里内主义,弗里内主义大致就是由《她》及一些时尚杂志中的女性所代表的——男性健身运动最广泛的范例则表现在[高层]干部的"健身运动"中,它正如广告、电影、大众文学所到处宣扬的那样:敏锐的目光、宽厚的肩膀、灵活的肌腱和运动型汽车。这一运动范例也包含了性健身运动:《世界报》启事栏里的高层技术干部也是《他》[作者杜撰的杂志,以与《她》相对。——译者注]中的男性。但是说到底,不管男性范例[13]或由有些"年轻人"构成的第三性的、"多形倒错㉓"性欲的中间型两性范例在其中占多大比重）——然而占主导地位的依然是女性，换句话说，即这一美学/色情的弥天神话主要是建构在女性基础上的。应该为此找到有别于其他那些范型的原因，如："性欲，就是女性，因为这是天性使然"云云。确实，在与我们相关的这个历史时代，女性被混同于不吉祥的性别并被认为注定如此。但这种心理/性的宣判完全是受到某种**社会**奴役的唆使：女性和身体在整个西方历史上遭到了同样的奴役、同样的流放。女性的性别界定是**历史**造成的：对身体的压抑和对女性的剥削被置于同一符号之下，这一符号要求所有被剥削的（因而是危险的）范畴自动获得一种性别界定。黑人也同样被"性别化"了，并不是因为他们"更接近天性"，而是因为他们是奴隶、被剥削。整个文明中的被压抑、被升华了的性欲，必定是和其受到的社会压制、隶属的、构成这一文化自身基础的范畴结合在一起的。

既然女性和身体在奴役中曾联结在一起，那么女性的解放和身体的解放的联系也是合乎逻辑且合乎历史的。（出于相近的原因，青年的解放也和它们发生在同一时代。）但是我们看到这种同步的解放是在**女性与性欲之间的基本意识形态混淆根本尚未廓清的情形下**进行的——清教的障碍依然纹丝不动。最合适的说法是：女性，既然她以前作为性被奴役，今天作为性被"解放"（LIBÉRÉE），那么她只是到今天才获得了充分发展。以至于此后我们看到这种几乎是不可逆的混淆以各种形式加深着，因为**正是随着她的一步步解放，女性越来越被混同于自己的身体**。但前提条件是：实际上，表面上解放了的女性被混同于表面上解放了的身体。对女人就像对身体一样，就像对青年以及一切其解放构成了当代民主社会的主题范畴一样，可以说：一切在名义上被解放的东西——性自由、色情、游戏等等——都是建立在"**监护**"价值体系之上的。这些同时引导着消费以及社会**放逐**行为的价值是"不负责任"的——这甚至是一种称赞，对名誉的过度强调阻隔了真实的社会经济责任。

女人、青年、身体,他们在被奴役、被遗忘了几千年之后的浮现,实际上构成了最具革命性的可能,并因而构成了对任何一种既成秩序的最根本威胁——他们被一体化、回收成为"解放的神话"。把本属于女性的提供给女人们消费、把本属于青年的提供给年轻人消费,这种自恋式的解放成功地抹煞了他们的真正解放。或者还可以这样做:把青年规定为叛逆("青年═叛逆"),这种做法可谓是一石二鸟:通过将青年规定为特殊范畴以避免叛逆向全社会扩散,并且此范畴由于被控制在一个特殊角色即叛逆之中而被中和。性解放得到引导、惊人的恶性循环又被用来对付女性:将女性和性解放混同,使它们相互中和。女性通过性解放被"消费",性解放通过女性被"消费"。这并不是文字游戏。消费的一个基本机制,就是集团、阶级、种姓(及个体)的形式自主化,这种形式自主化是始于符号或角色系统的形式自主化并且因其而来的。

我们并不是要否定作为社会范畴的女人和年轻人地位的"真实"发展:事实上他们更加自由了;他们选举,他们获得了一些权利,他们越来越早地参加工作。同样我们不可能否认使身体获得护理及乐趣的客观重要性,不可能否认"身体和性欲的额外附加物",既然如今普通个体都从中获了益。我们还远未达到兰波所说的"梦想的解脱",但说到底,我们还是承认这一切之中包含有女人的、年轻人的、身体问题的最大的操作自由以及最大的主动一体化。我们想要说的是,这种解放是相对具体的,因为它只是对作为与某种功用性实践紧密联系的**范畴**的女人、年轻人、身体的解放,还夹杂着或者说具有了某种神话超验性、某种**像神话一样的客观性**这样的两重性。某些女人的解放(而这是相对于全体女性的解放而言的,为什么不呢?),在某种程度上,只是这个宏伟战略举措的次要利益,是散落的尘埃、借口,那个庞大战略举措就是**把性解放的所有社会危害都规定在女性及其身体的概念中**,把女性解放的危害规定在性解放的**概念**中(规定在色情中),凭借女性/物品来消解女性社会解放的一切危害[①]。

医疗崇拜:"状态"

从人与身体(并非本来意义上的身体而主要是功用性且"个性化了"的身体)的现实关系,可以推断出人与健康的关系。健康借助身体工具性表现被界定为身体平衡的普遍功能。借助身体表现的中介,就像借助名望的财富一样,变成了对地位的功用性苛求。由此,它进入了竞争性逻辑,并且表现为对医疗、外科、药剂服务的无限要求——与身体/(部分的)物品的自恋式投入相联系的强制性要求,与个性化及社会流动进程相联系的地位要求——这种要求,无论如何,是现代主义者的人权的外延,是自由权及财产权的补充,与"健康权"只剩下一种遥远的关系。如今,与其说健康是与活下去息息相关的生理命令,不如说它是与地位息息相关的社会命令。与其说它是一种基本"价值",不如说它是一种赋值。在赋值的神秘主义中,它就是与美直接结合在一起的"**状态**"。它们的符号在个性化范围内相互交流,那是对功能/身体符号的迫切的至善论操纵。将自恋和社会名望联系起来的这种赋予价值的身体综合征,在目前非常普遍的现实中,很明显也是与其反面相联系着的,我们应该将它视作当代伦理的一个要素:无论何种对名望的失望、无论何种社会或心理挫折都即刻被**躯体化**了。

因此断言说如今医疗实践(医生的实践)被"去魅了",说人们因为越来越经常、越来越自由地去看医生,因为他们毫不费劲地(这并非实情)肆意滥用这种普及了的社会供给,所以他们接近了健康和医疗的"客观"实践,这种说法是肤浅的。"普及消费了"的医疗并未丝毫丧失其神圣性及奇妙功用。但显然它再也不是那种传统医疗,像在医生-教士、巫师、游医的本位中那样,依附于对被外在命数觊觎着的实际身体、工具式身体的操作;这在农民及"原始"的观念中似乎还是如此,在他们的观念中,身体并未作为本位、"个性化"价值而被内在化。人们不通过身体来进行救赎、来标注自己的地位。身体是劳动工具和神力,即高效的力量。假如它出了毛病,医生就会恢复身体的神力。这类巫术,以及相应的医生地位，趋向于销声匿迹。但它并没有把它在当代"观念"中的位置让给身体的某种客观表现。而是把位置让给了两种互为补充的模态：自恋式投入和赋值——"心理"面和地位面。医生和健康的地位就是在这两个方面重新构建起来的。而且只是到了现在，通过对身体的"重新发现"和个体圣化，**医学性**才**获得了大规模发展**（正如作为超验制度的专利权是随着"个体灵魂"的神话般的结晶才获得了大发展一样）。

　　那些原始"宗教"并不讲究"圣化"，它们讲究的是一种集体实践。圣化及以此为任的"主祭修士"是随着救赎原则的个体化（主要是在基督教修行当中）产生的。个体忏悔这种最突出的圣化是随着意识更加深入的个体化产生的。要保留相应的比例，要意识到类比的危险，对我们来说身体和医疗也是如此：正是随着普遍的个体"躯体化"（取该词最广泛的含义，而非其临床医学中的含义），随着身体成为名望和救赎的物品、成为基础价值，医生才变成了"听告解者""赦罪者""主祭修士"，这一医疗主体才在目前属于他的社会超特权中安顿下来。

　　在私营化、个性化的身体上，更变本加厉地汇集了各种自我关切和祈祥祛邪、满足与压抑等祭祀导向——这完全是一堆次要的、"非理性的"消费，其中并不包含治疗目的，而且发展到了违反经济命令的地步（药物的购买有一半是在没有处方的情况下进行的，其中包括参加社会保险的人）：为什么要遵从这种导向，不就是这种"您必须（而且只要）做出一些付出以期健康**在交换之中**突然降临"的根深蒂固思想在作祟吗：这里，仪式化、祭祀化的消费比治疗措施更为重要。这在"低等"阶级那里是对药物的强制性要求，在富庶阶级那里是对医生的要求，医生对后者而言更主要是"身体精神分析学家"，对前者而言则是财富和物资符号的散发者——不管就何种方式而言，医生和药物除了治疗功能之外更具有了一种文化**效力**，而且作为"潜在"神力被消费。这就是根据与要求**身体为之服务**的传统伦理相反的一种、完全当代的伦理，命令个体**为自己的身体服务**（参见《她》中的那篇文章）。人们必须像进行自我修养一样进行自我护理：在某种意义上这是体面的标志。当代女性既是自己身体的修女又是其经理，她负责使其保持美丽和有竞争性。功用和圣化在此不可分离地掺杂在一起。于是，医生的本位中兼具了由于其作为内行而获得的尊敬以及由于其职业的神圣地位而获得的尊敬。

苗条的牵挂："线条"

对保持身体线条的牵挂可以从同一范畴的命令来理解。当然（只要对其他文化瞥上一眼），美丽和苗条根本没有天然关系。肥和胖在其他时代、其他地方也曾被看作美丽。但那种强制性的、普遍的以及大众化的美丽，那种作为大家在消费社会中的权利和义务的美丽，则是**与苗条密不可分的**。美丽在于肥胖或苗条、沉重或轻盈，都是由一种建立在形式**和谐**基础上的传统规定所决定的。根据目前它与符号相联系的逻辑规定，它只能在于苗条及轻盈，这一规定和物品的功用性或曲线的优雅一样，受到代数经济的支配。从那些模型和模特的身形来看，它更在于苗条甚至消瘦，她们既是对肉体的否定也是对时尚的颂扬。

这一事实也许显得有些奇怪：因为，其中，假如我们把消费界定为时尚组合程式的普遍化，那么我们知道时尚可以对一切事物、对那些相反的项发生作用，可以一视同仁地对旧与新、对"美"与"丑"（就它们的传统意义而言）、对道德与非道德发挥作用。但**它对肥胖与苗条却无能为力。**此外有一种绝对的限制。这会不会是因为在（食品的）超消费社会中，轻盈变成了一种自身区别符号？即使苗条对先前的一切文化和世代、对农民和"低等"阶级起到了这样的作用，我们知道其中并不存在什么**自身**区别符号，而只有对立形式符号（旧与新，［裙子的］长与短，等等），它们作为区分符号**轮流**交替以使物资得到更新，而且它们并不绝对排斥对方。然而在"线条"这一时尚突出领域中，自相矛盾的是，时尚循环却不再起作用。其中必然有某种比之区分更加基本的东西。而它**应该**是和我们所看到的、在当今时代建立起来的、与自己身体同谋的模式本身相联系着的。

对身体的"解放"造成的后果是将其构筑成关切对象。然而这种关切,和一切与身体及身体感受相关的东西一样,是**自我矛盾的**,即它绝不只是积极的,而且还是消极的。身体总是作为伴随着这一**双重关切**②的客体被解放。结果是,令人满足的、漫长的关切过程被我们描绘成身体的现代机制,不仅具有同等的投资能力,而且具有非同寻常的抑制关切的能力。

当代一切与身体相关的集体牵挂所表达的正是这样一种压制性关切。各种形式的卫生保健,以及其关于消毒、杀菌、预防,或者相反,关于混杂、感染、污染的幻景——其目的都是为"器质性"身体祛邪,尤其是排泄和分泌功能——力求通过排泄达到一种光滑的、完美的、无性的、能抵御一切外部侵袭而自我保护的身体的消极定义。然而卫生保健并非直接承自清教道德。后者否定、拒绝、压抑身体。当代伦理则更加微妙地将其置于卫生保健的抽象化之中,置于对被忘却、被查禁欲望的——脱离了肉体能指的纯净之中,使其变得圣洁。这便是为什么(在耳边回响的、强迫性的)卫生保健的要求总是显得很迫切。然而总的说来,卫生保健之虑造成的,并非一种动人的道德,而是一种游戏式道德:它利用身体的一种表面的、肤浅的宗教来"规避"那些深层的幻景。"热爱着"身体的它小心翼翼地防止着身体与欲望之间的任何沟通。总之,它与身体"准备"的祭祀技术、与原始社会中控制而非压制的游戏式技术之间的距离,比起它与清教时代压制性伦理之间的距离,要更近一些。

那种身体的侵略性冲动,是和身体本身同时"获得解放"的,主要不在于卫生保健之中,而更多在于"节食"的禁欲之中。古代社会曾经有过仪式斋戒。那是一些与节日庆祝相关的集体实践(节前或节后的——领圣体前的斋戒——将临期斋戒——狂欢节后的封斋期),它们的功能就是把身体(与食物及"消费"相联系的双重矛盾体)那种侵略性的、扩散性的冲动完全引导和吸收到集体奉行中来。现在,种种斋戒和禁欲制度，因为不能与普遍的、彻底的身体解放兼容，已经遭到废弃。我们的消费社会显然不再支持，甚至从原则上排斥一切约束性标准。但是，在把身体全部的潜在满足解放出来的同时，它自以为将一种先天存在的人与其身体的和谐关系解放了出来。**这里就有一个难以置信的错误。**同时获得了解放而不再受到社会机制集中引导的整个对立侵略性冲动如今都涌进了对身体的普遍关切之中。正是它推动了今天影响着发达国家 1/3 成年人口（以及 50％ 的女性：美国的调查显示，446 位青少年中有 300 位遵循某种作息、饮食制度）的那种自我压抑的真实事业。就是这种冲动，超越了时尚的（且不可置疑的）规定性，培养了那种不可抑制的、非理性的、猛烈的自我毁灭，其中起初的目标，美丽和优雅，都只是一种无法摆脱的日常惩戒操练的借口而已。身体在一种全面折磨之中，变成了必须根据某些"美学"目标来进行监护、简约、禁欲的危险物品，我们只要眼睛紧盯着《浪潮》中的那些瘦削、枯瘪的模特们，就可以从中解读出丰盛社会对于其身体必胜主义的完全反向的侵略，和对于其所有自身原则的强烈否定。

线条崇拜中的这种美丽与压抑的组合——其中身体，在物质及性欲方面实际上再没有什么作用了，而是被作为完全不同于满足逻辑的两种逻辑的载体：**模式命令**，即社会组织原则，和**死亡命令**，即心理组织原则——是我们"文明"的一个巨大悖论。对线条的狂热、对苗条的痴迷如此地深刻，完全是因为这正是一种**暴力**（VIOLENCE）形式，是因为身体本身在其中**变成了祭品**，同时就像在祭祀中一样达到了完美并激烈地复苏。这个社会的一切矛盾在此都被归纳到身体层面。

斯堪迪-梭玛能"通过其杰出作用"给您带来良好身材——腰围——臀围——腿围——平坦的腹部——再生的组织——结实的肌肉——光滑的皮肤——全新的形象。

"在使用斯堪迪-梭玛三个月之后,我身上的赘肉全去掉了,还获得了出色的体形以及精神上的平衡。"

在美国,广告大力宣传的"低卡路里食品"、人造糖、脱脂黄油、饮食节制让它们的投资者或生产者发了财。大约有3 000万美国人是大胖子或自认为是大胖子。

性交换标准

第一必需品的自主性感化。

"不管被投入到商业领域中的物品是轮胎还是棺材,他们总是企图触及潜在客户的同一个部位:腰带之下。这对精英来说是色情,对大众而言是淫秽。"(雅克·斯顿伯格:《你是我的夜晚》.洛斯费尔德出版社。)

裸体剧院(百老汇:《霍·卡尔库塔》):警方允许进行演出,条件是舞台上不能出现勃起或插入的场面。

哥本哈根第一届淫秽作品集市:"性69"。这是一届"集市"而不是节日,正如报刊所宣称的那样——就是说这主要是一次向淫秽制造者们提供征服市场机会的商业性展览……似乎克里斯蒂安斯堡的领导者们在豪迈地想到去除樊篱以将这一因神秘而具有诱惑力的领域展示于人时,低估了此事的商业前景。一些时刻准备进行牟利投资的审慎人士很快就理解了,对这一从此属于自由商业范畴的消费领域进行深入开发,会给他们带来极大的意外收益。因而,他们迅速地组织起来,要把淫秽创作变成丹麦最有效益的一个工业部门(据报刊报道)。

性感区丝毫不会遭到荒废(J. F. 贺尔德)。

不论在何处,问题都在于"性膨胀",在于"色情的逐步升级"。性欲是消费社会的"头等大事",它从多个方面不可思议地决定着大众传播的整个意义领域。一切给人看和给人听的东西,都公然地被谱上性的颤音。一切给人消费的东西都染上了性暴露癖。当然同时,**性本身也是给人消费的**。其中起作用的,仍是那种我们在谈到青年与反抗、女性与性欲时所揭示的操作机制:在越来越按照商业化并工业化了的物品及信息来评估性欲的同时,物品及信息偏离了它们的客观合理性,而性欲亦偏离了其膨胀的合目的性。就这样,社会和性的变化根据开辟的道路出现了,而"文化"及广告的色情便是这些道路的实验地。

当然,这种膨胀、这种激增伴随着性别相互关系中以及个体与身体和性的关系中的深刻变化。它更反映了对性问题的某种真实的迫切需要,这种迫切需要从很多方面看都是具有新意的。但也不能肯定当代社会的这种性"标记"是否这些问题本身的巨大借口,或者说,它在将它们系统地"正式化"的同时,是否赋予了它们一种欺骗性的"自由"表象而掩盖了它们的深层矛盾。

我们感觉到这种色情化是失度的,而且这种失度是有意义的。它反映的仅仅是一种对传统禁忌的去魅、解压的危机吗?在那种情况下才可能想象,清教继承人的这种渴望一旦达到饱和、满足,解放了的性欲才能找到自身平衡,才能从工业及生产本位主义的漩涡中摆脱出来而变得自主。同样可以想象,由此触发的逐步升级会像国民生产总值的逐步升级一样、像对宇宙征服的逐步升级一样、像时尚及物品革新的逐步升级一样继续进行下去,**而且原因也一样**(J.F.贺尔德):这样看来,性欲**被决定性地包括在边缘化生产及分化的无限过程之中**,因为正是这一体系本身的逻辑将其作为**色情系统**,作为消费的、个体及集体的功能来"解放"的。

我们拒绝任何类型的道德审查:这里并没有"腐化"的意味,而且,我们知道最坏的性"腐化"也可能是活力、财富、解放的符号:因而是革命的,而且反映出一个意识到自己胜利的新阶级的历史性成熟——意大利的文艺复兴就曾如此。这种性欲是庆祝的符号。但事实并非如此，而是徘徊在没落社会中的死亡符号的幽灵。一个阶级或一个社会的解体，总是通过其成员个体的散落，以及（包括）把性真正传染为个体动力和社会氛围来完成的：古典制度末期就曾是这样。看来，割断了自身历史且对未来没有希望的、严重涣散的集体，总是会回复到一个几乎纯粹充满了冲动的世界中去，同时会将利益的即时决定与性的即时决定混淆为同一种狂热不满。社会关系动荡，那种不牢固的联系和激烈的竞争营造出了经济世界的氛围，它们反作用于神经和感官，而性欲也不再是人们共同称赞的对象以及将众人凝聚起来的因素，而变成了对利益的个人狂热。它纠缠着每个人，使他变得孤立。而且，还有一个特征，就是性欲在加剧的同时，会变得对自身**充满渴望**。作为几个世纪及清教传统标志的羞涩、廉耻或犯罪感对它不再具有影响力：它们随着官方标准和禁忌的消失而渐渐消失。约束这种性解放的，就是个体的压抑要求、内心的**审查**。今后审查不再是（从宗教、道德、法律出发）**建立**在与性欲相对立的位置上，而是渗入到个体的无意识中并和性欲一起汲取着同样的源泉。你身边的各种性满足，本身就对自身进行着持续的审查。再也没有了（或者更少有）压抑，但审查却变成了一种日常功能。

"我们将播种一种闻所未闻的放荡"，兰波在其《城市》中说道。但色情的逐步升级、性解放与"各种感官的放纵"毫无关系。这种背景式放纵和渗入其中的隐隐忧虑远没有"改变生活"，而只是构成了某种集体"氛围"，其中性欲实际上变成了**私事**，也就是说具有了强烈的自我意识，自恋并自厌——消费系统用道德包围着它，使之构成该系统的**政治**齿轮。因为凌驾于那些"玩弄"性欲的把戏以促进销售的广告商之上的，还有现存的社会秩序，它"玩弄"性解放的把戏（即使在道德上被谴责）以反对咄咄逼人的全体性的辩证法。

广告中的象征与幻象

这种规定了消费性欲的普遍化审查，尤其不能将其与**道德**审查混淆起来。它不以意识命令的名义制约有意识的性行为：在这方面，表面的宽容是毫不含糊的，一切都要求如此并对此进行鼓励，甚至堕落行为也能得到宽容（当然，这一切都是相对的，但事情正朝着这个方向发展）。我们社会在其性感觉过敏之中建立的审查更加微妙：**它发挥着与幻象本身及象征功能相适应的作用**。与此相反，一切反对传统审查的战斗行动都毫无成效：它们在与一个过时的敌人作战，就像（依然辛辣尖锐的）清教势力还在挥舞着那些以他们的审查、道德等为代表的过时武器一样。基本过程并没有到意识层面，但表现出了性的吉祥或凶险的幻象。对性自由进行大肆攻击的人和性自由的坚决捍卫者一样，右派和左派一样，在这方面都天真得可怕。

我们以亨利奥香槟酒广告为例（J. F. 贺尔德）："香槟一瓶，玫瑰一支。玫瑰变得红艳、含苞欲放、镜头拉近、玫瑰变大、显得肿胀；心脏的搏击声夸张地充满了大厅，加速，变得兴奋、发狂；瓶塞开始被慢慢地、不容置疑地从瓶颈中拔出来，变大，贴近镜头，上面的黄铜丝绊一一蜕去；心脏撞击、撞击，玫瑰膨胀，还有瓶塞——啊！突然，心跳停止，瓶塞蹦出，香槟的泡沫沿着瓶颈缓缓地流下，玫瑰变得苍白并自行闭上花瓣，紧张气氛渐渐弱化。"

我们也记得那则阀门广告，其中有一个荡妇非常卖力而矫揉造作地表演着，镜头定格特写，在出现操纵杆、管道等一整套象征着男性生殖器和精液的机器装备时，性欲渐渐地达到了高潮——这样的例子还有成百上千，说到底都是在玩弄所谓的"秘密说服"的把戏，这一把戏"如此危险地"操纵着我们的"冲动和我们的幻觉"，而且不仅激起了消费者的想象，更引发了智者的非议。色情广告令人厌烦、令人产生犯罪感，在我们身上造成了如此深刻的不安……全裸的金发女郎身上挂着些黑色内衣吊带，好了，赚到了，吊带商发财了。贺尔德尽管指出了"只需把最不起眼的雨伞朝天一举便足以构成男性生殖器的象征",但他既没有对这是否一个象征提出质疑,也没有对这种象征对有支付能力的需求到底能有多大效力提出质疑。后来,他还比较了威伯内衣商的两个广告方案:生产商们选择了第一个方案,他们的选择是有道理的,他认为,"痴狂的男孩就像是祭品。女性有着强烈的成为主宰的欲望……但这也是一种令人生畏的欲望……假如威伯用斯芬克斯姑娘及其牺牲品作为其商标图案,那么其潜在顾客的心理负罪感也许会变得十分强烈,以至于她们会选择一些不怎么连累人的胸罩"。

于是精神分析家们做出博学的样子,颤巍巍地显出对广告幻象的兴趣,对其中可能表现了贪婪的口腔、肛门或阴茎等内容的兴趣——这一切都被与消费者的无意识联系在一起,而消费者只能听任被这样操纵(这种无意识,当然被看作是已经存在于此的前提因素,因为弗洛伊德已经这样说过——这是一种隐藏着的本质,其最喜欢的食粮就是象征或幻象)。无意识和幻象之间的循环论证,与从前意识层次中主体与客体之间的循环论证,是同样的。两者互为索引、互相规定,无意识被规定为个体功能,而幻象则是广告公司的成品。由此,可以规避无意识的逻辑和象征功能提出的所有真正的问题,而将它们巧妙地物化到符号的意义及效用的机械进程中去:"其中存在着无意识,还存在着一些与之相联系的幻象,而这种奇妙的结合促进了销售。"这和那些相信土著神话并按字面意思去理解它们,且同时将土著的迷信看作这些神话和仪式的神奇效应的人种学家们同样天真——这一切都是为了维护他们自己"原始精神"的理性神话。广告对销售的直接影响力开始受到怀疑:大概也到了对这种天真的幻象机制提出彻底质疑的时候了——它也许只是广告商和精神分析学家们的借口。

粗略说来,问题在于:这其中真的有力比多吗?在这种铺陈炫耀的色情之中有什么性欲、力比多可言?广告(以及所有其他大众传媒系统)是否是幻象的真正"舞台"？说到底，对这种**明显的**象征和幻象内容的理解是否比梦的解析更加严格？而色情指令说到底所具有的象征效应或价值，难道并不比直接商业指令的商业效应大吗？我们谈论的是什么？

实际上，我们在这整个过程中，面对着的是一种二流神话学，它想方设法地让人把那仅仅属于**魔术幻灯**的东西当成**幻象**，它通过虚假的象征，使个体陷入到所谓个体无意识的**神话**中，以促使他们对其做出投资而完成消费功能。必须让人们相信他们"有"一个无意识，且这种无意识就存在于此，投射、表现在广告的"色情"象征之中——这是它存在的证明，他们有理由相信此事，并因而愿意接受它，首先要在对这些象征的"阅读"层次上进行接受，随即就要通过对由这些"象征"所指定的并承载着这些"幻象"的物质财富的占有来进行接受。

事实上，在这整个色情会演当中既没有象征也没有幻象，人们把这一切指责为"欲望战略"，这是在同风车战斗。即使关于阴茎或其他的信息并非无稽之谈，"转瞬即逝"，并非只是游戏，人们也完全可以承认围绕着我们的一切色情材料都是**有文化修养**的。这既不是幻象的材料，也不是象征的材料，而是**氛围**的材料。在这里发言的，既不是欲望也不是无意识，而是文化，一种堕落为陈词滥调、把戏、市集辞藻的精神分析亚文化。这是一种二流虚构，确切地说是**隐喻**。它（无意识）在这里并没有发言权，就是因为它的发言权被移交给了在当今文化系统中建立起来的、与该系统完美融合为一体的精神分析学：但显然并非移交给了作为分析实践的精神分析学，而是移交给了精神分析学中提高了文化修养的、美学化、大众传媒化了的功能/符号。然而不应把那些神话式主题的形式的、隐喻的组合与无意识话语混淆起来，就像不能把人工柴火与火的象征混淆起来一样。在这种"所指的"火与巴什拉所分析的火的诗意实体之间没有任何共同之处。这种柴火是一个文化符号，仅此而已，而且只具有一种文化参照的价值。同样,整个广告、现代色情都只是由符号构成的,而非意义。

不要落进广告色情逐步升级的圈套(同样也不要落进与之形影相随的广告"讽刺"、游戏、距离、"反广告"的逐步升级的圈套);这一切内容都只是些并列的信号,它们堆积在一起构成商标这一超级符号,而只有商标才是唯一真实的信息。没有一处有语言,尤其不需要无意识:这便是为什么艾尔波恩航空公司在其最近的广告中一本正经地一字排开五十个女性臀部("嗯,是的,一切尽在其中……它正是我们的首要研究领域,我们要研究它可能摆出的一切姿态……因为我们和塞维涅夫人一起思考,云云"),这便是为什么这五十个臀部,以及其他许多臀部,能够出现在广告中——它没有任何企图,也不唤醒任何"深层"的东西。它们只表达文化内涵,是一种内涵元语言:它们"在风中"谈论某种文化中的性神话,而与真实的肛门毫不相干——因而它们是无害的——且可以通过画面形式即时消费的。

真正的幻象是无法表现的。如果它**可能**被表现,那将是令人难以忍受的。吉列刀片曾有表现被剃刀刀片框住的两片女性光滑的唇的广告,它之所以可以观看,完全是因为它并没有真正地表达出它所"暗示"的那种令人受不了的幻象,即阴道割礼的幻象,而只是满足于把从句法关系中摆脱出来的一些符号,一些孤立的、编了目的、不会诱发任何无意识联想(相反这类联想会刻意地规避这些符号)而只会引起"文化"联想的符号组合起来。这是象征的格莱文博物馆,陈列着一大堆不再留有丝毫冲动作用痕迹的、僵化的幻象/符号。

简而言之,与其对广告充满情感的操纵进行谴责还不如对它表示敬意。但无疑这种令审查者们和捍卫者们竞相中计的大骗局有一个非常明确的功能,即令人们忘却那真正的过程,也就是对躲在这整个魔术幻灯背后非常有效地"发挥着作用"的审查过程进行彻底的剖析。广告色情机制令我们承受的调控,并非"深不可测的"劝导、无意识的建议,**相反**恰是对一个清晰句法中的深刻意义、象征功能、幻觉表达方式的审查,简单地说就是对性能指的生动宣泄的审查。在性符号编码游戏中，在被随处展示的性的晦涩表现中被删除、被剪辑、被取消的正是这一切，可是在那里对句法的巧妙解构只是为一种闭塞的、反复叙事式的操纵留下了余地。就是在这种发挥着与含义相适应作用的系统的恐怖之中，一切性欲都从实体中摆脱了出来而成为消费材料。消费"过程"正是在那里发生着，另外这比起幼稚的裸露癖、比起交易会上的阴茎崇拜和滑稽剧等弗洛伊德主义来更要严重。

性玩偶

这是一种新玩具。但儿童玩具是以成人幻象为出发点而通向一个完整文明的。这种新玩偶证明，在消费社会中，我们与性的关系和我们与其他任何事物关系之间具有一般性，这是由一种**模拟和重现的进程**决定的。其原则是一种对现实的人为旋转：在这里性欲被与性器官的"客观"现实混淆在一起。

假如就近考察，就会发现电视的色彩、广告中或其他地方的身体裸露，就像对工厂的参与或观众们对先锋戏剧的"总体"场景的"器质性和积极主动"的参与一样：无论在何处，它指的都是对某种"真相"或某种"总体性"的人为重现，是在对作用或功能进行了预先划分的基础上，对某种总体性进行的**系统重现**。

就性玩偶（性作为玩具、作为幼稚把戏的对等物）而言：必须像划分总体性那样先把性欲在其总体交换的象征功能中进行分解，才能将其限定在**性符号**（生殖器、裸体、第二性征并扩展到一切物品上的色情含义）的范围内，并将它们作为私人财产或特征**指定给个体**。

"传统"玩偶充分实现了其象征（因而也是性的）功能。用特定的性符号对其进行装扮，从某种意义上来说就是划掉这种象征功能，并将该物品拴在一个戏剧化功能之上。这并非特例：这种**附加**于玩偶的性作为第二特征、作为性装扮并事实上作为对象征功能的**审查**，是裸身和色情装扮以及对到处包围着我们的身体符号的颂扬在儿童阶段的对等物。

性欲是一种象征的及总体的交换结构：

1. **撤销其象征**，代之以性的现实的、明显的、戏剧化的含义和"性需要"。

2. **撤销其交换**（这一点是基础的），将性爱个体化，将性指定给个体并将个体指定给性。在这里完成了劳动的技术和社会分工。性变成了被分为许多份的功能，并且在这同一个运动中，它作为"私有"财产而被指派给了个体（对无意识来说也是如此）。

可见归根结底这指的还是那唯一的、不变的事情：否认性欲是象征交换，也就是说否认性欲是超越功能划分的总体进程（即否认性欲是颠覆）。

性欲的总体功能及其交换象征一旦被摧毁并丧失，那么它便落到使用价值/交换价值的双重模式之中（这两者都是**物品**这个概念的总体特征）。它作为孤立的功能，同时表现出：

1. 对个体（通过自己的性器官、"性技巧"及"性需要"来实现——因为现在谈的是技术和需要，而不是欲望）而言的使用价值。

2. 交换价值（它不再是象征的，而要么是经济和商业性的，如各种形式的卖淫，要么是那种更能说明当今问题的炫耀性质的价值/符号，如"性地位"）。

这便是打着"进步"玩具旗号的有性玩偶所讲述的一切。就像电唱机或印度航空公司广告额外提供的女性裸臀一样，这种玩具娃娃似的性，是一种**逻辑**畸变。它和未到青春期的幼女戴的胸罩（在海滩上可以看到这种情形）一样怪诞。尽管表现形式相反，但它们具有同样的意义。一个遮掩，另一个泄露，但两者同样做作，同样如清教一般虚伪。在这两种情况下，都有一种审查在透过赝象、透过炫耀的**模拟**发挥着作用，这种模拟总是建立在一种**对现实的玄想**基础上的——现实在这里成了对本真的物化和颠倒。

人们越是为赝象添加上现实的符号/属性，使其得到完善，就越是会通过将象征的负荷转向对物化的性的文化玄想来审视真相。这样一来，一切——不仅仅是玩偶——现在都将被人为地赋予性征以更好地祛除力比多和象征功能。但这个特例是惊人的，因为在这里，本来在这方面什么也不用做的父母们，出于良好"意愿"并以性教育为借口，通过性符号的过度展示，对孩子实施了一种真正的**阉割**。

休闲的悲剧或消磨时光之不可能性

在"消费社会"现实或幻想的大量财富中，时间占据着一种优先地位。仅仅对这种财富的需求就几乎相当于对其他任何财富需求之总和。当然，这方面的机会均等、自由时间的普及并不比其他方面的财富或服务来得更多。此外，我们知道以计时单位对自由时间的计算，如果说这对区别一个时代与另一个时代或者一种文化与另一种文化来说是有意义的，那么在我们看来就绝对价值而言这毫无意义：这段自由时间的**品质**、它的节奏、它的内涵、相对于劳动或"自治"的约束它是否还有剩余，这一切重新成为对个体、范畴、阶级进行区分的特征。工作的增加和休闲的缺乏甚至会重新变成经理或负责人的特权。除了这些仅在某种地位符号（其中包括"被消费了的"自由时间）区分理论中才有意义的差异，还应看到时间具有使人类地位均等化的某种特殊神话价值、如今被休闲用力夺回并被作为主题的某种价值。那句曾经集中表现了所有对社会公正的愿望的古老格言说道"时间和死亡面前人人平等"，它被精心地保存了下来，并流传到了今天的神话之中，变成了休闲之中人人平等。

"共同进行的潜水捕鱼及共同品尝的萨莫斯葡萄酒唤醒了他们身上的一种深深的同志情谊。在返航的船上，他们发觉彼此只知道对方的姓氏，于是交换了地址，才惊奇地发现他们原来是在同一家工厂工作,一位是技术指导而另一位是守夜人。"

这则有趣的寓言总结了地中海俱乐部的全部意识形态,包括了好些玄奥的公设:

1. 休闲,就是对自由的支配。

2. 每个人,生来,在实体上就是自由的,并且是与他人平等的:只需把他重新置于"自然"状态中,他就能收复这种实体的自由、平等、博爱。因此希腊的岛屿和海底深处成了对法国革命理想的承继。

3. 时间是一种**先天的**、先验的、先于其内涵的范畴。它就在那儿,它等待着您。假如它在劳动中被异化、被奴役,那么"人们就没有时间"。假如它摆脱了劳动或束缚,那么"人们就有时间"。它就像空气、水等一样是一种绝对的、不可让与的范畴,它在休闲中重新变成了大家的私有财产。

这最后一点是最重要的:这一点令人隐约感觉到时间很可能只是某种文化、更确切地说是某种生产方式的产品。在这种情况下,时间**必然**和这一生产系统范围中一切被生产出来或可资利用的财富一样隶属于同一法则:私有或公共财产的法则,占有的法则,被拥有且可让与的、异化了的或自由的客体的法则,而这种客体和根据这一系统模式生产出来的一切物品一样从属于交换价值的物化抽象。

还有人会说,大部分物品无论如何都具有某种理论上可与其交换价值相脱离的使用价值。可是时间呢?它的可通过某种客观功能或特定实践来确定的使用价值在哪里呢?因为"自由"时间的深刻要求就在于:**为时间恢复其使用价值**,将其解放成空闲范畴,并用个体的自由将其填满。然而,在我们的体系中,时间只有作为物品、作为每个人都能"随心所欲地"用于"投资"的由年、时、日、周构成的计时**资本**才能得到"解放"。既然它的计时要受到总体性抽象即生产系统的抽象的支配,因此事实上它已经不再"自由"了。

因而休闲的深刻要求陷入了无法解决的、绝望的矛盾中。它对自由的强烈期盼证明了制约机制的强大力量,确实,这种力量无论在何处都没有在时间领域表现得如此全面。"每当我谈到时间,它已然不再存在",阿波利奈尔说道。关于休闲人们可以说:"每当我们'有'时间,它便已不再自由。"况且这种矛盾并非只是文字游戏,而确实很深刻。这便是消费的**悲剧性**悖论。对每一件被拥有、被消费的物品,就如同对自由时间的每一分钟一样,每个人都想将自己的欲望传送于其中,并相信自己已经这样做了——然而每一件被占有的物品、每一次完成了的满足,就像"可资利用的"每一分钟一样,欲望已然缺席,必然缺席。剩下的不过是欲望"被消费"后的残余。

原始社会中没有时间。想要了解那里的人们"有"没有时间,是没有意义的。在那里,时间只是重复式集体活动(劳动、庆祝的仪式)的节奏。要把它投射到已然预见且调制好的未来中去就不能脱离这些活动。它不是个体的,庆祝活动中积累起来的就是交换的节奏本身。没有名称可以称呼它,它和交换的词汇混淆在一起,和人及自然的循环混淆在一起。因此它是"被联系"的,而不是被约束,而这种"联系"(格本登黑特)并不与任何"自由"相对立。它确实是象征的,就是说无法被抽象地孤立出来。另外"时间是象征的"这种说法毫无意义;很简单,在那里,它和金钱一样并不存在。

相反,时间与金钱的类比则是对"我们的"时间进行分析的基础,而且可能包含着劳动时间与自由时间之间的重大鸿沟、决定性的鸿沟,因为消费社会的那些基础性选择就是建立于其上的。

时间就是金钱:这句烙在雷明顿打字机上的名言同样也烙在工厂的门楣之上,烙在被日常性事务奴役的时间之中,烙在变得越来越重要的"时间预算"的概念里。它甚至还支配着——而这才是我们的兴趣所在——休闲与自由时间。决定着空闲时间并被烙在海滩日晷仪上以及度假俱乐部门楣上的还是它。

时间是一种服从于交换价值规律的珍贵的、稀缺的东西。这一点对劳动时间而言是显而易见的,因为它是被出卖和被购买的。但是自由时间本身也变得越来越需要直接或间接地被购买以被"消费"。诺曼·梅勒分析了对以冰冻形式和以液体形式（纸箱包装）发货的橘子汁进行的生产计算，后者更加昂贵，因为人们把免去产品冰冻的准备过程而赢得的那两分钟也计算在成本内了：**他们自己的自由时间就这样被出售给了消费者**。而这是合乎逻辑的，因为"自由"时间实际上是"赚到的"时间，是可赢利的资本，是潜在的生产力，因而需要将其买回来以资利用。如果有谁对此感到惊奇或气愤的话，那么他肯定还停留在那种对理想化的、中性的且可供任何人使用的"自然"时间的天真假设之中。投一枚一法郎的硬币到自动电唱机中就能"买回"两分钟的清静，这种念头毫不荒诞，这也反映了同一个真相。

可切分的、抽象的、被计时的时间就这样变得与交换价值系统同质：在那里它变得同无论什么物品都一样了。作为时间计算的物品，它能够而且应该与任何其他商品（尤其是金钱）进行交换。另外，时间/物品的概念具有可逆价值：一切都和时间一样是物品，因而一切被生产出来的物品均可被看作凝固的时间——其中不仅包括它们商业价值计算中的劳动时间，而且包括休闲时间，因为技术物品为使用它们的人"节约"了时间，而且这些人为此付费。洗衣机，便是家庭主妇的自由时间，便是转化为可被出售和购买的物品的潜在自由时间（这个自由时间她也许会用来看电视以及电视上其他洗衣机的广告！）。

时间作为交换价值和生产力的这一规律并不关注休闲，以至于后者奇迹般地逃脱了一切制约着劳动时间的束缚。（生产）系统的规则都不考虑休假。它们持续地在任何地方——在路上、在海滩上、在俱乐部中——**再生产作为生产力的时间**。表面上一分为二变成劳动时间和休闲时间——后者打开了自由的先验领域——这是一个神话。这种在消费社会中的极为对立的状况变得越来越基础、越来越形式化。这种将每年的时间划分为"阳光下的一年"和"社会性的一年"的巨大编排，把假日变成私人生活的开始而把初春当成集体生活的降临,这种巨大的潮涨潮落表面上看只是一种季节性节奏。这根本不是一种**节奏**(循环中自然时刻的承接),这是一种**功能机制**。是将同一个系统程序划分为劳动时间和休闲时间。我们将会看到由于这种客观的、逻辑的共通,制约着劳动时间的标准和约束也被传送到了自由时间及其内容之中。

暂且让我们回到休闲本身的意识形态上来。休息、放松、散心、消遣也许都是出于"需要",但它们自身并没有规定对休闲本身的苛求,即对**时间**的消费。自由时间,也许意味着人们用以填满它的种种游戏活动,但它首先意味着**可以自由地耗费时间**,有时是将它"消磨"掉、纯粹地浪费掉。(这就是为什么说休闲"被异化了",因为它仅仅是恢复劳动力所必需的时间——这是不够的。休闲的"异化"更加深刻:它并不直接隶属于劳动时间,而是与消磨时间之不可能性本身[L'IMPOSSIBILITÉ MÊME DE PERDRE SON TEMRS]相联系。)

时间真正的使用价值,即休闲无望地试图恢复的那种价值,就是被消磨掉③。假期便是一种对那可以完全浪费掉的时间的追寻,而且这种浪费不会进入到一种计算程式之中,(同时)这段时间不会以任何方式"被赚取"。在我们的生产与生产力系统中,人们只能**赚取**自己的时间:这种命定的必然沉重地压在了劳动之上,也压在了休闲之上。人们只能"**利用**"自己的时间,尽管也许只是一种空洞得惊人的使用。假期的自由时间依然是度假者的私人财产,是他通过一年的汗水赚取并拥有的一件物品、一件财富,他像享受其他物品一样享受它——他不会放弃它,把它给予、贡献(就像人们把物品放进礼品袋那样),而要将它用于一种完全的无拘无束、用于意味着真正自由的时间之缺席。他被紧紧地束缚于"他的"时间之上,就像普罗米修斯被束缚在他的岩石之上那样被束缚于作为生产力的时间的普罗米修斯神话之中。

西西弗斯、坦塔罗斯、普罗米修斯:所有有关"荒诞自由"的存在神话较好地刻画了其背景之中的避暑者,为了模拟某种"假期"、无动机、彻底的剥夺、空虚,刻画了他费尽心机而仍无以消磨自身及时间——原因是他处在一个完全客观化的时间范畴中。

我们身处的时代是一个人们永远无法消磨足够多的时间,以战胜那种从过日子到从中赚取利益的命定必然性的时代。但是人们不能像脱去内衣一样摆脱时间。人们再也不能把它消磨掉或浪费掉,对金钱也是如此,因为这两者都是交换价值体系的同一种表达方式。在象征范畴之中,白银、黄金都如同粪土。客观化的时间也是一样。但事实上,极少有,而且就现实体系而言,逻辑上不可能把金钱或时间回复到它们"古老的"、祭祀式的粪土功能中去。假使有人真正如此,那么他就是在象征模式上摆脱了它们。在计算和资本的秩序之中,这显然是某种方式的颠倒:我们通过它而客观化,我们被作为交换价值的它所操纵,**是我们变成了金钱的粪土,是我们变成了时间的粪土**。

到处都是如此,不要相信关于休闲中自由的假象,"自由"时间在逻辑上是不可能的,只可能存在着受制约的时间。消费的时间即生产的时间。它之所以如此是因为它从来就只是生产循环中的一个"模糊"阶段。而且,这种功能互补性(不同社会阶级意见不一)并非其核心的规定性。休闲受到制约是因为它在无动机的表象下,忠实地再生产着本属于生产时间和被奴役的日常性在精神上和实践上的一切束缚。

它并不表现为创造性活动:艺术或其他方面的创作或创造,从来都不是**休闲**活动。通常它表现为某种返祖活动、早于劳动的当代形式的活动(修补零活、手工艺、收藏、钓鱼)。唯一真实经验过自由时间的指导性范例就是童年。但这里混淆了童年游戏中对自由的体验和对劳动分工之前社会阶段的怀念。在这两种情况下,休闲想要恢复的总体性和自发性由于它们突然出现在一个受到当代劳动分工重点强调的社会时间中,因而具备了消遣和**无责任**的客观形式。然而,休闲中的这种无责任是与劳动中的无责任对应并在结构上互补的。一方面是"自由",一方面是束缚:实际上,结构还是一样的。

正是时间在这两大模态之间的功能划分构成了系统并**将休闲变成了异化了的劳动的意识形态本身**。这种二分法给双方都造成了同样的不足和矛盾。因此不论在何处我们都能像在劳动领域中一样在休闲和假日中找到相同的尽责式精神和顽强理想、相同的强迫伦理(ÉTHIQUE DU FORCING)。休闲和它彻底参与的消费一样,都不是满足的实践。至少它只是在表面上是那样。事实上,这种要晒黑的急切念头萦绕心头,促使旅游者们"游览了"意大利、西班牙和一座座博物馆,这种健身和不可或缺的严格的裸体日光浴,尤其是这种微笑和坚持活着的快乐,这一切都表现为根据义务、牺牲及苦行原则进行的一种全面分配。里斯曼所说的**"快乐道德"**,便是今后休闲和快乐中任何人都无法回避的、这种本来就属于伦理方面的救赎范畴——除非他能在其他尽责标准中找到救赎。

从类似限定劳动的同一种限定原则中,产生了一种日益敏感的——并与自由及自主动机明确对立的——倾向,即旅游及度假集中化倾向。独处是一种口头上而不是实践中的价值。人们逃避了劳动,但逃避不了集中。在这里当然,也存在着社会不公平(报告,第8条)。海洋、沙滩、阳光和人群对来自社会低阶层的度假者们比对富庶阶级的度假者们显得更加必要:这反映了经济能力的问题,但更主要的是文化期待的问题,"受到被动假期束缚的人们,他们需要海洋、阳光和人群来掩饰自己的窘迫。"(同上,于贝尔·马塞。)

"休闲是一项集体使命",这一报章标题完美地概括了自由时间及其消费的那种制度的、内在化社会准则的特性,在那里对白雪、悠闲及各国美食的享受勉强遮掩了那深刻的服从:

1. 对一种将需要和满足最大限度化的集体道德的服从。这种道德在私人及"自由"领域里逐点反映了"社会"领域中生产及生产力最大限度化的原则。

2. 对一套区分编码、一种鉴别结构的服从——区分的标尺,在古代对富庶阶级而言长期意味着"游手好闲",现在变成了对无用时间的"消费"。支配着休闲的,是什么(有用的事)都不做的束缚,而且这种支配是非常专制的,这种束缚曾在传统社会中支配着特权阶层的地位。休闲,其分配依旧很不公平,在我们的民主社会中,仍然是文化选拔和区分的一个因素。尽管如此,人们可望预见趋势逆转(至少可以想象这样):在 A. 赫胥黎的《美丽新世界》中,只有阿尔法人进行劳动,其他大群的人们都献身于享乐与休闲。人们可以承认随着休闲的前进及自由时间的普遍"提升",特权会发生逆转,而最好的结果也许是为**必需的消费**留下越来越少的时间。假如休闲活动在发展过程中越来越与它们的理想计划背道而驰,且堕入到竞争和惩戒性伦理之中(这种可能性很大)的话,那么就可以断言劳动(特定类型的劳动)反而会成为使人们从自己休闲的疲劳当中恢复过来的场所和时间。无论如何,劳动今后可能会重新成为区分和特权的符号:比如高层干部和总经理们那种做作的"被奴役",他们每天必须工作 15 个小时。

由此我们得出了一个矛盾项,其中**被消费**了的正是劳动本身。只要它比自由时间**更受欢迎**,只要存在着通过劳动实现的"神经官能"的需求和满足,只要额外劳动还是声誉的标志,那么我们就处在劳动消费的领域内。但我们知道,一切都可能成为消费客体。

休闲的不同寻常的价值反正在今天以及今后很长时间内都将存在着。即便劳动反弹性增值,那也只能**从反面**证明休闲成了深层意义中的**高贵价值**的力量。"受到劳动的明显束缚成了不成文的名誉索引",凡勃伦在其《有闲阶级论》中说道("明显地受到劳动约束是公认的名誉和地位的标志")。生产性劳动是卑贱的:这一传统依然如故。也许随着当代"民主"社会中日益激烈的地位竞争,这一传统甚至还得到加强。这种价值/休闲的规律具有社会时效的绝对力量。

休闲因而并非就意味着一种**享受**自由时间、满足和功能性休息的功能。它的定义是对非生产性时间的一种消费。这样我们便回到我们开头为了证明为什么**被消费了的**时间实际上是**生产**时间而谈到的"时间的浪费"之上了。这种时间在经济上是非生产性的,但却是一种**价值**生产时间——区分的价值、身份地位的价值、名誉的价值。因此,什么也不做(或者不做任何生产性事情)变成了一种特定活动。生产(符号等)价值是一种**必然**的社会供给,这与消极被动是完全相反的,即使后者显然是茶余饭后的闲话。事实上,时间在这里并不是"自由的",它在这里**被花费**,而且也没有被纯粹地浪费,因为这对社会性个体来说是生产身份地位的时刻。没有人需要休闲,但是大家都被要求证明他们不受生产性劳动的约束。

所以对空闲时间的消费类似于**礼物交换**。在这里,自由时间(同时对附属及内在于休闲的一切活动而言)是含义和符号交换的材料。就像在巴塔耶的《被诅咒的部分》中,其价值就在于毁灭本身之中,在于牺牲之中,而休闲则是这一"**象征性**㉓"步骤发生的场所。

因此休闲在最后审判中用价值区分逻辑和生产逻辑为自己进行**辩护**。人们几乎可以经验性地核实这一点:当一个休闲者独处、进入"创造性自由支配"状态之时,他会绝望地寻找一个可以钉上钉子、一个可供拆卸的马达。置身竞争圈之外,没有丝毫自主需要、半点自发动机。但他并不因而就放弃什么也不做的机会,恰恰相反。他迫切地"需要"什么也不做,因为这具有社会区分价值。

今天依然如此,普通个体向假期和自由时间要求的,并不是"尽责的自由"(要它何用? 有什么被隐藏的本质会冒出来?),而首先是标榜自己时间的无用性,作为奢侈资本、作为**财富**的时间的富余。休闲时间,就和消费时间一样,总的来说,变成了非常确切的社会时间、价值生产的社会时间,变成了一个并非关于经济**继续存在**而是关于社会**救赎**的范畴。

我们来看自由时间的"自由"归根结底是以什么作为根据的。应该将其与劳动"自由"及消费"自由"进行比较。就像**必须**使作为生产力的劳动得到"解放"以获取经济交换价值一样——就像**必须**使消费者得到"解放",使他(在形式上)可以自由进行选择和建立兴趣以便消费系统得以建立起来一样,同样必须使时间得到"解放",就是说使它摆脱它的(象征的、礼仪的)蕴涵以:

(1) 不仅成为经济交换循环中的**商品**(就像在劳动时间中那样),

(2) 而且成为在休闲中获得了社会交换价值(名誉游戏价值)的**符号**和符号材料。

决定**被消费**时间的仅仅是这后一种模态。劳动时间没有"被消费",或者说它只是像马达耗费汽油一样被耗费了,这个概念与消费**逻辑**毫无关联。至于"象征性"时间,则既没有受到经济上的束缚,也不像功能/符号那样"自由",而是**被联系着**,也就是说与自然或相对社会交换的具体循环密不可分,这种时间显然没有"被消费"。事实上,我们称之为"时间",只是由于我们的计时概念的类比和投影;它实际上是一种交换节奏。

在我们所处的这样一个一体化的、总体的系统中,不存在对时间的自由支配。休闲并非对时间的自由支配,那只是它的一个标签(AFFICHE)。其基本规定性就是**区别于劳动时间的束缚**。所以它是不自主的:它是由劳动时间的缺席规定的。这种构成了休闲深刻价值的区别到处被解释,强调为多余、过度展示。在其一切符号之中,在其一切姿态之中,在其一切实践之中,及在其表达的一切话语之中,休闲靠着对这样的自我、对这种持续的炫耀、对这个标志(MARQUE)、对这张标签(AFFICHE)的这种展示和过度展示而存在。除了这一点,它的一切都可以被剥夺、删除。因为正是这一点规定了它。

关切的神话

消费社会不仅仅意味着财富和服务的丰富，更重要的还意味着一切都是服务(TOUT EST SERVICE)，被用来消费的东西绝不是作为单纯的产品，而是作为**个性服务**，作为额外赠品被提供的。从"吉尼斯对你很好"直到政客们对同胞们的关切，包括空姐的微笑及自动售香烟机的道谢声，我们每个人都被一种美妙的热心服务包围着，被奉献和善意的组合包围着。即使小到一块香皂，那也是一群专家为使**您**皮肤光滑而进行了几个月的研究思索后的成果。艾尔波恩航空公司让其整个智囊团来为您的"臀部"服务："因为一切尽在此处。它是我们的首要研究领域……我们的职责就是要让您坐好。我们从人体解剖学、社会学甚至哲学角度进行了研究。我们所有的座椅都是出自对您身体的细致观察……扶手椅外壳之所以用聚酯塑成，那是为了更好地配合您优雅的曲线，等等。"这个座椅再不只是座椅了，而完全是为您的利益着想的一种社会性供给。

今天没有任何东西是单纯地被消费的，即被购买、被拥有，而后就这样被耗尽。物品不是这样**为某事**而用，首先并特别要指出的是它们是为**您**服务的。如果没有个性化的"您"这一直接宾语，没有这套完整的个性供给的意识形态，那么消费只会是消费而已。正是这种**额外赠品**、这种个性效忠的热情为它赋予了完整的意义，而不是单纯的**满足**。当代消费者们沐浴在**关切**的阳光中。

社会转移和母性转移

这种额外赠品和关切的机制，在一切当代社会中，都有其官方支持，即所有的社会再分配制度(社会保障、退休金保管、多种津贴、补助、保险、证券交易)，由此，就像 F. 佩鲁所说："当局因而通过发放社会津贴,目的不在于酬劳生产服务,而是满足需求,来纠正权力的过分垄断。这些款项拨付未遭到明显的反对,在很长一段时期内会削弱那些所谓危险阶级的进攻。"这里,我们不去讨论这种再分配的真实效率及其经济机理,我们感兴趣的是它造成的那种集体心理机制。由于其财产的提取和拨付,社会要求(即已建立的秩序)提供了一种宽厚慷慨的心理利益,表现出乐于助人的愿望。指称这些制度的完全是一套母性的、充满保护色彩的词汇:社会保障、保险、保护儿童、保护老人、失业津贴。这种官僚主义的"慈善",这些"集体大团结"机制——全都是"社会征服",通过再分配的**意识形态**步骤,发挥着**社会控制**机制的作用。看起来好像一部分⑥剩余价值被奉献用于保护他们了——整个权力体系都得到了这种豪爽意识形态的支撑,在这一意识形态中,"善行"掩盖了利益。这真是一石二鸟:领薪者非常高兴能收到以赠予或"无偿供给"形式出现的、他以前被剥夺的财富中的一部分。

简要地说,这便是 J. M. 克拉克所指的"伪市场社会"。尽管其中充斥着商业精神,西方社会还是通过优先的财产分配、社会保障立法、对起点不公平进行纠正等措施来维护社会的团结。所有这些措施都遵循一种外在于商业的团结原则。其方式则是对本身不遵守平衡原则,而遵守一种渐渐合理的再分配经济规定的那些转移,来明智地进行一定程度的约束。

从更广泛的意义上说,据 F. 佩鲁看来,确实所有的商品"都是一些关系进程、制度进程、转移进程、文化进程的纽结,而不只是工业进程的纽结。在一个有组织的社会中,人们不能单纯地交换商品。他们同时还交换了一些象征、含义、服务及信息。每一件商品都应该被看成并非不可评判的服务的核心,而这赋予它以社会性"。——然而,这是正确的,相反也就是说在我们的社会中,不论是何种社会,没有任何交换、任何供给是"无动机的";交换中的唯利是图是普遍的,即便那些表面上最无私的交换也是如此。一切都可以购买,一切都可以出卖，但是商品社会既不能在原则上也不能在法律上向这一点让步。由此得出了再分配"社会"模式意识形态的极为关键的重要性：它把一个神话灌输进集体心理，这个神话说，社会秩序完全被用于为个体"服务"和用于个体的福利㉑。

微笑之做作

然而，除了经济和政治制度以外，这里令我们更感兴趣的是社会关系中一种完全不同的系统，一种更加非官方、非制度化的系统。那就是一整套"个性化"交流网络侵入了消费的日常性。因为它意味的确实是消费——对人际关系、对团结、相互性、热情以及对以服务形式标准化了的社会参与的消费——这是一种对关切、真诚和热情的持续性消费，然而当然也是对这种独有的关切**符号**的消费——这种关切对于身处一个社会距离和社会关系紧张已成为客观规律的体系中的个体来说，比起生理上的进食来，更是他维持生活所需要的。

（自发的、相互的、象征的）人际关系的丧失是我们社会的基本事实。正是在此基础上，人们参加了使人际关系——在**符号**形式下——重新回归到社会循环轨道上去的系统过程，并参加了对这种**符号化**关系、人际热情的**消费**。迎宾小姐、女社会福利员、公共关系工程师、广告女郎，这些职员使徒们都把额外赠品、把**通过制度化微笑来为社会关系上点润滑油**当作现世使命。到处都可以看到广告在摹拟那些近似的、亲密的、个人的交流方式。它试图用家庭主妇们面对面交谈的口气对家庭主妇讲话，试图用老板或同事的口吻对干部或秘书讲话，试图像朋友，或超我，或内心声音一样，以一种反省的方式对我们每个人讲话。它就这样通过一种真实模拟过程，在没有亲近的地方，在人们之间或者人们与产品之间，营造出亲近的氛围。而这是属于广告中被消费的东西（可能是首先被消费的）。

整个团体动力学以及类似的实践都从属于相同的（政治）目标或相同的（生命）必需：如果要请公认的社会心理学家来使企业的黑暗

关系重新回到团结、交换、交流的轨道上来就需要支付很昂贵的费用。

整个服务行业（SERVICES）的第三产业都是如此：商人、银行职员、商店女售货员、商务代表、咨询服务、促销服务，所有这些调节、销售和推销人际关系的职业，以及社会学家、采访记者、经纪人和推销员，这些人的职业规律要求他们与他人"接触"、"参与"，对他人的"心理感兴趣"——在所有这些职业和角色当中，相互、"热情"的内涵都被包括在规划程序及职能实施里了。它是推销、招聘和报酬中的最大王牌："有人缘""有接触交往的才能""热衷于处理人际关系"等等。到处都泛滥着虚伪的自发性、个性化话语、情感性和背景式个人关系。"保持微笑！融洽相处！""索菲泰尔-里昂的微笑，是当您从我们门口经过时我们希望看到在您唇上绽放的微笑，是已经选择了我们某家连锁旅店的每位顾客的微笑……是我们关于旅店业哲学的体现：微笑。"

"程序：友谊之杯……得到舞台、荧屏、运动场及新闻界最伟大人物题词的'友谊之杯'将成为那些急切希望向法国医学研究基金会进行捐赠的公司的产品销售助手……在为'友谊之杯'签名装饰的人物中，我们特别感谢赛跑运动员 J. P. 贝尔多瓦兹、路易松·鲍贝、依夫·圣·马尔坦、布尔维尔、莫利斯·谢瓦利埃、贝尔纳尔·布菲、让·马莱和开发者保尔-爱弥尔·维克多。"

T. W. A.："我们将向所有在为你们服务中表现出色的职员发放 100 万美元的奖金！这次评奖取决于你们，幸福的乘客们，我们请你们投 T. W. A. 的职员们一票，他们的服务会令你们真正十分满意！"

这是一个充满触手的超级结构，它远远地超越了社会交换的简单功用而将自己变成了"哲学"，变成了我们这个技术统治社会的价值体系。

游戏时间,或对服务的滑稽模仿

　　这一巨大关切机制的存在是一种全面的矛盾。它不仅不能掩盖商品社会铁的规律、社会关系的客观真相,即竞争、随着城郊和工业集中而增长的社会距离感,尤其是日常性及最私人的关系之中交换价值抽象化的普遍趋势——而且这一机制,不管其表象如何,本身就是一种生产机制(LUI-MÊME UN SYSTÈME DE PROOUCTION)——它生产交流、服务的人际关系,它生产社交性。然而,作为生产机制,它只能和物质财富生产方式服从同样的规律,它只能在其运转中再生产出它原想要超越的社会关系。它的目的是生产关切,却必定要同时生产和再生产出距离感、交流障碍、昏暗和严峻。

　　这一基本矛盾可以在一切"功用化"人际关系领域中感觉到。因为这种新社交性、这种"灿烂的"关切、这种热情的"氛围"恰恰不再含有任何自发性,因为它是被制度化和工业化生产出来的,因此它的**基调**如果不透露出它的社会和经济真相来,那才令人惊讶呢。而人们随处感受到的正是这种失真:不论在何处,这种关切的公式都被歪曲僵化成了攻击、讽刺、不情愿的(黑色)幽默;不论在何处,人们提供的服务、热情服务都很微妙地与侵占、滑稽模仿联系在了一起。不论在何处,人们都体会到与这种矛盾相关的是这种额外赠品普遍机制的**脆弱性**,它总是处在出毛病和崩溃的边缘(这正是时不时发生着的)。

　　在这里我们接触到我们所谓"丰盛"社会的一个深刻矛盾,即源自封建传统的"服务"概念与占统治地位的民主价值之间的矛盾。封建或传统的奴隶或仆人"诚心诚意地"、毫无精神保留地为人服务;然而在斯威夫特的《对仆人的教导》中,这一机制似乎已经充满了危机,其中仆人们建立了一个脱离了主人们那无耻寄生、滑稽可笑社会的完整团结的社会。这意味着忠实"服务"这一社会道德的崩溃:它在一种尚未正式发生改变的价值体系的幌子下,导致了一种极端的虚伪,一类潜在的可耻的阶级斗争,一种主仆之间无耻的互相剥削。

今天的价值是民主的：这就造成了"服务"层面上无法解决的矛盾，因为其实践是与个人的形式平等不可调和的。出路只有一条：普遍化的社会游戏（因为今天每一个人，不仅在其私生活中，而且在其社会及职业实践当中，都必定要接受或提供服务——每个人多多少少都是他人的"第三部门"）。官僚社会的这种人际关系社会游戏有别于斯威夫特奴仆们的那种极端虚伪。这是一种巨大的、对缺席了的相互性进行"摹拟的模式"。这不再是掩饰，而是功能摹拟。社会交流最基本的生命力只有以这种牵涉到每一个人的相对"强迫"为代价才能获得——这是用来缓解每个人与大家之间敌对的、疏远的客观关系的一种绝妙障眼法。

我们的这个"服务"社会在很大程度上还是斯威夫特的那一个。公务员的脾气、官僚的暴躁都属于那些古老的斯威夫特式思维形式。因此女士美发师的奴性、商务代表蓄意的肆无忌惮的纠缠——这一切都还是服务关系的一种过分的、被迫的、夸张的形式。奴性的修辞，从中无论如何都透露出——就像在斯威夫特的主仆之间那样——某种异化了的个性关系形式。银行职员、旅店侍者或邮局小姐的或脾性尖刻，或高度奉献的表达方式——他们这么做是拿报酬的——正是他们身上不受系统左右的个性人格的体现。粗鲁、蛮横、情感疏离、故意拖延、刻意找茬，或者相反——过度恭敬，这体现了他们自身对不得不把某种系统化效忠**当成天性**这一矛盾的抵制，尽管他们正是靠这种效忠拿报酬的，事实就是如此。由此这种"服务"交换所造成的令人生厌的氛围总是隐隐约约地表现出攻击性，因为在这种"服务"中**真实的个性抵制着交换功能的"个性化"**。

但这只是一种历史残余：如今真实的功能关系已解决了一切紧张气氛，服务的"功能"关系不再是过分的、虚伪的、虐待-被虐待的，它是开放热情的、自发地个性化了的并且使紧张气氛最终得到缓和的：比如奥利机场或电视台的女播音员非同寻常的热情的声调，比如那毫无情感色调的微笑，它们都出自"真诚"和精心准备（但是说到底,两者都不是,因为这不再是真诚或无耻的问题,而是"功能化"人际关系的问题,这种人际关系,是从一切性格和心理、一切真实和情感的和谐中纯化提炼出来并依据对理想化关系的精心调试构建起来的——简而言之,被从一切关于存在和表象的粗暴辩证道德中解脱出来并且按照关系**体系**唯一的功用性进行了重建)。

我们这个服务消费社会尚处在这两种秩序的十字路口。这正是雅克·塔蒂的影片《游戏时间》非常好地反映了的东西,其中人们从传统无耻的敷衍了事式、恶作剧式服务(整个高级包厢的插曲,从一张餐桌传到另一张餐桌的凉透了的鱼,被搞砸了的安装、"欢迎仪式"的倒错和一个过于新鲜的世界的瓦解)过渡到接待客厅、扶手椅和绿色植物、玻璃门面和不着边际的交流的无用的器具式功用,过渡到无数的摆设及一种完美氛围中冷冰冰的关切。

广告和赠品意识形态

同样要从赠品、免费及服务等意识形态的非经济角度来把握广告的社会功能。因为广告不仅仅是带有促销这种经济目的的建议,它甚至也许并不**首先**在于此(人们越来越怀疑它的经济效益):"广告话语"的本义是否认无动机支持下商品交换的经济合理性。⑰

这种无动机具有某些二流经济形态:如折扣、削价、厂家提供的礼品、购物时赠送的种种小摆设、"诱人的玩意儿"。丰厚奖金、游戏、竞赛和特别活动构成了促销的前台,构成了它展现在普通家庭主妇眼中的那种表象。这是一则流水账式广告:"早晨,主妇消费者打开她家的百叶窗,那是她在芙洛拉琳娜竞赛中幸运赢得的房屋。她用在特里斯高特(以 5 张购物单加 9.90 法郎)换来的带波斯图案的精致茶杯喝茶……她穿上一条短裙……3J 出品的(20%折扣),然后去了普里聚尼克。她没有忘记带上她的普利聚卡,那可以使她购物而不必付现金……任何东西都无法阻止她这么做! 在超市她参加了别托尼魔灯游戏,并在买皇家鸡(5.90 法郎)时得到了 0.40 法郎的优惠。至于她儿子，则来点文化色彩：彼得·范·胡格特和白尔洗洗衣粉。多亏了奇洛爆玉米花，机场才得以建设起来。下午要轻松一下，她放了一张唱片，是勃兰登堡协奏曲。她是在特利-派克-圣-佩尔格里诺活动中花 8 法郎买到这张 33 道唱片的。晚上更是富有新意：她有一台无偿租借三天的飞利浦彩电（只要申请而无需购买），等等。"

"我的洗衣粉卖得越来越少，礼品送得越来越多。"一位洗涤剂生产厂的商业经理叹道。

这还只是匆匆一瞥看到的一张公共关系小菜单。应该看到整个广告也只是这"某种附加品"的巨大推论。日常小小的额外赠品到了广告中，就获得了完整社会事件的价值。广告被"分发"出去，这是一种属于大家并且为了大家的、持续无动机的给予。它是产品丰富的幻影，但更是无动机潜在奇迹不断重复的保证。所以它的社会功能就是某种公共关系部门的功能。我们知道后者是如何运作的：对工厂进行参观（圣-高班，在路易十三的城堡里进行的干部进修培训、总经理的上镜微笑、工厂里的艺术作品、团队精神："负责公共关系人员的职责是维持公众与经理之间相互利益的和谐"）。同样各种形式广告的功能都是建立一套在意识形态上得到某种集体超级资助、某种优雅的超级封建主义的支持而统一化了的**社会组织**，它把这一切作为"额外"提供给您，就像贵族们把节日赏赐给他们的人民一样。通过本身便是社会服务的广告，一切产品都被作为服务来提供，一切真实的经济进程都被社会性地改编和重新诠释为赠品、个性效忠和情感关系的作用。这种慷慨，如同统治者的慷慨，从来只是一部分利益的功能性再分配，这是无足轻重的。广告的诀窍就在于**到处使用"货轮"魔法**（土著们所梦想的总体的奇迹般丰富）**来取代市场逻辑**。

广告的所有把戏都朝着这个方向发展。看看不论在何处，它都显得审慎、友善、不事张扬、不含私心。一小时的广播只有一分钟闪电似的提到商标。四页广告写得如同散文诗一般，而公司的商标却羞涩地(？!)躲在其中一页的底部。还有所有那些自得其乐的游戏、不断增多的以退为进及"反广告"闹剧。第 1 000 000 辆大众车的广告是白纸一张:"我们无法将它展示给您看,它刚刚被卖掉了。"这足以载入广告修辞学史册的一切,都首先是因为广告必须改变其作为经济约束方案的形象,并维持其作为游戏、庆祝、漫画式教诲、无私社会服务的虚构形象,由此自然而然地演绎而来的。炫耀无私精神发挥了财富的社会功能(维布伦),而且成了融入社会的要素,人们甚至会有限度地对消费者玩弄挑衅、说反话的把戏。一切都是可能的,而且一切都是好的,这并不完全是为了促销,还是为了恢复协调、合作、**沟通**——简而言之,为了生产出关系、团结、交流。尽管广告引发的这种协调可能**随后**就落实到对某些物品的依附、落实到购物行为和对消费经济命令内在的服从,这是当然的,但这并不是本质的,无论如何广告的这种经济功能是**由其总体社会功能造成的**。这就解释了为什么它从来都不是确实可靠的[⑧]。

玻璃橱窗

玻璃橱窗,所有的玻璃橱窗和广告一样,都是消费城市实践的对流辐射源,而且成了这种"操作-协调"、这种交际、这种价值交流的理想场所,整个社会每天不断通过文化适应,与悄无声息的、令人眼花缭乱的时尚逻辑步调一致。玻璃橱窗的镜位推移、它们的总是同时意味着失望的**精心布置**的梦境、这种购物时的犹豫徘徊的华尔兹,都是对交换前物质财富进行颂扬的卡纳克舞步。物品和产品摆在那里就像是摆在一个耀眼的舞台之上、摆在一种神圣化的炫耀之中(这就像在广告中那样,并非单纯展示,而是像 G. 拉格诺说的那样,是赋值)。陈列物品模仿的这种象征性赠予、陈列物品和目光之间这种安静的象征性交换,显然会引诱行人到商店内部去进行真正的经济交换。但也许说到底,玻璃橱窗建立起来的这种交流并不只局限于个体与物品之间的交流,还有所有个体相互之间的普遍交流,这种普遍交流并非通过对同样一些物品的凝视而是通过对同样一些物品中相同符号系统及相同价值等级编码的解读和了解而建立的。这种文化适应、这种训练随时随地发生着,在街道上、在墙上、在地铁候车廊里、在广告牌和灯光招牌上。玻璃橱窗就这样强化着社会价值进程:它们是对大家持续适应能力的一种测试、对指导性投射及一体化的测试。大型商场是这一城市进程的巅峰,是一个真正的社会实验室和熔炉,在那里"集体(涂尔干《宗教生活的基本形式》)加强了其凝聚力,就像在节日庆祝和演出中那样"。

疗养社会

将一个对您进行持续关怀的社会的意识形态发挥到极致,就会看到一个非常明确地把您当作潜在病人来护理的社会。必须真心相信社会的巨大肌体已经病得不轻了,且公民消费者们都很脆弱,总是处在虚亏和失衡的边缘,以至于这种"治疗学"话语充斥于各地的各种行业、报章及道德分析之中。

布勒斯坦-布朗谢:"我认为盖洛普民意测验是广告商应该使用的一种不可或缺的衡量工具,就像**医生**需要做化验和透视一样。"

广告商:"顾客寻求的,是一种安全感。他需要吃定心丸,需要有人对他负责。对他来说,您有时是父亲,有时是母亲,有时是儿子……""我们的职业类似医术。""我们就像大夫,我们提建议,我们不强求。""我的职业,是一门神圣的职业,和医生的职业一样。"

建筑师、广告商、城市规划师、设计师都自封为创世神或者社会关系及环境的**魔术师**。"人们生活在丑恶之中":必须治愈这一切。社会心理学家也自封为社会人际关系的**治疗学家**。甚至那些以福利和全面繁荣为己任的工业家也是如此。"社会病了":这是一切善良灵魂向政权表达的主导主题。消费社会患了溃疡,"必须给它补充一个灵魂",M. 沙邦-戴尔马说。应该说这种关于病态社会的巨大神话、这一拒绝对真实矛盾做出任何分析的神话,身为当代治疗者的知识分子对此负有很大的同谋责任。然而这些人还想把毛病确定到基础层面上去,这便造成了他们先知般的悲观主义。而各种从业人员通常倾向于把病态社会的神话局限在非器质性方面(否则这就无药可救了)即功用性方面,局限在其交换和代谢层面上。这使他们保持充满活力的乐观主义:要治好它,只要重建交换的**功能**、加速新陈代谢就行了(这就是说,再一次地注射交流、关系、接触、人际平衡、热情、效率和有节制的微笑等药液)。这就是为什么他们仍然轻松地工作并有所收益。

关切的暧昧和恐怖主义

对这一整套关切的礼拜仪式,我们必须要强调其中的深刻的暧昧。这种暧昧非常明确地划分了"关心"这一动词的两个含义:

1. 它在"关切"中的词义:关怀、赐予、像母亲一般对待。这是明确的也是最普遍的含义。即赠品。

2. 它还具有相反的含义:要求(关心一个答复)、苛求、请求,这至少("我被关照要……")还是其当代词义中最明显的一种含义,如"关心数字、关心事实"。在这里,它明确地意味着为自身利益而偏离、引导、转向。恰恰是这关切的反面。

然而,围绕着我们并迅速增生的关切(公共关系、广告等)的整个制度化或非制度化机器的功能,正是既令人满意和满足,又偷偷摸摸地进行诱惑和导向。普通消费者总是这种一石二鸟手段的**对象**,他被关心了,从这个词的任何角度来理解都是这样——因为"关切"承载的赠予(DON)意识形态总是真实条件即"恳请®"的借口。

这种奇特的和关切的修辞用充满情感的特殊语调表示丰盛、消费社会,具有明确的社会功能:

1. 被劳动社会技术分工以及平行消费实践的,**同样也是总体和官僚**的社会技术分工孤立在官僚社会之中的个体的情感循环。

2. 形式一体化的政治策略,补充校正了政治机构的缺陷:正如全民直选一样,公决、议会制度的目的都在于通过**形式**参与来获得社会协调,因而广告、时尚、人际和公共关系可以诠释为**一种永恒的公决**——其实公民消费者们每时每刻都被恳请对某种价值编码表示赞同,或在内心里对其实施制裁。这种**非正式**的赞同动员系统更加可靠:它实际上不允许说不(确实竞选投票本身也是一种说"是"的民主表演)。我们看到,在世界各国,如今**暴力**社会控制程式(镇压、国家和警察的制约)都被一些"参与性"一体化模式所替代——首先表现为议会和选举形式,其次是我们所谈的**恳请**的非正式程式。如果从这个角度来分析广告宣传/圣-高班在布苏瓦公开出价收购圣-高班这一社会学大事中进行的"公共关系"操作,那将是很有趣的:公众观点被动员起来、被恳请作为证据、作为"心理股东"被征调到操作中来。在这家资本主义企业的客观重组中,公众发现自己在"民主"信息的色彩下被吸纳成为评判者,并且,通过圣-高班股东们的象征组织,作为收款方被操纵了。我们看到了在最大程度上得到了领会的广告行为是如何能够总体决定社会进程的,看到了它如何能够在日常生活中更有效地替代选举制度在心理动员和心理控制的作用。与此相适应,一种全新的政治策略正在诞生,它是与"技术结构"及垄断生产的发展同步的。

3. 通过恳请和关切实现的"政治"控制还伴随着一种对动机本身更内在的控制。正是在这里,关心一词获得了双重含义,正是在这个意义上,整个这种关切都实际上是**恐怖主义**的。我们举一则惊人的广告为例,它的标题是:"当一位年轻女孩告诉您她钟爱弗洛伊德,应该理解为她钟爱动画片。""年轻女孩是一种'怕生的弱小存在',她充满了矛盾。然而,我们广告商们的职责所在,就是超越这些矛盾去理解这位年轻女孩。推而广之,去理解我们想要面对的人们。"也就是说:人们没有理解自己的能力,没有知道自己是什么、想要什么的能力,而我们就是为此而存在的。我们对您的了解要比您对您自己的了解来得更加长久。这是一种家长式分析的压制立场。而这种"更高明的理解"有明显的目标:"理解人们以被他们理解。要知道应该怎么与他们讲话才能被他们接受。要知道应该怎么让他们高兴才能吸引他们。简而言之，要知道如何向他们出售产品——您的产品。这便是我们所称的'交流'。"无商不奸？不唯如此。这位年轻女孩**无权喜爱弗洛伊德**，她搞错了，而我们为她着想，要把她秘密喜爱的东西强加给她。所有的社会裁判、所有的心理压制均在此一览无遗。一般来说广告不会如此直白地承认这些。然而它时时刻刻都在开动着一台慈善式压制式控制机器。

同样如此的还有 T. W. A.——"理解您的公司"。看看它是如何理解您的："一想到您孤身一人在旅店房间里神经质地摁着电视机的按钮，我们就受不了……我们将尽一切努力使您在您下一次的商务旅行中能带上您亲爱的另一半……家庭特惠标准，等等。有您亲爱的另一半在您身边，至少您就有人帮您调换频道了……这便是爱……"这并不是孤独的问题，而是您无权孤独："我们受不了。"假如您不知道怎样叫幸福，我们教您。我们比您更清楚。甚至做爱的方式：您的"另一半"，就是您的色情的"第二频道"。您不知道吗？我们也会教您。因为我们在这里就是要理解您，这是我们的职责……

社会测定的兼容性

社交性，或者说"创造接触"、维持关系、促进交流、加强代谢的能力，在这个社会中变成了"个性"标志。消费、花费、时尚等行为，以及通过它们与他人交流的行为，都是属于这种当代社会测定的"个性"的主要成分，就像 D. 里斯曼在《孤独的人群》中阐述的那样。整个满意和关切机制实际上只在于一种关系系统的功能化情感调制本身，个体地位在其中发生了彻底改变。进入消费和时尚的循环，并不只意味着随心所欲地用物品和服务来把自己包围起来，而意味着改变存在和决定。意味着从一种建立在自主、性格、自我本身价值等基础上的个体原则过渡到那种通过对一套使个体价值变得合理、缩减、变幻的编码的查询而实现的永恒再循环的原则：那是一套"个性化"编码，是任何个体自身都没有，却贯穿每个个体指向他人的关系。作为决定性坚决要求的"人"为了个性化而消失了。由此，个体不再是自主价值的策源地，他只不过是动荡的相互关系中的一个多重关系终端。"外部决定在他身上似乎随处可见而又似乎无处可寻，他能够迅速地，尽管是表面地，亲近所有的人。"（里斯曼）事实上，他被放置在某种社会测定的图形之中，永远被他在这些奇怪的蛛网中的位置所规定（这些线在一个积极或消极、单一或多边的关系网中连接着 A、B、C、D、E）。简而言之，这是一种社会测定的存在，其规定性是他**处于其他存在的交叉点上。**

这并不只是一种"理想中的"模式。这种**被他人渗透和对他人的渗透**根据一种无限的相互关系程式支配着一切地位行为（因而支配着整个消费领域），在这一程式中没有本来意义上的在自身"自由"中个体化了的主体，也没有萨特意义上的"他者"，而只有一种普遍化了的"**氛围**"，其中那些相对终端只有通过他们的差别流动才能获得意义。这同样也是我们可以在物品-要素及它们在当今时代内部组合操纵层面上发现的趋势。所以在这种新型一体化当中，并无所谓"顺大流"或"逆潮流"（尽管报刊记者依然持续地使用这些词汇，它们是属于传统资本主义社会的），而意味着最理想的社会性，意味着对他人、形势、不同职业的**最大兼容性**（再循环、多价），意味着在各个层次的流动性。普遍"流动"、可靠及多价，这才是人类工程学时代的"文化"。分子就是这样由那些多重价位的原子构成的，它们可以被分解以另行排列或构造一些复杂的大分子……这种适应能力是与一种不同于"传统"暴发户或自我奋斗成功者的晋升的社会流动行为相适应的。其中人们不用根据个体轨迹来打碎联系、不用与自己的阶级决裂以开辟道路、不用兼程前行：它要求人们**可以和所有的人流动**，并且穿越那被严格分配了符号的等级编码阶段。

另外，问题并不在于人们要变得可流动：流动性是一种道德的专利。因此这一直也是一种对"**流通**"的约束。而这种时时刻刻的兼容性一直也是一种**会计学**——就是说被规定为其关系、其"价位"总和的个体,一直也是可以这样计算的:他成了计算单位,并自己进入了社会测定(或政治)的计算方案之中。

证实与赞许(Werbung und Bewährung)

在这张不再存有绝对价值而只存有功能兼容性的焦虑关系网中,重要的不再是"自强"、"经受考验"(初学修道时期,Bewährung),而是要寻找与他人的接触及他人的赞许、恳请他们的评判和他们积极的认同。这种有关赞许的神话渐渐在各地取代了有关证实的神话。个体传统的先验性自我实现目标让位给了互相恳请(取我们在上面规定了的含义:Werbung)的过程。每个人都"关心"并操纵,每个人都被关心并被操纵。

这便是新**道德**的基础,其中个人主义或意识形态的价值让位给了**一种普遍化的相对性**,让位给了感受性和附着力,让位给了对交流的焦虑——必须有他人和您"说话"(取双重意思,一是不及物的:他们与您交谈;另一是及物的:他们向您表明,告诉您您是什么)、爱您、围绕着您。我们已经在广告中看到了这种并不特别寻求告诉您什么(甚至实际上也不想欺骗您),而是想同您"说话"的这种编排。"知道约翰尼更喜欢玩卡车还是更喜欢玩沙堆并不重要,"里斯曼说,"相反,重要的是要知道他玩的时候——不管他玩的什么——是否与比尔相处融洽。"这便谈到了团体的兴趣不仅在于其生产的东西更在于其中的人际关系这点上。其本质性的工作,从某种程度上看,可能是**生产出关系**并同时消费它。至少,这一程式足以定性那种排除一切外在目标的团体。"氛围"的概念较好地做出了概括:"氛围",是被重新集合在一起的团体生产及团体消费关系的松散总和——是团体对其自身的在场。假如它不存在,人们就可以将它进行计划并工业化地生产出来。这是最通常的情况。

就其大大超出了通常用法的最广泛含义而言,氛围这一概念是消费社会的特点，可以被规定为：

1. 在关系时刻中枯竭了的（"被消费了的"）"目标"和先验性价值（终极的、意识形态的价值）让位给了氛围的价值（关系的、内在的、无目标的）。

2. 消费社会同时是财富生产和(ET)**关系加速生产**的社会。而后一方面才是它的特点。这种关系的生产，在主体之间或初级团体的层次上还是手工业性质的，然而已经有了渐次向物质财富生产方式即普遍化工业模式看齐的趋势。那么根据同样的逻辑，出于社会和商业的原因，它会变成一些特定企业（私有的或国有的）的生产领域，如果不是被它们垄断的生产领域的话。这种发展的后果还很难预料：很难想象人们像生产物品一样生产（人际的、社会的、政治的）关系，及一旦它以同样的方式被生产出来后，它会等同于某种消费物品。然而这就是真相，我们只是站在一个很长过程的起点上⑧。

对真诚的崇拜——功用性宽容

关系要被生产并被消费，就应该——和物质财富一样、和生产力一样，按照同一逻辑——被"解放"、"获得自由"。也就是说它应该从传统社会的约定和礼仪中摆脱出来。这意味着礼貌和礼节的终结，它们是与普遍化功能关系不兼容的。假如礼节坍塌了，关系也不会因此而变得自发。它会落到工业生产和时尚的手中。但由于它意味着对自发性的约束，它将会专横地修改后者所有的符号。这是里斯曼在其对"对真诚的崇拜"的描述中所指明的。这是一个和我们上文所谈的"热情"的神话及"关切"的神话相平行的一个神话，是**缺席了的交流**的所有**必不可少**的符号、礼仪的神话。

"这种对真诚的怀念只能令人们伤心地想到在日常生活中他们是多么不信任自己和他人。"

实际上时刻萦绕着所有那种友好接触、那种永恒的"与……直接联系"、那种游戏及那种不惜代价的强迫对话的，正是消失了的真诚的幽灵。真实的关系迷失了,真诚万岁!也许(从一个更加"社会学"的视角看)在这种对"价格公道"、对体育、情感或政治公平竞争、对"'大人物'的朴实"、对电影或其他偶像的"直接"告解,或者对电视上一闪而过的关于王族日常生活的镜头的怀念背后——可能在这种对真诚的过分需要(就像当代建筑中对建材的过分需要一样)中,包含着那些适应了新环境文化的阶级在面对着无论何种一直被用以标明社会距离的传统文化礼仪时的那种极大的不信任和强烈反应。这是一种贯穿了整个大众文化——那失去了文化地位的阶级的表达的巨大牵挂:那是对历史上几个世纪中被符号算计、欺骗和操纵的心有余悸——或者还有退缩到一种"自然"文化及即时交流神话之后的对精英和礼法文化的恐惧和拒绝。

说到底,在这种关于真诚的**工业**文化之中,被消费的还是真诚的**符号**。而这种真诚再也不像在存在及表象的记载中那样与无耻或虚伪对立。在功能关系场中,无耻和真诚互不矛盾地在同一种符号操纵中**交替**。当然,道德模式(真诚=善/虚假=恶)依然发挥着作用,但它不再指涉真实的品质,而仅仅指涉真诚**符号**与虚假**符号**之间的差异。

"宽容"的问题(自由主义、调和、"放任自流的社会"等等)也是以同样方式提出的。尽管如今那些曾经的死敌互相交谈,最严酷对立的意识形态进行"对话",各个层次都建立了某种和平共存,道德准则变得温和,但这一切绝不能证明人际关系中发生了"人道的"进步,对问题有了更大的理解以及其他的胡言乱语。这只能说明现在由于意识形态、观点、美德和恶习最多仅是交换和消费的材料,因而一切矛盾都在符号游戏中扯平了。这一语境中的宽容既不是一种心理特征也不是一种美德:而是**系统本身的一种模态**。它就像皮筋一样,是对时髦话语的整体兼容:长裙和短裙互相就能很好地"宽容"(另外它们除了各自的联系外没有丝毫意义)。

在道义上,宽容包含了功能/符号、物品/符号、存在/符号、关系/

符号、观念/符号的普遍相对性。事实上,我们已经超越了狂热/宽容的对立,就像已经超越了欺骗/真诚的对立一样。"道德的"宽容并不比以前更大。只是,系统改变了,过渡到了功能的兼容性。

丰盛社会中的混乱

暴　力

消费社会既是关切的社会也是压制的社会,既是平静的社会也是暴力的社会。我们已经看到"平静的"日常生活持续地吸收着被消费了的暴力、"暗示的"暴力:社会新闻、谋杀、革命、核战或细菌战的威胁——这些都是大众传媒中关于悲惨景象的内容。我们已经看到,暴力与对安全及自在的挂念之间的亲缘关系并不是偶然的:"耸人听闻的"暴力和日常生活的平静是相互同质的,因为两者同样抽象且依靠同样的神话和符号而存在。也可以说我们时代的暴力通过顺势疗法被接种到日常生活中了——成了抵御厄运的疫苗——以预防来自这一平静生活的**真实脆弱性**的威胁。因为纠缠着丰盛文明的不再是物资匮乏的威胁,而是脆弱性(FRAGILITÉ)的威胁。而这一威胁要严重得多,因为它关系到个体及集体结构本身的平衡,这种威胁要不惜代价去预防;这种威胁之所以成为威胁,事实上就是通过被消费了的、包装了的、同质化了的暴力的这种转手。这里的暴力是没有危险的:就像头版头条上的血或性并不会损害社会和道德秩序一样(尽管有一些审查官认为存在这种危险并且想说服我们而对我们进行要挟)。它们仅仅证明这种平衡是不牢固的,这种秩序是充满矛盾的。

暴力真正的问题是在其他方面提出的。即被丰盛和安全掩盖起来的、**真实的**、无法控制的暴力问题,它曾一度达到一定的极限。舒适生活掩盖在自身实现中的,不是那被与其他东西一起一体化并消费了的暴力,而是那无法控制的暴力。这种暴力的特征(恰如我们所定义的消费一样,不是从其表面意义来考察)是**无目的和无对象**㉛。这是因为我们生活在那种把福利实践当作**理性**活动的传统观念之中,因而斯德哥尔摩的青年帮派、蒙特利尔的混乱局面、洛杉矶的谋杀等不可捉摸的、突发的暴力在我们看来便显得闻所未闻、无法理解,似乎是与社会进步及丰盛相矛盾的。这是因为我们生活在一种**道德假象**之中,以为一切事情都有理智的目的性,个体和集体的选择都有其基本合理性(整个价值系统都建立在此基础之上:消费者身上的绝对本能本质性地将他推向他所喜爱的目的——这种消费道德神话全盘继承了那种所谓人的天性趋向美与善的理想神话),于是这种暴力令我们觉得不可名状、荒谬、像魔鬼般恶毒。然而,它可能仅仅是想表明有某种东西远远地超出了我们这个社会赖以(用自己的眼光)进行自我评判,或者说它赖以在理智合理性标准中进行重新登记的那种满足和福利的理性目标。在这个意义上,这种无法解释的暴力会让我们重新审视关于丰盛的观念:丰盛和暴力并驾齐驱,应该将它们放在一起研究。

"无对象"暴力问题属于一个更加普遍的问题,这个问题在某些国家还只是零星发生,但是在所有发达或超发达国家却有蔓延的可能,这便是**丰盛之基本矛盾**(而不再只是其社会学意义上的不协调)的问题。这便是多种形式的混乱(ANOMIE)(按涂尔干的提法)或反常(ANOMALIE)的问题,选择何种提法要看我们是以制度的合理性还是以对正常的真实经验为参照了,它们包括了从**破坏性**(暴力、轻罪)到可传染的**压抑性**(疲劳、自杀、神经症)以及集体逃避现实的行为(吸毒、嬉皮士、非暴力)等多种形式。"富裕社会"或"放任自流的社会"的所有这些有代表性的方面各自以自己的方式,提出了一个关于基础失衡的问题。

"要适应丰盛生活并不容易",加尔布雷思在《欲望的策略》中说道。"我们的思想根植于以往的贫穷、不平等和经济灾难之中"(或者说根植于几个世纪的清教传统之中,人在那种传统中失去了幸福的习惯)。这种对丰盛的难以适应很可能恰恰反映了所谓渴望舒适的"天性"并非那么自然——否则个体们在舒适中不会有这么多的恶要作，他们会双脚跃进富裕之中。这应该使我们觉察到在消费中存在着另外一种完全不同甚至相反的东西——一种人们不得不受到其教育、训练甚至驯化的东西——事实上那是一种与自由统治毫不相干的新的道德心理约束机制。从这个角度而言，新哲学家们关于欲望的词汇是有意义的。问题只在于如何让人们学会感受幸福、让他们学会把自己**奉献**给幸福、**规划**他们身上幸福的**反应**。所以丰盛并非天堂、并非从道德向富裕之理想的非道德的跳跃，而是被一种新道德支配着的一种新的客观形势。客观地说，这并不是一种进步，而仅仅是**另外某种东西**。

因而丰盛具有这样一种模糊性，即它总是既被作为惬意的神话（矛盾和紧张的解决、超越历史和道德的幸福）来经验，又被当作一种多少有些强迫性的对某种新型的行为、集体约束及标准的适应进程来**忍受**。"富庶革命"并未开启理想的社会，而仅仅是导向了另一类型的社会。

我们的道德学家们非常想把这一社会问题局限为"精神状态"问题。在他们看来，关键已经在那里，真实的丰盛在那里，只需从贫乏时的精神状态过渡到丰盛时的精神状态就行了。他们哀叹要做到这点何其困难，他们因为看到突然出现了**对富裕的抵抗**而惊慌失措。然而只要稍稍承认那种公设，即丰盛本身只是（或者至少**也是**）一种新型的约束机制，就能立刻理解与这种（多多少少无意识的）新的社会约束相对应的只能是一种新型的对自由的要求。既然如此，对"消费社会"的排拒，就以暴力及侵蚀形式（对物质及文化财富"盲目"破坏）或非暴力及消极形式（拒绝进行生产和消费投资）来表现了。假如丰盛真的意味着自由，那么这种暴力就是不可思议的。假如丰盛（增长）是束缚，那么这种暴力就能自圆其说，就**合乎逻辑**。如果说丰盛是野蛮的、无对象、非具象的，这是因为它所直面的约束，也是未明确提出的，是无意识的、不可读的：如对"自由"的约束、对幸福的有节制的追求、对丰盛的总体伦理的约束。

这种社会学的解释留了位置给——我认为它甚至深刻地衔接着——对"富裕"社会的这些表面反常现象所做的那种精神分析学诠释。我们谈到过的那些道德学家们，他们还自封为心理学家，人人都把负罪感挂在嘴上。他们总是把这理解为一种出自清教时代的残余的负罪感，一种按照他们的逻辑只可能是正处在消失过程中的负罪感。"我们还未成熟到可以迎接幸福。""成见令我们如此痛苦。"然而，相反，这种负罪感（我们且接受这一说法）很显然正随着丰盛而加深。焦虑、负罪、排斥的庞大原始积累进程正在与扩张及满足的进程平行展开，正是这种争执培养了那种暴力的、冲动的颠覆，培养了那些违反幸福本身秩序的谋杀行为表现。因此并不是过去、传统或其他原罪的烙印使那些脆弱的、面临着幸福的人们在丰盛本身中产生不和，并一有机会就对它进行反抗。即使这一公设有些许道理，那它也没有说到本质。负罪感、"不适"、各种深刻的不兼容都是处于**现实体系**本身的核心之中的，并且是由它随着它的**逻辑**发展而生产出来的。

由于被迫适应**需求原则**（PRINCIPE DE BESOIN）、**实用原则**（PRINCIPE D'UTILITÉ）（现实经济原则），也就是说被迫适应某种产品（物品、财富、服务）与满足之间相互索引而总是充实且**积极**的关联，由于受到这统一、单边且总是积极的合目的性的约束，于是**欲望所有的消极性**、双重性（AMBIVALENCE）的另一斜面（经济学家和心理学家是靠平衡和合理性维持生计的：他们假设一切都从主体在需求时朝客体运动的积极趋向中得到了实现。只要这一需求得到了满足，一切就万事大吉。他们忘记了在只有积极性的地方是没有"满足的需求"的，也就是说没有什么完成了的东西，这是不存在的，有的只是欲望，而欲望是双重性的），这一切相反的公设则**遭到了满足本身**（而不是享用：享用是双重性的）**的审查而被拒绝考虑**，而且，由于无法找到出路，它便凝固为一种巨大的隐忧。

由此廓清了丰盛社会中暴力的基本问题（而且，间接地廓清了所有反常、抑郁或弃世的征象）。这种暴力，根本不同于那种由贫穷、匮乏、剥削滋生的暴力——这是曾经被需求的总体积极性取消、掩蔽、删除了的欲望的消极性在行动上的突然表现。这是突然出现在人通过满足获得的与其环境的恬静平衡中的一种双重性逆模式。这与生产性/消费性相反，是**破坏性**（死亡的冲动）的体现，对它而言将不会受到官僚结构的欢迎，因为那些结构是归属于一种计划满足程式的，因而是归属于一种积极制度体系的。② 然而我们会看到，正如存在着消费范型一样，社会暗示或提供一些"暴力范型"，由此想方设法对这些爆发力进行引导、控制并求助于大众传媒导向。

实际上，为了防止这种由**欲望双重逻辑的割裂**，即由**象征功能的丧失**而积累起来的隐忧，演变成混乱和无法控制的暴力，社会在两个层面上发挥着作用：

1. 一方面，它试图用不断增多的关切要求如角色、功能、无数的集体服务等来消化这种忧虑——人们到处喷洒镇痛剂、微笑、负罪感消除剂、心理润滑剂（这一切都像洗涤产品中的洗涤剂一样）。这都是些能消化忧虑的酶。人们还兜售安定、轻松、迷幻、各种精神疗法。这都是一些没有尽头的任务，**作为永无休止地生产着满足的丰盛社会，在这一任务中还要耗尽资源以生产那针对这种满足引起的忧虑的解毒药**。用于安抚丰盛病患者焦虑的满足的预算负担越来越沉重，可以把它与那由于增长的负面影响（污染、加速的淘汰、混杂、自然财富的短缺）而造成的（无法计算的）经济赤字相比较，且毫无疑问它远远地超出了它们。

2. 社会可以尝试——而且它系统地这么做了——对这种忧虑进行回收，使之成为消费的重新推进器，或把这种负罪感和这种暴力回收成为商品、可消费的财富或区分的文化符号。于是有了一种负罪感的精神炫耀，这恰是某些团体的特点，即"交换价值/负罪感"。亦或那种"对文明的不适"也和其他东西一起被拿来消费了，它被重新社会化成为一种文化镶边和集体愉悦，而这只能令人更加深刻地陷入忧虑，因为这种文化消费变体等价于一种新的审查并重新导入了这一程式。无论如何，这里的暴力和负罪感都被一些文化榜样大众传媒化了，并且重新转向了我们开头谈到的被消费了的暴力。

这两种调节机制有力地发挥着作用,但仍然不能成功地扭转丰盛朝着暴力转向、进行颠覆性转变的关键程式。另外,像所有批评者所做的那样,对这种暴力的"命定性"、这"乱糟糟的局面"、潜在的社会及道德预防或者相反家长式的宽容("年轻人是该发泄发泄"),对这一切进行指责或抱怨都是毫无用处的。某些人怀念那个"暴力还有意义"的时代,怀念那战争的、爱国的、激情的、合理的、好的古典暴力,说到底——怀念由一种目标或原因认可的暴力、意识形态的暴力,或者个体的、反抗的、尚能反映个体美学并能够被看作一种艺术的暴力。每个人都会想方设法使这种新暴力回归到一些古典范例之中并用一些现成疗法来处理它。但必须看到,这种暴力本身不再是历史的、圣化的、礼仪的或意识形态的,因而它并非个体独特单纯的行为,必须看到这种暴力在结构上是与丰盛联系着的。这就是为什么它不可逆转且总是迫在眉睫,对每个人都如此具有慑服力,无论他们如何看待它:这是因为它就是扎根在不断的增长和满足的进程本身之中的,而每个人都被卷进了这一进程。在我们被暴力包围及被消费了的宁静封闭的世界中,**在每个人的眼中**,这种新暴力偶尔会重新获得一部分已丧失了的象征功能,尽管转瞬间它又会重新蜕变为消费物品。

塞尔吉·朗茨(《**无情追捕**》):这部影片的最后几幕是如此野蛮,以至于我平生第一次颤抖着双手走出影院。在纽约那些正在播放这部影片的影院中,相同的场面引起了一些失去理智的反应。当马龙·白兰度扑倒一个人揍他时,一些疯狂的、歇斯底里的观众站起身来叫喊:"杀了他!杀了他!宰了他!"

1966 年 7 月:里查·斯派克潜入南芝加哥一间护士寝室。他塞住 8 位二十来岁姑娘的嘴并将她们捆绑起来。然后他用刀或采取勒颈的方法将她们一个一个干掉了。

1966年8月:Ch. J.惠特曼,得克萨斯大学奥斯汀分校建筑系学生,带着12支枪爬到一座俯瞰校园的百米高的塔楼顶上并开枪射击,造成13死、31伤。

阿姆斯特丹,1966年6月:战后第一次,在市中心人们连续几天与一起闻所未闻的暴力做斗争。电信大楼被占领,数辆卡车被焚烧,玻璃橱窗被砸碎,标志牌被拔掉。还爆发了成千上万人参加的游行示威。损失达到几百万荷兰盾。一死十余伤。这是"不满现实的年轻人"进行的反抗。

蒙特利尔,1969年10月:紧随一次警察和消防员罢工之后的星期二,爆发了严重的混乱。200名出租车司机洗劫了一家运输公司。政府开枪镇压:2死。这次攻击之后,上千名青年人涌向市中心,砸碎玻璃、抢劫商店。发生了10次攻击银行、19次持枪侵袭、3起恐怖爆炸、多起抢劫事件。面对着这些事件的蔓延,政府根据紧急事态法下令军队戒备并调动警察……

勃朗斯基别墅谋杀案:在洛杉矶丘陵地带的一座别墅中,5位知名人士被杀害,其中包括虐待幻想影片导演勃朗斯基的妻子。这是一起典型的偶像谋杀案,因为具有狂热讽刺意味的是,凶杀案的细节与勃朗斯基影片细节雷同,带有造就了死者们成功和荣誉的那些影片的某些特征。而这一点意味深长,因为它反映了这种暴力的自我矛盾:既野蛮(非理性、无明确目标)且合乎礼仪(参照了大众传媒——在这里是勃朗斯基自己的影片——强加于人的戏剧性范例)。这起凶杀案和奥斯汀塔楼枪击案一样,非激情、不下流、无私利,超越了司法标准和传统责任。这是一些未经构思然而又(在这里包括从幻想的方式直到模仿)都**被大众传媒范例们预先"构思好了"**的谋杀,并且还在以与演出或类似谋杀案中相同的方式构思着(还可以参考自焚)。对它们可以做出的唯一解释就是：它们具有社会新闻式的戏剧内涵，因此它们会立刻被编造成影片或报道的剧本；以及，在扩大暴力限制的同时，它们绝望地努力着要成为"不兼容"、要违抗并打碎大众传媒化秩序，而实际上它们对社会的激烈不适应使它们成了这一秩序的同谋。

非暴力的亚文化

当代的非暴力现象是与新型暴力的这些现象紧密联系在一起的（尽管它们在形式上是对立的）。从麦角酸二乙基酰醯胺（L. S. D.，和后面的"花之力量"一样，都是毒品名称。——译者注）到花之力量，从服毒后的幻觉状态到嬉皮，从禅宗到流行音乐，这一切的共同点就是拒绝被名誉地位以及回报原则所社会化，拒绝当代这包括丰盛、社会成功及摆设在内的整个礼拜仪式。无论这种拒绝是想通过暴力还是非暴力形式表现出来，它所拒绝的总归是社会发展中的活动主义以及那种不断追求福利的新的压制秩序。在此意义上，暴力和非暴力与所有混乱现象一样，都很好地扮演了揭露者的角色。面对这个想要成为并自认为超积极且平静的社会，斗殴和摇滚从一个角度，嬉皮从另一个角度，都揭示出其深刻本性中恰恰相反的两个方面，**即消极性与暴力**。前者紧紧扣住这个社会的潜在暴力、将其推向极端以使其转而反对这个社会。后者把这个社会（在超级积极性的表象之后）隐秘的、编排好了的消极性推向一种弃世实践和彻底地与社会不相容，并使这个社会根据其自身逻辑进行自我否定。

让我们把一切基督教、佛教、喇嘛教，一切关于爱、觉醒、人间天堂的教义，把印度教祷文和一切宽容都摆在一边——问题可能更在于此：嬉皮士及他们的团体是否真的替代增长和消费过程呢？他们难道不是这些程式的颠倒的、补充性的影像吗？他们真的是一种要颠覆整个社会秩序的"反社会"或者只是其一朵颓败的花饰——甚或仅仅是那一直以来就将自身置于世外而企图实现人间天堂的某些基督教派的多种变体之一呢？还要注意的是，我们不应该把某种秩序的一种变体看作对这种秩序的颠覆。

"我们希望有时间去生活去爱。鲜花、胡须、长发、毒品，这都是次要的……'嬉皮'，首先意味着成为人类的朋友。成为一个尝试用新的、非等级化的目光去看待世界的人：一个尊敬并热爱生活的非暴力者。一个有真实价值和真实准则的人，在他看来，自由高于权威、创造高于生产、合作而非竞争……简而言之他是一个善良开放的人，避免伤害他人的人，就是这样：这才是本质所在。""总的说来，无论何时何地，不管别人赞同与否，都要做自己认为好的事情，唯一的条件是这样做不会给任何人造成伤害或痛苦……"

嬉皮士们立刻在西方世界引起了种种流言蜚语。热爱原始状态的消费社会，立即就像把一个奇特且无攻击性的植物品种引种进来那样，把他们收编进自己的民俗之中。说到底，从社会学角度来看，他们不就是丰盛社会的一个奢侈产品吗？从他们东方化的精神状态、他们花里胡哨的迷幻状态来看，他们不也就是些强化了他们社会某些特征的边缘人物吗？

他们受到或仍然受到这个社会的基本机制的制约。他们的不容于社会是团体性、部族性的。看到他们可能会使我们想起麦克卢汉所说的"部族制"，那是一种在全球范围内、在大众传媒符号下进行的暴动，其表现形式是恢复有史册记载之前的古老文化的话语、感触、音乐、沟通方式。他们宣布废除竞争、防御系统和自我的功能：他们所做的，只是用多少有些神秘色彩的话语来表达里斯曼早已描述过的"他人指向"，即（以自我和超我为核心组织起来的）有特性的个人结构朝着一种一切都来自他人并向他人扩散的集体"氛围"的客观发展。嬉皮士们的这种诚恳、真实、透明的方式与贵族阶层对真诚、开放和"热情"的要求并非毫无关联。至于那种退化和幼稚，正是它们造就了嬉皮士团体高尚、纯洁、无可辩驳的热情，没有必要指责它们仅仅是通过对当代社会所禁锢的个体的无责任感和幼稚性进行颂扬而使后两者得以蔓延。简而言之，"人类"，受到生产性社会和名誉地位困扰围追的"人类"，在嬉皮士们身上庆祝着自己的**情感暴动**,这里一直隐藏在整个表面反常背后的,是模态社会的支配性结构特征。

里斯曼针对美国青年,参照玛格丽特·米德定义的文化模式,谈及了一种"夸休特勒"风格和另一种"皮尤布罗"风格。夸休特勒们暴力、爱攀比、具有竞争性、富裕,并在礼物交换仪式中进行无度的消费。皮尤布罗们温和、警醒、善良,要求很少且很容易满足。由此我们目今的社会可以规定为一种支配性文化,即仪式惯例的无度消费的文化、竞争性暴力性文化(夸休特勒们的礼物交换),和嬉皮士/皮尤布罗们的那种令人惬意与世无争的宽容的亚文化,之间的形式对立。然而一切都令人相信,就像暴力旋即被吸收到"暴力模式"之中一样,同样矛盾在这里通过功能性共存而得到了解决。就像在麦比乌斯环中那样,附和一极和排拒一极通过简单的绞扭被拧在了一起。实际上两种模式是围绕着同一个社会秩序轴心一起向心发展的。约翰·斯图亚特·密尔将此残酷地表述为:"在我们的时代,可以作为不妥协的例证的唯一事实,就是单纯地拒绝向用途屈膝,而这本身就是一种服务。"

疲　劳

今后将会有一个世界性的疲劳问题,就像现在有世界性的饥饿问题一样。矛盾的是它们两者是相互排斥的:无法控制的传染性疲劳,和我们谈过的无法控制的暴力一样,都是丰盛社会的特权,已经超越了饥饿和传染性瘟之,后者仍是那些前工业社会的主要问题。疲劳,作为后工业社会集体症候,因此回到了舒适之"机能障碍"这一极为反常的场域。作为"世纪新病症",应该将它与其他反常现象联系起来分析,它们变本加厉的复发已经成为我们时代的标志,应该尽一切努力去解决它们。

正如新暴力是"无目标"的一样,这种疲劳也是"无理由"的。它与肌肉及体能的疲劳毫不相干。它并非源自体力的消耗。当然人们会不由自主地谈到"神经的消耗"、"抑郁"和精神与身体的交谈。这类解释如今成了大众文化的一部分：它出现在所有的报章之中（以及所有的会议之中）。每个人都可以像躲在一个新证据之后那样躲在那里，带着一种被自己神经追捕的贪恋不舍的快乐。当然，这种疲劳至少意味着一件事情（和暴力及非暴力一样的揭示功能），即这个自以为且自视为总是朝着取消努力、朝着解决紧张、朝着更多的简单和自主而持续前进的社会，事实上是一个充满了应激、紧张、兴奋的社会，其中对满足的全面总结暴露出一个越来越大的赤字，其中个体与集体的平衡恰恰随着用以实现它的技术条件的增加而越来越遭到损害。

消费的主人公们疲劳了。从社会心理学角度可做多种解释。消费程式并没有实现机会均等和社会（经济的、地位的）竞争的缓和，相反却使各种形式的竞争变得更加激烈、尖锐。通过消费，最后我们只是来到了一个充满了普遍化了的、极权主义的竞争社会中，这种竞争表现在一切层面上：经济、知识、欲望、身体、符号和冲动，对今后在一个永不停止的区分和超级区分程式中被作为交换价值生产出来的一切事物发生作用。

还可以接受匈巴尔·德·劳的解释，即这个社会并没有像它假装的那样为"期望、需求和满足"做好了准备，而总是在个体及社会范畴身上制造出越来越大的失调，它们同时受到了竞争及社会提升动机的命令以及此后完全内在化了的取悦自己的最高命令的支配。在如此之多的逆反约束下，个体失去了协调。不平等的社会失调，再加上需求和期望之间内在的失调，使得这个社会变成了一个越来越不协调、越来越分崩离析的社会，一个"不适"的社会。疲劳（或者"虚弱"）因而可以被解释为当代人对这种生存环境消极拒绝的应答。但是应该清楚地看到这种"消极拒绝"实际上是一种**潜在的暴力**，从这个角度来看，它只是可能的应答之一，另一种应答形式则是**公开的暴力**。在这里，又要套用双重性原则。疲劳、抑郁、神经症通常都可以转变为公开的暴力，反之亦然。后工业社会公民的疲劳与工厂工人可能进行的罢工、制动、"减速"或学生的"厌学"相距并不遥远。这全是些消极的、"嵌入"的（取该词在"嵌甲"中的意思)抵制形式,在血肉里向内发展。

事实上,应该把所有出自自发角度的评说颠倒过来:疲劳并不是与外部社会超积极性相对立的消极性的——正相反,在某些条件下,它是可以与普遍消极性的束缚,即目前社会关系的束缚,相对立的**唯一积极性之形式**。学生疲劳,是因为消极忍受教师讲课;工人、官僚疲劳,是因为他们工作中的所有积极性都被剥夺掉了。当代公民之所以患上政治上的"麻木"这种紧张症,是因为个体除了保有那微不足道的全民直选权之外,一切决定权都被剥夺了。确实这也是因为生产线及办公室的工作使身体及精神感到乏味,也是因为工作环境死气沉沉,以及因为我们社会对身体进行的那种长期充分使用的状况,使得人们长时间保持或站或坐的姿态,造成了肌肉、血管、生理的蜡屈症。但这些都不是本质的,而这也就是为什么无法像那些天真的专家们所说的那样能通过运动和肌肉锻炼(其效果不会比镇静剂或兴奋剂好多少)来治愈"病理"疲劳之所在。因为疲劳是一种潜在的不满,它转而指向自己并"嵌入"自己身体之中,因为在某些环境中,这是被剥夺了一切的个体所能支配的唯一东西。就像美国城市中的黑人反抗总是先烧掉他们自己的社区一样。**真正的消极性恰恰就是对系统快乐的妥协**,它表现在那"精力充沛的"干部身上、在完美地适应了其持续活动的那敏锐的眼睛中和那宽阔的肩头上。疲劳,它,则是一种积极性、一种潜在的、传染的、没有自我意识的反抗。由此廓清了其功能:各种形式的"**减速**"(和神经症一样)是避免彻底和真正"失速"的唯一出路。且正因为它是一种(潜在的)积极性,所以它能突然转变为公开的反抗,譬如五月风暴中随处可见的情形。五月运动自发的、全面的传染、"迅速蔓延"只有在这样的公设中才能被理解:人们所认为的迟钝、疏离、普遍消极性实际上正是一种潜伏在它们的忍耐本身、疲劳、回流之中的积极力量,因而是即时可用的。其中并没有发生过任何奇迹。而五月以来的回流也不是对过程不可解释的"颠倒",而是从一种公开反抗的形式向一种潜在不满的模态的**转变**(另外"不满"一词,并不仅仅对这最后一种形式有价值:它指涉的是一种彻底转变的实践过程中被阶段性切分出来的多个拒绝形式）。

说过这些，我们要把握疲劳的意义，还应该超越那些社会心理学解释，将它置于抑郁状态的总体结构之中。失眠、偏头痛、头痛、病理肥胖或厌食、迟钝或强制性过度活跃：这些形式上不同甚至对立的症候，事实上可以**相互交换**、相互替代——躯体的"转变"总是伴随着这一切症候的潜在"可调换性"，甚至受到这种"可调换性"的规定。然而——关键一点是——这种抑郁性的逻辑（也就是，不再与器官病变或真实的机能障碍相联系的症候"四处溜达"）呼应着消费逻辑本身（也就是，与物品客观功能再无联系的需求和满足根据一种本质上的不满足而相互承接、相互打发、相互替代）。调节需求流动和抑郁症候"流动"的，是同一种不可捉摸的、无限的特征，是同一种系统可调换性。这里我们将回到我们在分析暴力时已谈及的双重性原则，来对消费及精神发泄/躯体化（疲劳仅是其中一个方面）系统的总体的结构性命令做一概括。我们社会的所有程式都是朝着一种解构、一种对欲望的双重性进行分解的方向的。这种双重性在享受和象征功能合并后而解体，然而它依据的是同一种双向逻辑：欲望所有的肯定性过渡到了需求和满足的链条之中，其中它根据一个受到指引的合目的性而分解——欲望所有的否定性则过渡到了无法控制的躯体化或暴力的表现之中。这样便廓清了整个程式的深刻统一性：其他任何假设都无法考虑到这众多混杂的现象（丰盛、暴力、欣快、抑郁），这些现象一起构成了"消费社会"的特征，我们感觉到它们都是必然联系在一起的，然而其中的逻辑从一种传统人类学的角度来看还是无法解释的。

应该更进一步深入——但不是在这里——进行分析：

1. 把消费当作"转变"，也就是说，当作从物资缺乏向那些作为部分物品而接连得到投资的一系列能指/物品进行"象征"转移的整体程式，来进行分析。

2. 在一种关于身体及其在现代性系统中客体地位的理论基础上，

将部分物品理论推广到躯体化进程——其中也存在着象征转移和投资。我们已经看到这种身体理论是消费理论的本质——因为身体是所有这些双重性程式的一个概括:它既被当作色欲关切的对象而得到自恋式投资,又被当作忧虑和侵袭的对象而得到"躯体式"投资。

"这完全是经典的,"一位精神身体学家评论道,"您在您的头痛里寻求避难。也可以在其他任何一种疾病中寻求避难:如结肠炎、失眠、各种不同的瘙痒或湿疹、性问题、肥胖症、呼吸、消化、心脏系统问题……或很简单地,最经常的情况是,一种无法抑制的疲劳。"

抑郁尤其出现在劳动束缚结束而满足时间开始(或应该开始)之际(如总经理们从周五晚上开始持续到周一早晨的偏头痛,"退休者"们迅速的自杀或死亡,等等)。同样众所周知的是,在今天对自由时间的制度化、礼仪化要求背后,"休闲时间"发现了一种对工作、活动的不断增长的要求,一种"做"、"行动"的冲动性需要在蓬勃发展,以至于我们虔诚的道德学家们立刻就从中看到了劳动是人"与生俱来的使命"的一个证据。宁可认为在这种对劳动的非经济性要求中,始终是满足和休闲中未得到满足的好斗精神在表达。但它不会就此得到解决,既然它来自欲望双重性的深处,并在此重新组织成为要求、对劳动的"需要",而因此重新加入了需求循环,所以我们知道在这个循环中对欲望而言是没有出路的。

正如暴力可以重新变成进行驯服的工具,为了歌颂安全,疲劳和神经症同样也可以成为区分的一种文化特征。所以疲劳和满足的一切仪式都优先在受过教育和享有特权的人身上发挥作用(但是这种文化"托辞"流传得非常迅速)。在那个阶段,疲劳毫不反常,而我们刚刚就此所说的一切,对这种"必须的"疲劳来说都毫无价值:它是"被消费的"疲劳,并归属于交换或名誉地位的社会仪式之中。

注释

① 假如说美丽在于"线条",那么职业则在于"轮廓"。这个词有些暗含的意义。

② 参见《伪事件和新现实》。

③ 在这个意义上,媚俗和附庸风雅之间有些联系。但是附庸风雅主要是与那贵族/资产阶级的文化适应进程联系在一起的,而媚俗则主要是由于工业资产阶级社会中"平民"阶级的上升造成的。

④ 但这并不是玩具,因为玩具对孩子来说有一种象征功能。然而"新外观"玩具、时髦玩具则正因为其"新外观"和时髦而又变成了摆设。

⑤ 纯粹的摆设,即无论对谁都完全没有用处,那将是一种无意义。

⑥ 参见博尔斯坦《形象》。

⑦ 立体主义者:他们追求的还是空间的"本质"、揭去"神秘几何学"的面纱,等等。达达派或杜尚或超现实主义者:将客体与它们的(资产阶级)功能相剥离,将它们置于它们的破坏性平凡之中,置于对丧失了的本质的呼唤之中,置于被称为荒谬的一种真实秩序之中。蓬热:在他对具体的无遮盖客体的把握之中,仍然有一种行为的、诗意的意识或认知。简而言之,无论是诗意的还是批判性的,"缺了它事物就将只是事物自己"的一切艺术(在流行以前)都依靠的是超越。

⑧ 参见《消费之消费》。

⑨ 在这一意义上,流行的真相就会是薪水制度和布告栏,而不是合同制度和画廊。

⑩ "平民"艺术并不依附于物品,但总是首先依附于人和行为。它不会去描绘猪肉食品或美国国旗,而是描绘正在进食的人或正在向美国国旗敬礼的人。

⑪ 事实上,我们在其中常常可以读到这种"恐怖主义的"幽默。但这是出于我们自己的批判性怀旧。

⑫ 很容易看到人们如何能在此意义上"消费"语言。自从语言不再是意义的载体,而是充满从属性内涵、充满集团词汇、阶级或等级集团遗产("时髦"风格、知识界行话;党派政治行话)之时起,自从语言从交流方式变成了集团或阶级内部通用的交流材料之时起——其真实功能就以信息为借口变成了勾结和认同功能,自从它不再对意义进行流通,而把自己当作通行口令、通行材料在集团的反复叙事式过程(集团自言自语)中进行流通之时起,它就成了消费物品、偶像。

它不再被当作语言，就是说不再被当作以外延相区别的符号系统来运用，而是被当作内涵体系、当作特殊编码规则来消费。

⑬ "医疗消费"中也有相同的过程。人们看到了与生活水平的提高密切相关的、需求/健康之非同寻常的过度增加。合理需求（另外其合理是基于对最低生活营养和生命精神身体平衡的何种规定？）和对内科、外科、牙科供给的消费强制之间的限制被取消了。医疗实践变成了医生自己的实践，而医生/物品、药物/物品的奢侈摆谱的实践与乡间别墅及汽车一起在显示地位的全套装备中合流了。同样，药物，尤其是比较富裕阶级中的医生（巴林特："在普通医学上被最频繁使用的药物，就是医生本人"），它们曾经是那被看作终极财富的健康的媒介，却自己变成了那种终极需求的终点。它们于是就依照将客观实践目标导向心理操纵、偶像式符号估量的同一种转向模式而被消费了。

说实话，应该对这一"消费"的两个层面进行区分：对药物供给、对可以减缓焦虑的医疗护理的"神经症般的"需求：这一需求与器质疾病造成的需求同样都是客观的，但是它在以下范围内导致了一种"消费"，即为了与这一需求相适应，医生再也不具备特殊价值了：他成了焦虑减缓器或护理诉求，可以用任何其他部分逆退式进程来取而代之：酒精、购物、收藏（消费者"收藏"医生和药物）。医生作为众多符号中的一个被消费了（就像作为安逸和地位符号的洗衣机一样）。（参见上文）

因而从深层考察，建立起"医疗消费"的，是躲在个体们神经症般逻辑后面的一种社会地位逻辑，它使医生——超越一切客观供给并同其他任何价值属性一样——变成符号融入了普遍化体系之中。可见医疗消费是建立在医疗功能的抽象（蜕变）之上的。我们随处可见的这种系统化转向模式是消费本身的一项原则。

⑭ 这就是为什么对电视或其他引入广告的一切抵抗都只是说教性和过时了的反应。问题出在意义系统的整体层面上。

⑮ 再参照《浪潮》的这篇范文："美丽中吹进了一股新风，更自由、更清爽、更少虚伪。这便是对身体感到自豪之风。这不是庸俗的自负。而是真诚地认识到，要好好地利用我们的身体，它是值得被接受、被喜爱和被照料的。我们很高兴我们的膝盖更加柔韧了，我们对我们修长的双腿、对我们更加轻快的双脚感到欢欣……（对它们，我们就像对面部一样使用了化妆品……我们用一种特别的

'超声波'奶油按摩手指,我们好不容易找到一种好的修脚方……请看72页的说明)。我们为那些可以像纱一样把整个身体直到脚趾都包裹上的新香水感到兴奋。左边,是用南部非洲鸵鸟毛皮制成的、由拉美尔(克里斯蒂昂·迪奥)重新绣制的女式高跟靴鞋",等等。

⑯ 她那篇文章的男性对等物,是为"董事长"作的那则广告:"不同情干部们吗?"(令人钦佩的文章,它概括了所有分析过的主题[自恋、遭怠慢的身体的报复、技术附属装置、功用性再循环]——不同在于,这里男性范例是以"体格"和社会成功为中心的,而不是像女性范例那样以"美"和魅力为中心。)

四十岁:当代文明要求他必须保持年轻……大腹便便从前是社会成功的标志,如今成了衰败和被抛弃的同义词。他的上级、下属、妻子、秘书、情妇、孩子、那位他自以为无人知道而在露天咖啡座与之闲聊的穿着超短裙的年轻姑娘……所有的人都从他服装的质地风格、他对领带和香水的选择、他身体的柔韧性和细长度等方面来评判他。

他不得不对一切都保持警醒:裤子褶皱、衬衫领子、文字游戏、跳舞时要注意脚、吃饭时要注意饮食节制、爬楼梯时要注意呼吸、猛然用力时要注意脊椎。假如说昨天在工作中只要有效率就够了,那么今天人们还苛求他要有良好体格和优雅举止。

半似詹姆斯·邦德式半似亨利·福特式、自信、潇洒、生理和心理平衡的健康美国商人的神话毫无障碍地移植到了我们的文明中。找到并维持既有"**效力**"又有"**活力**"的"**精力充沛**"的合作者,成了所有企业领导人关注的头等大事。

四十岁的男人是这一形象的同谋。**当代新型自恋**,他喜欢照料自己并想方设法寻开心。他品玩他的节制饮食、他的药物、他的身体文化、戒烟的困难。

他意识到自己的社会成功完全取决于他人对他的印象,意识到他的体格是他的王牌,因此四十岁的男人寻找他的第二口气和第二次青春。"

接下来就是对"董事长"的吹捧:它赐予的主要是体力——体力,充满魔力的词,为了寻找这"当世仙女"(自恋之后,是仙女!),总经理、高层干部、记者和医生都来到"充满了调节身心的空气的舒适氛围中""使用脚踏、滚动、负重、震颤、杠杆和钢丝绳等37种器械"(正如我们所见,健身运动和弗里内主义一样,"体力"和"美丽"一样,都是喜欢摆设品的)。

⑰ 取其技术意思，比如人们通过实验模拟失重环境——或数学模拟范例。这是与那种与自然对立的单纯的"人为状态"完全不同的。

⑱ 身体的真相，就是欲望。这一点有缺陷，是不可展示的。最深入的展览也只能把它当作缺场来强调，而实际上只是将它剪掉。会不会有一天出现一些"勃起"的照片？这将还是处在时尚符号之下的。审查官们因此实际上没有任何好担心的，除了他们自己的欲望之外。

⑲ 这一点，请参看前文：自恋与结构性范例。

⑳ 性欲再也不是一种乐事——它是色情的会演，并包含其一切组织性。在这一会演的范围内，一切都也是为了挑起"多形倒错"的性欲而安排的。参考哥本哈根的第一届世界淫秽作品博览会。

㉑ 技术"消费"中也存在着同样的程式。不用质疑技术进步给社会进步造成的巨大影响，我们看到了技术自身是如何落进了消费领域，它变成了一种被无数的"功用性"摆设所解放了的日常实践和一个技术（大写）的超验神话——两者的结合以一种技术的全社会实践避免了一切可能的革命。（参照《乌托邦》，1969年5月，第23期，《技术的社会实践》。）

㉒ "关心"一词语义含糊，可以是恳求：急切的要求，甚至是操纵（操纵文本）——也可以是关切和赐予。（参见《关切的神话》。）

㉓ 可以认为，在此方面，时间与其他一切物品相对立，因为传统意义上的"使用价值"是被拥有、被使用和被利用。然而这无疑犯了一个深刻的错误，物品的真正使用价值无疑也是被消耗、"纯粹地浪费掉"——这是一种在各处都被划掉而被"实用的"使用价值取代了的"象征的"使用价值。

㉔ 但是其目的还严格地是个体的。在古代的节日中，时间从来不是"为自己"而耗费的：它是集体挥霍的时间。

㉕ 就法国而言，是国民收入的20%。

㉖ 广告自身，作为经济进程，就可以被看作一种"无动机的节日"，它的资金来自社会劳动，却"没有遭到明显的反对"被提供给大家，并表现为集体的额外赠品（见下文）。

㉗ 参照《赋值》中G.拉格诺的话："广告，是一种不可靠的经济逻辑的糖衣，它通过成千上万种无动机的幻影来否认这种逻辑以使其得到更好的实施。"

㉘ 这个问题请参考《法国社会学杂志》，1969年，X，3，J.马库斯-斯泰弗和P.肯德

的文章。

㉙ 德语词为 Werben,意指恳请援手、渴求、求婚、求爱,也指竞赛、竞争和广告(广告恳求)。

㉚ 举例说明:"实际上,"一位促销专家告诉我们,"假如吉斯卡尔·德斯坦在将其纲领公布之前,先把它交给广告界的某个人,让他用那些在圣-高班事件中获得了如此成功的方法对其加以修饰,法国人也许就会追随而不是拒绝他。"补充:"想一想人们使用了种种视听手段仍很难赢得公众的欢迎,再想一想当一种新的香皂品牌推出的情形,就会对政府想向法国大众'销售'其牵涉到几十亿法郎的财经方案时所使用的陈旧过时方法感到惊讶。"

㉛ "objectless craving"(无对象的占有欲)对应着"objectless raving"(无对象的狂暴)。

㉜ 由此产生了那个非常合乎逻辑的、关于一种专为自杀者准备的汽车旅馆的创意(美国的),在那里,只要出上一个好价钱,就能买到"自杀服务",这种服务和任何一种社会供给一样是有保障的(但是不能得到社会保险的赔偿!),它向您保证提供最好的死亡环境,并负责让您毫不费力地、面带微笑地自杀。

结论　论当代异化或与魔鬼协议的终结

布拉格的大学生

《布拉格的大学生》是 20 世纪 30 年代的一部老的无声影片，一部德国学派表现主义影片。它讲述了一位贫穷却充满雄心壮志急于过上一种更美好生活的大学生的故事。当他在布拉格城郊一家小咖啡馆参加一次纵酒聚会之时，附近正在进行一场围猎，全城的贵族们都在那儿尽情作乐。有人像操纵提线木偶一样支配着这次社交活动。那个人显然在随心所欲地操纵着猎物并居高临下地调节着狩猎者们的动作。这个人很像他们：他戴着大礼帽、手套，拿着圆头手杖，已经有了些年纪，有了些肚子，留着世纪初的那种小山羊胡子：他就是魔鬼。他设法迷惑了一位参加狩猎的女子——让她与大学生相遇——一见钟情——但这位女子最终还是离开了大学生，因为她富裕。回家后，大学生对其体验了一趟性之旅之后的雄心和不满足反复品味。

这时魔鬼现身在那间只有一些书和一面穿衣镜的可怜小屋中。他送给大学生一大堆金子以换取其镜中影像。成交。魔鬼脸上带着巴结的讪笑把镜像像版画或炭笔画一样剥了下来，卷起、装入袋中隐身而退。电影真正的推论由此开始。有了钱的大学生从一个成功走向另一个成功——但他总是像猫一样避免自己从各种镜子前面走过，然而不幸的是，他所出入的上流社会对镜子趋之若鹜。但起初，他并没有感到多少内疚，看不到自己对他并没有什么影响。然而有一天他看到了活生生的自己。他的复制品与他出入相同的社交圈，而且显然对他很感兴趣，紧紧地跟随着他不让他有片刻休息。这位复制品，人们可以设想，就是被出卖给魔鬼的他自己的影像，被魔鬼唤醒而进入了流通。该影像好的时候，它附着于它的模子；但当它变坏之时，它就不再仅仅存在于镜中，而是存在于现实生活中，它无处不在地伴随着他。每时每刻，只要人们看到他们在一起，它都要连累他。这造成了几次小麻烦。而一旦他为了躲避它而逃避社交圈，它便取而代之进行他的活动，并使这些活动扭曲变形直至犯罪的地步。有一天他被卷进一场决斗，但他已经决定在决斗场上向对手致歉，他于凌晨赴约：太晚了——他的复制品已先他一步，而对手已经死去。大学生于是藏了起来。他的影像四处追捕他，似乎是要报复他将自己出卖之仇。他随处都可以见到它。他在公墓边缘的坟堆后面看到了它。对他而言已经没有了社会生活、没有了存在的可能。在这种绝望之中，他甚至拒绝了一次真诚为他的爱情，他为了结束这一切而计划要杀死自己的影像。

一天晚上影像追至他屋中。在两者发生暴力争斗的过程中，它发现自己重新经过了它从中出来的那面镜子。回想到这第一幕，对其影像的怀念混杂着因它而忍受的一切愤怒，将大学生推向了极端。他向它开了枪。当然，镜子碎了，而复制品，变回了它原本所是的幻象，消失了。可是同时，大学生倒下了，死去的就是他。因为他在杀自己影像的同时，杀死的恰是他本人，因为它已经浑然不觉地取代他而成了真实生动的存在。这时，在呻吟中，他抓住了一片散落在地面上的碎镜片，他**发现他又能看到自己了**。他的身体离他而去了，但就在临死前，他以这具躯体为代价找回了自己**正常**的人像。

在这里镜像象征性地代表了我们行动的意义。我们的行动在我们周围构成了一个**属于我们影像的**世界。个体与其镜中映像的不变关系较好地表现了我们与世界关系的透明度:这种映像的忠实,在某种程度上,证明了世界与我们之间的一种真实的相互性。因此象征性地看来,假如我们缺失了这种影像,就标志着世界变得晦暗,标志着我们的行为脱离了我们自身——于是我们就失去了观看自身的角度。没有了这种保障,就不再有同一的可能:我对自己而言变成了另外一个人,我被**异化**了。

这便是这部影片第一个主题。但是影片并不满足于普通的情节安排,它随即给出了这种情况的具体意义:这一影像并非偶然被丢失或取消了的——它是**被出卖**了的。它堕入了商品的范畴,或许可以说,这恰是具体的社会性异化的意义。同时,魔鬼可以把这一影像像物品一样装进口袋,这也是对商品盲目崇拜的真实程式的一种幻想式表现:从它们被生产出来的那一刻起,我们的劳动和我们的行为就游离于我们之外了,摆脱了我们,客观化了,完全落入了魔鬼的手中。同样,在沙米索的《彼得·施勒米尔——丢了影子的人》中,影子也由于巫术而被与人拆离了,成了一件纯粹的东西,变成了一件假如不加以注意就会被遗忘在家中的衣服,如果冻得太厉害它还会粘在地面上。施勒米尔,他就把自己的影子丢了,于是梦想让一位画家再给他画一个能跟随着他的影子。埃及有一则传说,说行走时不要离水太近,因为凯门鳄非常爱吃路过的影子。这两种情节安排是等值的:影像和影子,都代表着被打碎了的、我们与我们自己及世界关系的透明度,和丧失了方向的生活。但是施勒米尔和《布拉格的大学生》比起其他许许多多关于魔鬼的寓言所特别强调的一个方面,就是它们把黄金,而且只有黄金——也就是商品及交换价值的逻辑——置于异化的中心。

但是这两则寓言随后便以完全不同的方式发展:在施勒米尔的故事中并不太严酷,沙米索并没有深入研究影子变成物品后的结果。他用一些荒诞滑稽的小插曲来充实他的叙述,如在一片阳光灿烂的荒野上施勒米尔对一个无主的,也许是属于他的影子进行的追捕,那是魔鬼答应还给他几小时试一试的。但施勒米尔并没有直接因其异化了的影子而感到痛苦,他只是忍受着社会对其失去影子的谴责。他的影子,一旦摆脱了他,并没有回来反对他以成为摧毁其真实存在的工具。施勒米尔注定要面临孤独,但**他依然故我**。他的意识和生活都没有被剥夺,被剥夺的只是其社会生活。由此造成了最终的折中,他泰然自若地拒绝了魔鬼建议的以其影子来交换其灵魂的第二次交易。这样**他失去了影子,却保住了灵魂**。

《布拉格的大学生》遵循的则是一种严峻得多的逻辑。一旦影像被出卖,也就是说自己身体的一部分被出卖,大学生在真实生活中就一直遭到它的围捕**直至死亡**。而这诠释了异化程式未经缓饰的真相:我们身上任何被异化的东西都不会就此落进一个无动于衷的循环、一个我们仍能自由面对的"外部世界"之中——在那里我们仅仅由于对每一次剥夺的"占有"而痛苦,但在我们的"私人"领域中仍然可以找到我们自己,并且我们的存在的深处仍然完整无缺。不:这是用来安抚"良心"的谎言,其中灵魂脱离了世界。异化走得要远得多。我们所离弃的我们的一部分,我们并没有摆脱它。物品(变成了物品的灵魂、影子、我们的劳动产品)会进行**报复**。我们被剥夺的一切依然与我们相连,但却是消极地与我们相连,也就是说它会**骚扰**我们。我们的这一部分,尽管被出卖被遗忘,但它仍然是我们,或者说它是我们的讽刺漫画形象、幽灵、**鬼魂**,它跟随着我们、延续着我们,并进行报复。

我们在最日常的表达方式中,重新发现了这种令人不安的主客体颠倒的氛围、关于同一事物之相异性的巫术表达:"他像影子一样跟着他。"由此产生了我们对死者的崇拜、对我们的已彻底异化了的一部分的救赎式崇拜,而从中人们能够期待的只有恶。然而我们自身还有这样一个部分,只要我们**活着**,它就会对我们集体进行骚扰:这便是社会劳动力,一旦它被出卖,就会通过商品的整个社会循环回来剥夺我们劳动本身的意义,这便是劳动力变成了——当然是通过一种社会的而非魔鬼的操作——获取劳动成果时的具体障碍。这一切在《布拉格的大学生》中就是由影像活生生的并带着敌意的突然出现来象征的,并由它强加给将它出卖的人的慢性自杀——就是这个词——来象征的。

在这里关键的并被悲剧性地展现给我们的,是异化了的人绝不只是一个衰竭了、贫乏了但在本质上仍完整如故的人——而是一个颠倒了的人,变成了恶、变成了自己敌人的人,反对自己的人。这是弗洛伊德在压抑中所描绘的程式在另一层面上的体现:被压抑穿透压抑恳请本身而冒了出来。这是变成了女性以纠缠发誓要恪守贞洁的僧侣十字架上基督的身体。在异化中,存在之客观化活力不断地消耗他变成他并这样将他一直引向死亡。

施勒米尔的结局是在对自己生命的意义做出总结后像一位孤独的美国大工业家一样,在自己尚富裕时建立的慈善院中美好地死去。他由于拒绝了第二次交易而拯救了自己的灵魂。这种对行为所做的划分肯定是出于思想的模糊性,而这则寓言由此而丧失了其全部严肃性。

在《布拉格的大学生》中,不存在第二次交易。作为第一次交易的**逻辑**后果,大学生不可避免地死去了。这说明在沙米索看来,是有可能出卖自己的影子,也就是说在其单个行为中被异化,而仍然**可以挽救自己的灵魂**。异化只是造成了社会表现中的一种冲突,而施勒米尔则完全可以在孤独中**抽象地**超越它。而《布拉格的大学生》则一板一眼地演绎着异化的客观逻辑,而且表现为**除死亡之外别无出路**。一切超越异化的理想解决办法都被无情击碎。异化是无法超越的:它就是**与魔鬼交易的结构本身**。它是商品社会的结构本身。

先验性的终结

《布拉格的大学生》出色体现了异化程式,即被商品逻辑支配着的工业和社会生活的普遍化模式。另外,自古以来,与魔鬼的协议就是被卷入了征服自然的历史和技术进程的社会的一个中心神话,而这一进程同时一直都是对性进行驯化的进程。西方的"魔鬼学徒"不断地把与进步、崇高及劳动、理性及效率的清教式及普罗米修斯式事业相联系的巨大负罪感变成以魔鬼为参照的那些恶之力量中的主题。这就是为什么这一关于抑郁的突然重现、受到抑郁骚扰及出卖灵魂（"协议"反映了最初的资产阶级社会中交易程式的泛滥）的中世纪主题，自从"工业世纪"最初期开始，就被小说家们反复提及。自那以后，这一主题便一直（与"技术奇迹"平行）追随着**技术必然性**这一神话。如今它还渗透在我们所有的科幻和所有的日常神话中，从核灾难的祸害（文明的技术自杀）直到千万次被编排的关于技术进步和人的社会道德之间致命的差距的主题。

因此可以推论，消费世纪既然是资本符号下整个加速了的生产力进程的历史结果，那么它也是彻底异化的世纪。商品的逻辑得到了普及，如今不仅支配着劳动进程和物质产品，而且支配着整个文化、性欲、人际关系，以至个体的幻象和冲动。一切都由这一逻辑决定着，这不仅在于一切功能、一切需求都被具体化、被操纵为利益的话语，而且在于一个更为深刻的方面，即一切都被**戏剧化**了，也就是说，被展现、挑动，被编排为形象、符号和可消费的范型。

但问题在于：异化的这种模式（或这一概念），由于它是围绕着**同一之相异性**的（也就是说是围绕着异化了的、变向了的人的一种本质的），那么它还能否在个体从来没有遭遇过自己双重形象的那种语境中"发挥作用"呢？协议和魔鬼学徒的神话还是一种**创世的神话**，市场的、黄金的和生产的神话，其先验目标是重新转向人们自己。消费并不是普罗米修斯式的，而是享乐主义的、逆退的。它的过程不再是劳动和超越的过程，而是**吸收符号及被符号吸收的过程**。所以，正如马尔库塞所说，它的特征表现为**先验性的终结**。在消费的普遍化过程中，再也没有灵魂、影子、复制品、镜像。再也没有存在之矛盾，也没有存在和表象的或然判断。只有符号的发送和接受，而个体的存在在符号的这种组合和计算之中被取消了……消费者从未面对过他自身的需要，就像从未面对过他自己的劳动产品一样，他也从未遭遇过自己的影像：**他是内在于他所安排的那些符号的**。再也没有先验性，再也没有合目的性，再也没有目标：标志着这个社会特点的，是"思考"的缺席，对自身视角的缺席。因此同样也不再有**不祥的恳请**,比如魔鬼的恳请,您需要同他签订一个出卖灵魂的协议以获得财富和荣耀,事实上充满母性的**祥和氛围**、丰盛社会本身已经向您提供了这一切。或者应该说是整个社会、"股份社会"、有限社会与魔鬼签了合约,向他出卖了一切先验性、一切合目的性以换取丰盛,而此后便受到目的缺席的困扰。

在消费的特定模式中,再没有先验性,**甚至没有商品崇拜的先验性**,有的只是对符号秩序的内在。就像没有本体论的纵横四等分,而只有能指与所指之间的逻辑关系一样,再也没有存在与其神圣或魔鬼的复制品(其影子、灵魂、理想)之间的本体论纵横四等分,而只有符号的逻辑考量和符号系统中的合并。在当代秩序中不再存在使人可以遭遇自己或好或坏影像的镜子或镜面,存在的只是**玻璃橱窗**——消费的几何场所,在那里个体不再反思自己,而是沉浸到对不断增多的物品/符号的凝视中去,沉浸到社会地位能指秩序中去,等等。在那里他不再反思自己,他沉浸于其中并在其中被取消。**消费的主体,是符号的秩序**。不管人们是结构性地将此规定为编码恳请,还是经验性地规定为物品普遍化氛围,无论如何,主体的蕴涵不再是哲学及马克思主义意义上的"异化了的"一种本质的蕴涵,也就是说不再是被剥夺了,被异化恳请所把握,而变得不同于自身的一种本质的蕴涵。已经不再有本来意义上的"同一"、"同一主体",因此不再有同一之相异性,因而也不再有本来意义上的异化。这有些类似于睡觉前要拥抱一下镜子中自己影像的孩子的情况:他并没有把自己与它完全混淆起来,因为他已经"认识"了它。然而他也不是在对一个陌生复制品进行反思——他在与它**"玩耍",在同一和另一之间玩耍**。消费者亦是如此:他在一个项和另一个项之间、在符号和另一个符号之间"玩耍"其个性。在符号之间,没有矛盾,就像孩子与其影像之间没有矛盾一样,也没有排斥性的对立:秩序化的勾结和蕴涵。消费者受到一种模型"游戏"和其选择的规定,就是说受到他在此游戏中的组合蕴涵的规定。正是在此意义上,消费是游戏式的,而**消费游戏渐渐地取代了同一性的悲剧**。

从鬼魂到鬼魂

然而就那将存在及其复制品之间致命矛盾主题化了的协议或魔鬼学徒神话，我们还没有找到与之相应的现实神话，它应该是以规定着"个性"模式的那些承接项在范例变位符号下的和平共存为主题的。悲剧的二元性（这仍是境遇主义者们在"戏剧"、"戏剧性社会"和彻底异化的概念中所表达的）曾经有过其伟大的神话，它们全都与人的本质以及丧失这种本质的必然性相关，与存在（Être）及其鬼魂（SPECTRE）相关——但那种使人变成符号及物品的鬼魂（SPECTRE）、变成差异和不同的鬼魂（SPECTRE）的游戏式变化，构成了消费过程的基础，并将个体彻底重新规定为并非异化了的实体而是运动着的差异，那种无法用人（这个词有着令人叹服的暧昧！不再有"人"了！）及人的相异性的话语来分析的新程式，它还没有为生产秩序找到一个能够描述消费之形而上学的对等神话，一个与双重性和异化的神话对等的神话。**这并不是偶然的**。神话，和说话、思考及缮写能力一样，是与先验性密不可分的——并随之一并消失了。

消费之消费

如果说消费社会再也不生产神话了，那是因为**它便是它自身的神话**。单纯的丰盛取代了（以灵魂为交换）带来黄金和财富的魔鬼。而丰盛的契约取代了与魔鬼的协议。另外正如魔鬼最令人恐怖之处，从来都不在于其存在，而在于人对其存在的相信一样——同样丰盛并不存在，但只要相信它存在，它就会成为一个有效神话。

消费是个神话。也就是说**它是当代社会关于自身的一种言说**，是我们社会进行自我表达的方式。在某种程度上，消费唯一的客观现实，正是消费的**思想**，正是这种不断被日常话语和知识界话语提及而获得了**常识力量**的自省和推论。

我们的社会像消费社会那样思考并言说。至少就其消费而言，它作为消费社会、作为**思想**消费**自己**。广告是这种思想的凯歌。

这并非一个赘生范畴，而是一个基础范畴，因为这正是神话的范畴。假如人们仅仅是进行消费（囤积、吃、消化），消费社会就不会是一种神话，就不会是社会关于自身所坚持的一种充实的、自我预言式的话语，就不会是一种全面诠释系统、一面它在其中极端扮演自己的镜子、一个它在其中提前自我反思的乌托邦。在此意义中，丰盛和消费——再次声明这里所指并非物质财富、产品和服务的丰盛和消费，而是消费之被消费了的形象——恰恰构成了我们的新部族神话，即现代性的道德。

如果没有"集体意识"中对享乐的预料和自省式协同增强作用，消费就只会是消费而不会具有社会一体化的力量。它就只会是一种比以往更富有、更丰饶、更加分化的生存模式而已，而不会获得比此前它曾经具有过的更多**名义**，即没有任何东西能把那曾只是一种生存方式（吃、喝、住、穿）或特权阶级的奢侈花费（项链、城堡、珠宝）指定为集体价值、参照性神话。不管是吃草根还是赐予节日都没有这个名义：消费。我们的时代是第一个日常食物开销和"声誉"开销都被称为"消费"（CONSOMMER）的时代，而根据一种全面的协调，这是面向全体人的。消费神话在 20 世纪的历史性浮现，与经济科学或思考中可以上溯到更加久远时代的技术概念的浮现，是完全不同的。这种对日常惯例的术语系统化改变了历史本身：它是一种新社会现实的标志。确切地说，消费是直到这个词"成为习惯"以后才有的。尽管这在分析研究中显得神秘而不可行，"反概念"，但它还是意味着发生了一次完整的价值意识形态重构。这个社会把自己当成了消费社会，这一点应该成为客观分析的出发点。

我们说这种"丰盛"社会是其自身的神话，其实是想说，它以自己的方式、在全局的层面上，令人想起了那句可以作为其说明的令人叹服的广告口号："您所梦想的身体，就是您的。"（LE CORPS DONT VOUS RÊVEZ, C'EST LE VÔTRE）一种巨大的集体自恋导致社会在其为自身提供的影像中自我混淆和自我宽恕,并且像那则广告最终说服人们相信他们自己的身体及其声誉一样,使社会说服了自己——简而言之,就像我们在前文所说,导致它进行"自我预测①"。博尔斯坦在谈到整个社会都根据预言模式来进行自我表达,但这种预言并非以未来理想或先验英雄作为实体,而是以对自身及其内在的反映作为唯一实体的美国时,已经很好地提示了这种自我证明式反复叙事的巨大程式。广告被完全献给了这种功能:消费者在那里,就像在欧伊伦施皮格尔的镜子中一样,每时每刻都可以读到自己是什么想要什么——并同时实现它。再也没有距离和本体论的分裂。缝合是即时的。这对观点调查、市场研究以及一切让公共观点的伟大女祭司发言和谵妄的行为来说都是一样的:它们对社会政治事件做出画影图形般的预言,并取代了最终反映它们的真实事件。因此,"从前作为公众表达的公共观点,越来越具有了影像形式,而公众以这种形式来规范自己的表达。这种观点充满了它已经包含了的东西。人民在照镜子"。知名人士、明星和"消费英雄"也是如此:"从前,英雄们代表着一种榜样;知名度是一种反复叙事……知名人士们可资荣耀的就在于他们的知名度本身、知名这一事实……然而,这种知名度其实只是我们自己被广告崇高化了的一个版本。模仿它、尝试像它那样穿衣、说它的语言、变得与它相像,我们这样所做的一切其实只是在模仿我们自己……在对一种反复叙事进行拷贝的同时,我们自己变成了反复叙事:成为我们自己的候选人……我们寻找着榜样,却凝视着自己的映像。"电视也是如此:"我们尝试使我们的家庭生活符合电视画面所展现给我们的幸福家庭的样板;然而,这些家庭仅仅是对我们所有家庭的一个有趣综合而已。"

和一切自重的伟大神话一样,"消费"的神话也有其话语和反话语,即它对丰盛的歌颂性话语,无论何时何处,都伴随着贪恋不舍的说教式的反话语对消费社会之弊端及其无法避免的整个文明悲剧性出路进行"批判",这种反话语随处可见:不仅仅存在于那由于蔑视而总是想与"原始价值"及"物质满足"拉开距离的知识界话语之中,而今也存在于

"大众文化"本身中：广告越来越多地进行自嘲，并把反广告纳入其广告技巧之中。《法兰西晚报》、《竞赛报》、广播、电视、政府报告都把对这一"消费社会"唱哀歌作为必需的宣叙调，它们说在这个社会中，价值、理想和意识形态的丧失换来的仅仅是日常性的享乐。人们不会很快遗忘M. 沙邦-戴尔马的那句激情名言："重要的是要给消费社会额外附加一个灵魂以把握它。"

　　这种无休止的指控是游戏的组成部分：这是一种批判的幻影、为谎言加冕的反谎言——是消费的语句和倒反。**只有这两个斜面在一起才能构成这个神话**。因此在神话的制造中应该让"批判性"话语、让说教性的质疑负起全部真正的责任。正是它最终将我们囚禁在那"物品文明"的神话预言式目的论中。正是它比善良的常识或基层消费者更多地受到物品的迷惑，它通过批评将物品转变成了神话般着了迷的反物品。五月的不满现状者们也没有能逃脱这一陷阱，即在赋予物品及消费以魔鬼式价值的同时将它们超物化了，将它们做了如此的宣告并使它们升格为决定性恳请。而真正神话的劳动在于此处：不论这一切揭示、这一切关于"异化"的话语、这对流行和反艺术的一切嘲讽何以如此轻易地得以"回收"，这都是因为它们本身就是神话的一部分、因为它们通过在我们开始所谈过的物品的正式礼拜仪式中唱反调而获得了圆满完成——而且这可能还是一种比对消费价值的自发附和更反常的方式。

　　总之，我们要说，这种反话语并没有建立起任何真实的距离，和消费社会的任何其他方面一样都是内在于消费社会的。这种否定话语是知识阶层的乡间别墅。正如中世纪社会通过上帝和魔鬼来建立平衡一样，我们的社会是通过消费及对其揭示来建立平衡的。中世纪社会还曾经围绕着魔鬼组织了一些异端邪说和黑色戏法（"magie noire"直译为"黑色戏法"，是基督教指称异教的"妖术"。"magie blanche"直译为"白色戏法"即"仙术"。——译者注）教派。而丰盛社会中我们自己的戏法是白色的，不可能再有异端邪说。这是一个充斥着预防性白色的饱和了的社会，一个没有眩晕没有历史的社会，一个除了自身之外没有其他神话的社会。

然而在这里我们重新进入了那种贪恋不舍的预言性话语之中、陷入了物品及其表面富裕的陷阱之中。不过，我们知道物品什么也不是，在其背后滋长着人际关系的空虚，滋长着物化社会生产力的巨大流通的空洞轮廓。我们期待着剧烈的突发事件和意外的分化瓦解会用和1968年的五月事件一样无法预料却可以肯定的方式来打碎这白色的弥撒。

注释

① 和所有神话一样，它也寻求将自己建立在一个原初事件之基础上。在此便是那所谓继文艺复兴、改良、工业革命和政治革命之后最近一次西方人文革命的"富庶革命""福利之历史革命"。由此，消费自视为一个新纪元、最近纪元的发端，得到实现的乌托邦及历史终结的发端。

《当代学术棱镜译丛》
已出书目

媒介文化系列

第二媒介时代 [美]马克·波斯特

电视与社会 [英]尼古拉斯·阿伯克龙比

思想无羁 [美]保罗·莱文森

媒介建构:流行文化中的大众媒介 [美]劳伦斯·格罗斯伯格 等

揣测与媒介:媒介现象学 [德]鲍里斯·格罗伊斯

媒介学宣言 [法]雷吉斯·德布雷

媒介研究批评术语集 [美]W. J. T. 米歇尔 马克·B. N. 汉森

解码广告:广告的意识形态与含义 [英]朱迪斯·威廉森

全球文化系列

认同的空间——全球媒介、电子世界景观与文化边界 [英]戴维·莫利

全球化的文化 [美]弗雷德里克·杰姆逊 三好将夫

全球化与文化 [英]约翰·汤姆林森

后现代转向 [美]斯蒂芬·贝斯特 道格拉斯·科尔纳

文化地理学 [英]迈克·克朗

文化的观念 [英]特瑞·伊格尔顿

主体的退隐 [德]彼得·毕尔格

反"日语论" [日]莲实重彦

酷的征服——商业文化、反主流文化与嬉皮消费主义的兴起 [美]托马斯·弗兰克

超越文化转向 [美]理查德·比尔纳其 等

全球现代性:全球资本主义时代的现代性 [美]阿里夫·德里克

文化政策 [澳]托比·米勒 [美]乔治·尤迪思

通俗文化系列

解读大众文化 [美]约翰·菲斯克
文化理论与通俗文化导论(第二版) [英]约翰·斯道雷
通俗文化、媒介和日常生活中的叙事 [美]阿瑟·阿萨·伯格
文化民粹主义 [英]吉姆·麦克盖根
詹姆斯·邦德:时代精神的特工 [德]维尔纳·格雷夫

消费文化系列

消费社会 [法]让·鲍德里亚
消费文化——20世纪后期英国男性气质和社会空间 [英]弗兰克·莫特
消费文化 [英]西莉娅·卢瑞

大师精粹系列

麦克卢汉精粹 [加]埃里克·麦克卢汉 弗兰克·秦格龙
卡尔·曼海姆精粹 [德]卡尔·曼海姆
沃勒斯坦精粹 [美]伊曼纽尔·沃勒斯坦
哈贝马斯精粹 [德]尤尔根·哈贝马斯
赫斯精粹 [德]莫泽斯·赫斯
九鬼周造著作精粹 [日]九鬼周造

社会学系列

孤独的人群 [美]大卫·理斯曼
世界风险社会 [德]乌尔里希·贝克
权力精英 [美]查尔斯·赖特·米尔斯
科学的社会用途——写给科学场的临床社会学 [法]皮埃尔·布尔迪厄
文化社会学——浮现中的理论视野 [美]戴安娜·克兰
白领:美国的中产阶级 [美]C.莱特·米尔斯

论文明、权力与知识 [德]诺贝特·埃利亚斯
解析社会:分析社会学原理 [瑞典]彼得·赫斯特洛姆
局外人:越轨的社会学研究 [美]霍华德·S.贝克尔
社会的构建 [美]爱德华·希尔斯
多元现代性 周宪 [德]比约恩·阿尔珀曼 [德]格尔哈德·普耶尔

新学科系列

后殖民理论——语境 实践 政治 [英]巴特·穆尔-吉尔伯特
趣味社会学 [芬]尤卡·格罗瑙
跨越边界——知识学科 学科互涉 [美]朱丽·汤普森·克莱恩
人文地理学导论:21世纪的议题 [英]彼得·丹尼尔斯 等
文化学研究导论:理论基础·方法思路·研究视角 [德]安斯加·纽宁 [德]维拉·纽宁主编

世纪学术论争系列

"索卡尔事件"与科学大战 [美]艾伦·索卡尔 [法]雅克·德里达 等
沙滩上的房子 [美]诺里塔·克瑞杰
被困的普罗米修斯 [美]诺曼·列维特
科学知识:一种社会学的分析 [英]巴里·巴恩斯 大卫·布鲁尔 约翰·亨利
实践的冲撞——时间、力量与科学 [美]安德鲁·皮克林
爱因斯坦、历史与其他激情——20世纪末对科学的反叛 [美]杰拉尔德·霍尔顿
真理的代价:金钱如何影响科学规范 [美]戴维·雷斯尼克
科学的转型:有关"跨时代断裂论题"的争论 [德]艾尔弗拉德·诺德曼 [荷]汉斯·拉德 [德]格雷戈·希尔曼

广松哲学系列

物象化论的构图 [日]广松涉
事的世界观的前哨 [日]广松涉

文献学语境中的《德意志意识形态》 [日]广松涉
存在与意义(第一卷) [日]广松涉
存在与意义(第二卷) [日]广松涉
唯物史观的原像 [日]广松涉
哲学家广松涉的自白式回忆录 [日]广松涉
资本论的哲学 [日]广松涉
马克思主义的哲学 [日]广松涉
世界交互主体的存在结构 [日]广松涉

国外马克思主义与后马克思思潮系列

图绘意识形态 [斯洛文尼亚]斯拉沃热·齐泽克 等
自然的理由——生态学马克思主义研究 [美]詹姆斯·奥康纳
希望的空间 [美]大卫·哈维
甜蜜的暴力——悲剧的观念 [英]特里·伊格尔顿
晚期马克思主义 [美]弗雷德里克·杰姆逊
符号政治经济学批判 [法]让·鲍德里亚
世纪 [法]阿兰·巴迪欧
列宁、黑格尔和西方马克思主义:一种批判性研究 [美]凯文·安德森
列宁主义 [英]尼尔·哈丁
福柯、马克思主义与历史:生产方式与信息方式 [美]马克·波斯特
战后法国的存在主义马克思主义:从萨特到阿尔都塞 [美]马克·波斯特
反映 [德]汉斯·海因茨·霍尔茨
为什么是阿甘本? [英]亚历克斯·默里
未来思想导论:关于马克思和海德格尔 [法]科斯塔斯·阿克塞洛斯
无尽的焦虑之梦:梦的记录(1941—1967)附《一桩两人共谋的凶杀案》(1985) [法]路易·阿尔都塞
马克思:技术思想家——从人的异化到征服世界 [法]科斯塔斯·阿克塞洛斯

经典补遗系列

卢卡奇早期文选 [匈]格奥尔格·卢卡奇

胡塞尔《几何学的起源》引论 [法]雅克·德里达
黑格尔的幽灵——政治哲学论文集[Ⅰ] [法]路易·阿尔都塞
语言与生命 [法]沙尔·巴依
意识的奥秘 [美]约翰·塞尔
论现象学流派 [法]保罗·利科
脑力劳动与体力劳动:西方历史的认识论 [德]阿尔弗雷德·索恩-雷特尔
黑格尔 [德]马丁·海德格尔
黑格尔的精神现象学 [德]马丁·海德格尔
生产运动:从历史统计学方面论国家和社会的一种新科学的基础的建立 [德]弗里德里希·威廉·舒尔茨

先锋派系列

先锋派散论——现代主义、表现主义和后现代性问题 [英]理查德·墨菲
诗歌的先锋派:博尔赫斯、奥登和布列东团体 [美]贝雷泰·E.斯特朗

情境主义国际系列

日常生活实践 1.实践的艺术 [法]米歇尔·德·塞托
日常生活实践 2.居住与烹饪 [法]米歇尔·德·塞托 吕斯·贾尔 皮埃尔·梅约尔
日常生活的革命 [法]鲁尔·瓦纳格姆
居伊·德波——诗歌革命 [法]樊尚·考夫曼
景观社会 [法]居伊·德波

当代文学理论系列

怎样做理论 [德]沃尔夫冈·伊瑟尔
21世纪批评述介 [英]朱利安·沃尔弗雷斯
后现代主义诗学:历史·理论·小说 [加]琳达·哈琴
大分野之后:现代主义、大众文化、后现代主义 [美]安德列亚斯·胡伊森
理论的幽灵:文学与常识 [法]安托万·孔帕尼翁
反抗的文化:拒绝表征 [美]贝尔·胡克斯

戏仿：古代、现代与后现代 ［英］玛格丽特·A.罗斯
理论入门 ［英］彼得·巴里
现代主义 ［英］蒂姆·阿姆斯特朗
叙事的本质 ［美］罗伯特·斯科尔斯　詹姆斯·费伦　罗伯特·凯洛格
文学制度 ［美］杰弗里·J.威廉斯
新批评之后 ［美］弗兰克·伦特里奇亚
文学批评史：从柏拉图到现在 ［美］M.A.R.哈比布
德国浪漫主义文学理论 ［美］恩斯特·贝勒尔
萌在他乡：米勒中国演讲集 ［美］J.希利斯·米勒
文学的类别：文类和模态理论导论 ［英］阿拉斯泰尔·福勒
思想絮语：文学批评自选集（1958—2002） ［英］弗兰克·克默德
叙事的虚构性：有关历史、文学和理论的论文（1957—2007） ［美］海登·怀特
21世纪的文学批评：理论的复兴 ［美］文森特·B.里奇

核心概念系列

文化 ［英］弗雷德·英格利斯
风险 ［澳大利亚］狄波拉·勒普顿

学术研究指南系列

美学指南 ［美］彼得·基维
文化研究指南 ［美］托比·米勒
文化社会学指南 ［美］马克·D.雅各布斯　南希·韦斯·汉拉恩
艺术理论指南 ［英］保罗·史密斯　卡罗琳·瓦尔德

《德意志意识形态》与文献学系列

梁赞诺夫版《德意志意识形态·费尔巴哈》 ［苏］大卫·鲍里索维奇·梁赞诺夫
《德意志意识形态》与MEGA文献研究 ［韩］郑文吉
巴加图利亚版《德意志意识形态·费尔巴哈》 ［俄］巴加图利亚
MEGA：陶伯特版《德意志意识形态·费尔巴哈》 ［德］英格·陶伯特

当代美学理论系列

今日艺术理论 [美]诺埃尔·卡罗尔
艺术与社会理论——美学中的社会学论争 [英]奥斯汀·哈灵顿
艺术哲学:当代分析美学导论 [美]诺埃尔·卡罗尔
美的六种命名 [美]克里斯平·萨特韦尔
文化的政治及其他 [英]罗杰·斯克鲁顿
当代意大利美学精粹 周 宪 [意]蒂齐亚娜·安迪娜

现代日本学术系列

带你踏上知识之旅 [日]中村雄二郎 山口昌男
反·哲学入门 [日]高桥哲哉
作为事件的阅读 [日]小森阳一
超越民族与历史 [日]小森阳一 高桥哲哉

现代思想史系列

现代主义的先驱:20世纪思潮里的群英谱 [美]威廉·R.埃弗德尔
现代哲学简史 [英]罗杰·斯克拉顿
美国人对哲学的逃避:实用主义的谱系 [美]康乃尔·韦斯特
时空文化:1880—1918 [美]斯蒂芬·科恩

视觉文化与艺术史系列

可见的签名 [美]弗雷德里克·詹姆逊
摄影与电影 [英]戴维·卡帕尼
艺术史向导 [意]朱利奥·卡洛 阿尔甘 毛里齐奥·法焦洛
电影的虚拟生命 [美]D.N.罗德维克
绘画中的世界观 [美]迈耶·夏皮罗
缪斯之艺:泛美学研究 [美]丹尼尔·奥尔布赖特
视觉艺术的现象学 [英]保罗·克劳瑟

总体屏幕:从电影到智能手机 ［法］吉尔·利波维茨基 ［法］让·塞鲁瓦

艺术史批评术语 ［美］罗伯特·S.纳尔逊 ［美］理查德·希夫

设计美学 ［加拿大］简·福希

工艺理论:功能和美学表达 ［美］霍华德·里萨蒂

艺术并非你想的那样 ［美］唐纳德·普雷齐奥西 ［美］克莱尔·法拉戈

艺术批评入门:历史、策略与声音 ［美］克尔·休斯顿

艺术史:研究方法批判导论 ［英］迈克尔·哈特 ［德］夏洛特·克朗克

十月:第二个十年,1986—1996 ［美］罗莎琳·克劳斯 ［美］安妮特·米切尔森 ［美］伊夫-阿兰·博瓦

当代逻辑理论与应用研究系列

重塑实在论:关于因果、目的和心智的精密理论 ［美］罗伯特·C.孔斯

情境与态度 ［美］乔恩·巴威斯 约翰·佩里

逻辑与社会:矛盾与可能世界 ［美］乔恩·埃尔斯特

指称与意向性 ［挪威］奥拉夫·阿斯海姆

说谎者悖论:真与循环 ［美］乔恩·巴威斯 约翰·埃切曼迪

波兰尼意会哲学系列

认知与存在:迈克尔·波兰尼文集 ［英］迈克尔·波兰尼

科学、信仰与社会 ［英］迈克尔·波兰尼

现象学系列

伦理与无限:与菲利普·尼莫的对话 ［法］伊曼努尔·列维纳斯

新马克思阅读系列

政治经济学批判:马克思《资本论》导论 ［德］米夏埃尔·海因里希

西蒙东思想系列

论技术物的存在模式 ［法］吉尔贝·西蒙东

ⓒ Éditions Denoël, 2008
Chinese language edition arranged with Éditions Denoël
Chinese language copyright ⓒ 2014 by Nanjing University Press
All rights reserved.
本书经中法图书版权代理公司 Garance SUN(France)代理
登记号　图字：10－2008－372 号

图书在版编目(CIP)数据

消费社会/(法)鲍德里亚著；刘成富,全志钢译.
—南京：南京大学出版社,2014.6(2024.11 重印)
(当代学术棱镜译丛／张一兵主编)
ISBN 978－7－305－13303－9

Ⅰ.①消… Ⅱ.①鲍… ②刘… ③全… Ⅲ.①消费—社会学 Ⅳ.①C913.3

中国版本图书馆 CIP 数据核字(2014)第 110909 号

出版发行	南京大学出版社		
社　　址	南京市汉口路 22 号	邮　编	210093

丛　书　名　当代学术棱镜译丛
书　　　名　消费社会
　　　　　　XIAOFEI SHEHUI
著　　者　[法]让·鲍德里亚
译　　者　刘成富　全志钢
责任编辑　姚　徽　潘琳宁　蔚　蓝
照　　排　南京南琳图文制作有限公司
印　　刷　南京鸿图印务有限公司
开　　本　635 mm×965 mm　1/16　印张 16　字数 195 千
版　　次　2014 年 6 月第 4 版　印　次　2024 年 11 月第 15 次印刷
ISBN 978－7－305－13303－9
定　　价　48.00 元

网址：http://www.njupco.com
官方微博：http://weibo.com/njupco
官方微信号：njupress
销售咨询热线：(025) 83594756

＊版权所有，侵权必究
＊凡购买南大版图书，如有印装质量问题，请与所购
　图书销售部门联系调换